권력의 정신적 삶

THE PSYCHIC LIFE OF POWER: THEORIES IN SUBJECTION

by Judith Butler was originally published in English by Stanford University Press.

Copyright ⓒ 1997 by the Board of Trustees of the Leland Stanford Junior University.

All rights reserved.

This translation is published by arrangement with Stanford University Press, www.sup.org, through Shinwon Agency.

권력의 정신적 삶 : 예속화의 이론들

발행일 초판1쇄 2019년 6월 10일   초판2쇄 2019년 12월 9일

지은이 주디스 버틀러 | **옮긴이** 강경덕, 김세서리아

펴낸이 유재건 | **펴낸곳** (주)그린비출판사 | **주소** 서울시 마포구 와우산로 180, 4층

주간 임유진 | **편집·마케팅** 방원경, 신효섭, 이지훈, 홍민기 | **디자인** 전혜경 | **경영관리** 유하나 | **물류·유통** 유재영, 이다윗

전화 02-702-2717 | **팩스** 02-703-0272 | **이메일** editor@greenbee.co.kr | **신고번호** 제2017-000094호

ISBN 978-89-7682-548-3 93100

이 도서의 국립중앙도서관 출판시도서목록(CIP)은 서지정보유통지원시스템 홈페이지(http://seoji.nl.go.kr)와 국가자료공동목록시스템(http://www.nl.go.kr/kolisnet)에서 이용하실 수 있습니다.(CIP제어번호: CIP2019018995)

철학이 있는 삶 **그린비출판사** www.greenbee.co.kr

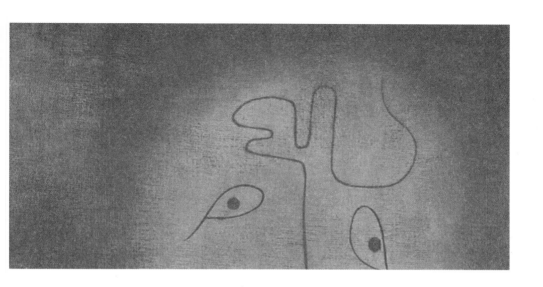

권력의 정신적 삶

예속화의 이론들

주디스 버틀러 지음 | 강경덕·김세서리아 옮김

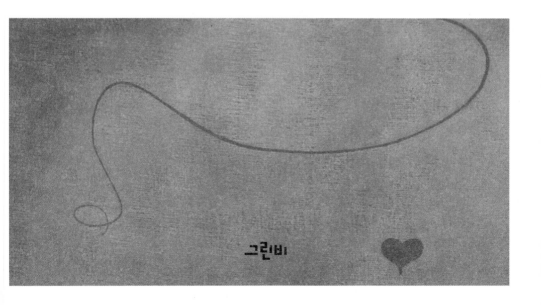

그린비

| 일러두기 |

1 이 책은 Judith P. Butler, *The psychic life of power: theories in subjection*, Stanford, California: Stanford University Press, 1997을 완역한 것이다.

2 본문의 주석은 모두 각주로 표시되어 있다. 옮긴이 주는 각주의 앞에 '[옮긴이]'라고 표시했으며, 표시가 없는 것은 모두 지은이 주이다. 옮긴이가 보충하는 간단한 설명이나 인용출처는 본문 중에 대괄호([ ])로 표시했다.

3 이 책에서 인용하거나 참고한 문헌의 출처는 해당 문헌이 처음 등장하는 곳의 각주에 자세한 서지사항을 표시했으며, 이후에는 문헌의 제목과 인용쪽수만을 간략하게 표시했다. 같은 장에서 반복적으로 등장하는 문헌의 경우, 본문 안에 인용쪽수만을 표기하기도 했다. 인용된 문헌 중 지은이가 인용한 영어판이 다른 언어로 쓰여진 문헌의 번역본일 경우, 해당 원서의 서지정보를 함께 표시했으며, 국역본이 있는 경우 국역본의 정보도 각주에 표시했다. 인용쪽수를 간단히 표기할 경우, '영어판 쪽수/원서 쪽수'와 같이 표시했다.

4 단행본·정기간행물에는 겹낫표(『 』)를, 논문·단편 등에는 낫표(「 」)를 사용했다.

5 외국 인명이나 지명, 작품명은 2002년 국립국어원에서 펴낸 외래어표기법을 따랐다.

감사의 말

이 저작은 캘리포니아 대학교(버클리)의 인문학연구 장학기금의 아낌없는 지원을 받아 완성되었습니다. 각 장을 읽고 예리한 지적을 해준 친구들과 동료들에게 감사를 드립니다. 특히 '사회주체/정신상태'(Social Subjects/Psychic States) 과정에 참여해 준 학생들뿐만 아니라 웬디 브라운, 윌리엄 코널리, 데이비드 팔룸보-리우, 카자 실버먼, 앤 노턴, 데니즈 라일리, 헤이든 화이트에게도 감사를 드립니다. 『정신분석적 대화』(*Psychoanalytic Dialogues*)에서 나눈 의견교환을 이 책에 다시 실을 수 있도록 허락해 준 애덤 필립스에게도 감사드립니다. 또한 꼼꼼하고 지적이고 철저한 편집 작업을 해준 헬렌 타르타르와 원고를 정리하는 데 도움을 준 게일 샐러먼에게 감사드립니다.

차례

권력의 정신적 삶
The Psychic Life of Power

서론

우리는 물질적 심급 속에서의 예속(subjection)을 주체들의 한 구성[과정]으로 파악해야 한다. ─ 미셸 푸코, 「두 개의 강의」

주체의 분열은 예속되는 주체 안의 핵심적인 지점이라고 할 수 있는데, 이 주체의 분열 속에서 자신에게 현존하는 자아는 그 분열의 한 순간이자 그 순간에 대한 격정적인(charged) 반성일 뿐이다. 자의식의 열정적인 저의(底意)로서 주체에게 부여된 깊은 신체의 죄의식은 사실 그 자신에 대해서는 별로 아는 것이 없다는 것을 곧 드러내지만, 이 죄의식이야말로 깊은 내면의 통제를 보장하는 데 있어 결정적이다. 그리고 이 통제는 호명이라고 불려 왔다. ─ 프랜시스 바커, 『흔들리는 사적 신체: 예속에 대한 시론』

예속화(subjection)… 군주나 통치체, 또는 상위의 권력에 예속되는 행위 또는 예속된다는 사실. 예속되는 상태, 또는 누군가의 지배 아래 놓이게 되는 것. 따라서 이는 일반적으로 종속(subordination)을 의미한다. 또한 어떤 것에 예속되거나 노출되는 조건, 책임을 져야 하는 조건이나 책임(논리학), … 서술어에 주어를 할당하는 행위… 등을 의미한다. ─ 『옥스포드 영어사전』

권력의 한 형태로서 예속화는 역설적이다. 자기 자신에 외재적인 어떤 힘에 의해 지배당하는 것은 권력이 취하는 가장 익숙하고 고통스러운 형태이다. 그러나 현재의 존재방식이나 어떤 이가 주체로 형성되는 과정이 어떤 면에서 바로 그 힘에 의존하고 있다는 점을 파악하는 것은 또 다른 이야기이다. 우리는 권력을 외부로부터 주체에게 가해지는 것, 아래에 놓는 것, 아래 등급으로 강등시키는 것 등으로 간주하는 데 익숙하다. 이는 분명 권력이 행하는 일부 행위에 대한 정당한 묘사라고 할 수 있다. 그러나 우리가 푸코를 따라 권력을 주체를 **형성**하는 것으로 이해한다면, 즉 주체의 존재조건과 주체의 욕망의 궤적을 제시하는 것으로 권력을 이해한다면, 이제 권력은 단순히 우리가 겨뤄야 할 것이 아니라 존재하기 위해 우리가 의지해야 하는 것, 우리의 존재 안에 품고 보존해야 할 것이 된다. 관습적인 모델은 이 과정을 보통 다음과 같이 이해한다. 권력은 권력 그 자신을 우리에게 부과한다. 우리는 그 권력에 의해 힘을 잃으며 권력이 제시하는 조건을 내화하거나 받아들이게 된다. 그러나 이와 같은 설명이 놓치고 있는 것은 그러한 조건을 수용하는 '우리'가 '우리의' 존재를 위해 권력의 조건들에 근본적으로 의존하고 있다는 점이다. '우리'를 접합(articulation)[1]하는 데 있어 어떤 담론적 조건이 존재하지 않는가? 우리가 선택한 것은 절대 아니지만 역설적으로 우리의 행위성(agency)[2]을 시작하고 지탱하는 어떠한 담론에 대한 근본적 의존, 바로 그곳에 예속화가 있다.

'예속화'(subjection)란 주체가 되는 과정뿐만 아니라 권력에 의해 종속(subordination)[3]되는 과정을 의미한다. 알튀세르의 호명에 의해서든, 푸코의 담론적 생산성에 의해서든 주체는 권력에 대한 일차적인 굴복에 의해 시작된다. 푸코가 이 정식 속에서 양가성(ambivalence)을 식별해 내기는 하지만 이 굴복 속에서 어떻게 주체가 형성되는지에 대

---

1) 'articulation'은 '결합/접합'의 의미와 함께 '발화/발음'의 뜻도 지니고 있다. 버틀러는 이 단어의 이러한 이중적 의미를 이용한 것으로 보인다.
2) [옮긴이] 일반적 관행에 따르면, 'agency'는 '행위주체'나 '작용주체'로 번역한다. 여기서는 'agency'에 해당하는 번역어로 '행위성'을 사용하고자 한다.
3) [옮긴이] 'subjection'은 예속 또는 예속화로 번역하고, 'subordination'은 '종속'이라고 번역한다. 'subjection' 안에 '주체화'의 의미도 포함되어 있으나 'subjectivation'과 구분하기 위해 'subejction'은 '예속·예속화'로 번역하기로 한다. 이 장의 각주 10 참조.

한 구체적인 메커니즘을 정교하게 설명하지는 않았다. 그의 이론에는 전체 정신 영역이 명확히 설명되지 않은 채로 남아 있을 뿐만 아니라 종속과 생산이라는 이중의 가치(valence)로서 권력에 대한 연구도 탐구되지 않은 채로 남아 있다. 따라서 굴복이 예속화가 발생하기 위한 한 가지 조건이라면 다음과 같이 묻는 것이 이치에 맞을 것이다. 권력이 취하는 정신적[4] 형태란 무엇인가? 이와 같은 기획은 정신의 이론과 함께 권력의 이론도 사고해야 할 것을 요구한다. 그런데 이는 정통 푸코주의자들과 정통 프로이트주의자들 모두가 피해 왔던 문제이다. 이러한 기획이 성공적으로 어떤 거대한 종합을 이뤄 낼 것이라는 보장은 없지만 이와 같은 질문은 각 이론이 다른 이론을 반추할 수 있는 잠정적 관점을 탐험할 수 있는 기회가 될 것이다. 이러한 기획은 프로이트와 푸코로부터 시작된 것도 아니고 또 그들과 함께 종결되는 것도 아니다. 예속화의 문제, 즉 주체가 어떻게 예속의 과정에서 형성되는지의 문제는 노예가 자유를 향해 다가서는 과정과 '불행한 의식'으로 빠져드는 과정을 추적하고 있는 헤겔의 『정신현상학』[5]의 한 부분을 사로잡고 있다. 처음에는 노예에게 '외재적'인 것으로 보이던 주인은 노

---

4) [옮긴이] 이 책의 제목에도 등장하는 '정신적'을 뜻하는 원어 'psychic'은 '심리적'으로 번역될 수도 있다. 하지만 보통 이 책이 심리적인 문제뿐만 아니라 자아의 형성과 주체성의 문제를 포괄적으로 다루고 있기 때문에 이 단어를 '정신적'으로 번역하고자 한다. 'Psychoanalysis'를 보통 **정신분석학**으로 번역한다는 점도 고려했다. 'mental'은 '정신적인'으로 번역하고 원어를 병기하였다.

5) [옮긴이] 헤겔, 『정신현상학 I』, 임석진 옮김, 한길사, 2005, 209~263쪽. 불행한 의식에 대한 알기 쉬운 설명은 Robert Sinnerbrink, *Understanding Hegelianism*, Trowbridge: Acument, 2007, pp.18~21, 132~161 참조. 장 이폴리트, 『헤겔의 정신현상학 I』(이종철·김상환 옮김, 문예출판사, 1986) 3장도 참조.

예의 자기책망으로 재등장한다. 이렇게 출현한 의식의 불행은 자기 자신에 대한 책망이자 주인이 정신적 현실로 변모하면서 나타난 효과이다. 자기의식의 고집스러운 육체성(corporeality)을 바로잡고자 하는 자기고행(self-mortification)은 양식의 가책(bad conscience)[6]을 [사람들의 마음속에] 심어 놓는다. 이와 같이 자기 자신에게 등을 돌리는 의식의 모습은 억압과 규제가 어떻게 양심과 양심의 가책의 중첩현상을 형성하게 되는지 설명하고 또 양심의 가책이 주체의 형성, 지속 및 연속성에 필수적인 것이 되는 과정을 설명하는 니체의 『도덕의 계보학』의 전조가 된다. [헤겔과 니체] 모두의 사례에서 주체에 압력을 가하며 주체를 종속시킬 때 주체에 외재적인 것처럼 보이던 권력은 어느덧 그 주체의 자기동일성을 구성하는 정신적 형태를 취하게 된다.[7]

이 권력이 취하는 형태는 [이들의 저작 속에서] 집요하게 돌아섬(turning)의 형상(figure)[8]으로, 즉 자기 자신에게 등을 돌리고(turn

---

6) [옮긴이] 영어 'bad conscience'는 니체가 『도덕의 계보학』에서 사용한 개념인 'schlechtes Gewissen'의 영어 번역어이기도 하다. 여기서는 강영계의 니체 해석을 따라 '양심의 가책'이라고 번역한다. 이 책에서 'bad conscience'라는 단어를 사용할 때 버틀러는 니체의 개념을 염두에 두고 있는 것으로 보인다. 니체는 양심의 가책을 본능이나 욕구가 밖으로 향하지 않고 내면으로 방향을 돌린 것이라고 주장한다("저 모든 본능을 반대 방향으로 돌려 인간 자신을 향하게 했다. 적의, 잔인함, 그리고 박해, 기습, 변혁 및 파괴의 욕구──이 모든 것이 그러한 본능을 소유한 자를 향해 방향을 돌리는 것, 이것이 바로 양심의 가책이다). 라틴어 'conscientia'에 유래를 둔 단어 'conscience' 개념의 의미 변화에 대한 설명은 발리바르(É. Balibar)의 글 "A Note on Consciousness"(*Studia Spinozana: An International and Interdisciplinary Series* 8, pp. 37~54, 1992)를 참조.

7) [옮긴이] 외부에서 주체에게 작용하던 것처럼 보이던 권력/힘은 이제 주체의 일부를 구성하는 것으로 보인다. 엄밀히 말하자면 힘이 작용하던 대상에 그 힘이 내화될 때 주체가 형성된다.

8) [옮긴이] 'figure'는 모습, 형상, 인물 등 다양한 의미를 지니고 있다. 버틀러는 이 부분에서 영어 단어 'figure'가 지닌 의미의 다양성·다층성을 십분 활용하고 있는 것처럼 보인다. 다음 9번 지은이주 참조.

back on) 심지어는 자기 자신을 공격(turn on)하는 모습으로 표시된다. 즉 이러한 돌아섬의 형상이 어떻게 주체가 형성되는지 설명하는 데 일정부분 역할을 수행하는 것이다. 그러므로 엄격히 말하자면 이러한 되돌아섬을 만드는 주체가 [미리] 존재하는 것이 아니다. 오히려 그 반대로 이 돌아섬이 마치 주체의 비유적인(tropological) 출발점으로 기능하는 것처럼 보이는데, 이는 주체의 기초가 세워지는 순간으로 그 존재론적 지위가 영원히 불분명한 채로 남아 있다. 따라서 주체의 형성을 설명하는 데 이러한 개념을 접합하는 것이 불가능한 것은 아니지만 매우 어려운 것처럼 보인다. 무엇이 또는 누가 돌아서는가? 그러한 돌아섬의 대상은 무엇인가[무엇을 향해 돌아서는가]? 도대체 어떻게 이렇게 존재론적으로 불분명한 비틀림으로부터 주체가 나타날 수 있는가? 이러한 형상이 도래함에 따라 우리는 어쩌면 더 이상 주체의 형성을 설명하는 일을 할 수 없을지도 모른다. 기껏해야 우리는 위와 같은 설명이 제시하는 비유적 가정에 맞설 수 있을 뿐이다. 그러한 가정은 설명을 촉진할 뿐 아니라 설명의 한계를 규정한다. 어떻게 권력이 주체를 형성하는지, 어떻게 주체가 자신이 태어나는 권력 안에 자리를 잡게 되는지 설명하려고 하는 바로 그 순간, 우리는 비유적인 곤경에 휘말리게 된다. 주체의 형성이 설명을 필요로 하는 것이라면[주체가 형성되는 것이라면], 우리는 어떤 내면화(interiorization)를 수행하는 주체를 [미리] 가정할 수 없다. 우리가 언급하고 있는 [주체의] 형상은 아직 명확한 존재[형태]를 획득하지 못했고, 또 검증 가능한 설명의 일부분이라고 말할 수도 없다. 그러나 우리의 설명이 이치에 어긋난다고 말할 수는 없다. 예속화의 역설은 곧 지시성(referentiality)의 역설이기도 한 것이다. 다시 말해, 우리는 아직 존재하지 않는 것을 참조할 수밖에 없다. 존재론에 대한 우리의 몰두를 잠시 유예시키는 형상을 통해 우리는 어떻게 주체가 존재하게 되는지 설명하려는 것이다. 수사적으로 표현하자면, 주체의 모습이 '돌아섬' 그 자체라는 점은 수행적인 관점에서 볼 때 매우 극적인 광경이라고 할 수 있다. '돌아섬'은 그리스적 의미의 '비유'(trope)를 함의한다. 따라서 돌아섬의 비유는 제스처의 비유적 지위를 가리키고 예시한다.[9] 예속화는 비유적 어법(tropology)의 사용을 작동시키는가? 아니면 우리가 주체의 발생을 설명하려고 시도하는 바로 그 순간 취역적(就役的, inaugurative) 비유 작

---

9) 『담론의 비유법』(*Tropics of Discourse*, Baltimore: Johns Hopkins University Press, 1978)에서 헤이든 화이트(Hayden White)는 비유(tropic)라는 단어가 고대 그리스어에서는 '돌림'(turn)을 의미하고 코이네 그리스어에서는 '방법' 또는 '방식'을 의미했던 'tropikos, tropos'에서 유래한다고 말한다. 이 단어는 고대 라틴어에서 '은유(metaphor) 또는 '비유적 표현'(figure of speech)을 의미했고, 후기 라틴어에서 음악이론에 쓰이며 '분위기'나 '소절'(measure)을 의미했던 단어인 'tropus'를 매개로 인도-유럽어에 유입된다(*Ibid.*, p. 2). 화이트는 나아가 소설(fiction) 및 논리학 연구를 담론연구와 구분하기 위해 사용되었던 용어인 문체(style) 개념과 비유 개념을 결부한다. 비유(trope)는 관례적인 언어로부터의 '편의'(deviation)이다. 그러나 비유는 또한 말의 비유(figure of speech[단어나 문장의 배열을 통해 효과를 가져 오는 비유, 도치, 과장, 열거, 반복 등])나 의미의 비유(figure of thought[단어의 의미에 뚜렷한 변화를 가져오는 비유, 직유, 은유, 제유, 환유 등. 표현하는 대상을 다른 대상에 빗대어 표현하는 방법])를 생성한다(이 구분은 퀸틸리아누스Marcus Quintillian의 설명에서 중요하다). 이 같은 의미에서 비유는 용어들 사이에 관습적이거나 논리적이라고 여겨지지 않는 연결을 생성한다. 우리 논의의 목적과 관련해 생각해 볼 때, 이는 비유가 일반적으로 통용되는 현실관에 제한되지 않는 방식으로 작동한다는 것을 의미한다. 동시에 비유가 관습과 논리로부터 벗어나려 할 때 그것이 '벗어남'으로 인식되지 않는다면 그 비유는 작동할 수 없다. 즉 그러한 경우에는 비유가 새로운 의미나 연결을 생성할 수 없다. 이 같은 의미에서, 비유가 작동하기 위해서는 일반적으로 통용되는 현실에 대한 인식이 전제되어야 한다.
그러나 니체에게 비유의 재유통과 침전은 언어의 관습적 사용을 위한 가능성의 조건이다. 실제로 그는 비유가 일상적인 언어나 개념적인 언어가 출현하는 곳이라고 주장했다. 언어의 비유적 지위에 대한 망각을 통해서만 관습적 언어와 같은 것들이 자리를 잡는다. 따라서 관습적인 언어란 비유의 침전 효과 또는 감쇄[사문화死文化] 효과라 할 수 있다. 니체의 『수사학과 언어에 대하여』(*On Rhetoric and Language*, Sander Gilman et al. ed., New York: Oxford

업이 필연적으로 작동될 수밖에 없는 것일까? 우리는 이 조사의 막바지에 우울증에 대한 설명이 어떻게 또렷하게 비유적인 정신적 지형학(topography)을 생산하면서 자신이 기술(記述)하고자 하는 메커니즘에 가담하게 되는지 다루는 부분에서 다시 이 문제로 돌아올 것이다.

알튀세르가 제시한 '호명'(interpellation)의 장면은 사회적 주체가 어떻게 언어적 수단을 통해 생산되는지 설명하고자 하는 유사-허구적 노력(quasi-fictive effort)의 한 실례라고 할 수 있다. 알튀세르의 호명 원리는 분명 '담론적 주체생산'에 대한 푸코의 후기 견해의 초석이 된다. 물론 푸코는 주체가 '말을 통해' 존재하게 되는 것은 아니라고 주장하고 또 주체를 구성하는 권력과 담론의 기반이 그들의 생산적인 활동 속에서 독자적인 것도 아니고 주권적인 것도 아니라고 주장한다. 그러나 알튀세르와 푸코는 주체화(assujettissement)[10] 과정 안에 [주체에

University Press, 1989)에 실린 시론 「도덕 외적 의미에서의 진실과 허위에 관하여」는 이러한 시사점을 논쟁적으로 그리고 수사학적으로 분명히 밝히고 있다.

17세기와 18세기 영어에서 'turn'은 'trope'에 대응하는 단어로 구문론적 비유(figure)를 지칭하기 위해 사용되었다. 리처드 랭햄(Richard Langham)은 비유(trope)가 단어의 의미를 변화시키는 특정한 종류의 비유(figure)라고 썼다(*A Handlist of Rhetorical Terms*, Berkeley: University of California Press 1991). 어떤 이들은 한 단어 이상의 의미를 변화시키는 용어들에 'figure'라는 단어를 사용해야 한다고 주장한다. 그러나 퀸틸리안은 이러한 주장에 반대하며 이 같은 의미의 변화는 단일한 단어 또는 복수의 단어에 국한되지 않는 방식으로 발생한다고 주장하고, 'figure'가 형태(즉, 말의 유형pattern의 형태)의 변화에 사용[영어에서 'figure'는 모양·형상과 비유를 함께 의미한다]된다면 'trope'는 의미의 변화로 정의할 수 있다고 말한다. 이러한 '돌림'(turn)이 발생적이고 생산적이라는 점은 특히 주체의 생산 또는 생성을 다루는 우리의 논의에 적합한 것으로 보인다. 단순히 비유(trope)가 하는 일이 [의미의] 생성인 것은 아니다. 오히려 생성을 설명하기 위해서 비유(trope)를 이용해야 할 필요가 있는 것처럼 보인다. 즉 그것이 설명하려고 하는 생성성(generativity)을 반영하고 기입하는, 더 이상 단순화할 수 없는 모사적이고 수행적인 언어의 작용을 이용해야 할 필요가 있다.

10) [옮긴이] 여기서 버틀러는 'subjection'이라는 단어 대신에 'assujettissement'이라는 프랑스어를 직접 사용하고 있다. 보통 프랑스어 'subjectivation'은 영어에서도 그대로 쓰이는 사례

게] 근거를 부여하는 종속화(subordination)가 존재한다는 점에는 동의한다. 알튀세르의 논문 「이데올로기와 이데올로기적 국가장치」에 의하면, 언어를 통해 주체의 종속(subordination)이 나타난다. 즉 개인을 부르는 권위적 목소리의 효과로서 주체의 종속이 나타나는 것이다. 알튀세르가 제시한 악명 높은 사례에서 경찰은 거리를 걷던 한 행인을 부르고, 그 행인은 그 소리에 뒤돌아서며 부름을 받은 사람으로 자신을 인식한다. 이와 같이 인식이 주어지고 받아들여지는 교환 속에서 호명(사회적 주체의 담론적 생산)이 발생한다. 그런데 의미심장하게도 알튀세르는 목소리가 그 또는 그녀에게 전달되는 것을 받아들이고 또 그 목소리에 의해 실행되는 종속화(subordination)와 정상화[규범화](normalization)를 인정하면서도 개인이 돌아서는 이유를 설명할 수 있는 단서를 제시하지 않았다. 왜 이 주체는 법의 목소리를 향해 돌아서는 것일까? 그리고 사회적 주체를 출발시키는 데 있어 이러한 돌아섬의 효과는 무엇일까? 이는 죄의식을 가진 주체일까? 그리고 만일 그렇다면 이는 어떻게 죄의식을 갖게 된 것일까? 호명이론은 양심에 관한 어떤 이론을 필요로 하는 것은 아닐까?

가 많다. 하지만 영어에서는 'subjectivation'에 대한 대응어로 'subjectivization'이 사용되는 경우도 있다. 이는 주체가 구성되는 과정, 주체성이 형성되는 과정을 지칭하는 개념으로 사용한다. 즉 'subjectivation'은 주체화를 의미한다. 발리바르 저작의 영어 번역의 경우에도 프랑스어 'subjectivation'을 그대로 'subjectivation'으로 번역한다. 'assujettissement' 은 보통 'subjection'으로 번역하는 경향이 있다. 『성의 역사 1―지식에의 의지』에서 푸코는 권력에 의해 종속되는 과정 및 주체가 되어 가는 과정을 동시에 지칭하기 위해 'subjection' 을 사용하였다(푸코의 'subjection' 개념에 대한 자세한 설명은 G. E. Kelly, *The Political Philosophy of Michel Foucault*, London: Routledge, 2008, 87~88 참조). 하지만 여기서 버틀러는 'subjectivation'이 프랑스어 'assujettissement'의 영어 번역어라고 직접 밝히고 있다.

국가권위의 취역적 부름[11]을 통한 주체의 호명은 양심(이때 양심은 규제 규범regulatory norm의 정신적 작용으로 이해할 수 있다)의 주입이 이미 발생했음을 의미할 뿐만 아니라 호명이 의지하고 있지만 호명으로는 설명할 수 없는 권력의 특정한 정신적·사회적 작용을 구성한다. 더욱이 알튀세르의 설명에서 권력 모델은 권위적 목소리, 제재의 목소리로 인해 수행적(performative) 권력이 발생하는 것으로 파악한다. 즉 발화(speech)로 형상화된 언어 개념의 속성으로 수행적 권력을 파악한다. 그렇다면 목소리나 서명 없이 유통되는 문어(文語) 담론의 권력 또는 관료적 담론의 권력을 어떻게 설명할 수 있을까? 알튀세르의 관점이 유용하기는 하지만 신성한 권위 위에 구축되고 그 장치의 말이 곧 행동[12]이라는 장치[장치 속에 물질화된 말] 개념에 근거를 둔 그의 설명은 은연중에 중앙화된 '국가장치'(state apparatus)라는 개념 속에 갇혀 있다. 푸코의 저작 속에 등장하는 담론 개념은 부분적으로 알튀세르의 호명적 발화 이론과 같은 주권(sovereign) 모델에 맞설 뿐만 아니라 말의 발화(spoken words)로의 담론의 실체화와는 다른 관점에서 담론의 **효과**(efficacy)를 고려한다.

---

11) [옮긴이] 알튀세르는 (이데올로기적 국가장치들 속에 내재하는) 이데올로기가 개인을 주체로 호명한다고 주장한다. 버틀러는 이를 개인을 주체로 취역(就役)시킨다는 의미로 받아들여 '취역적 부름'(inaugurative address)이라는 단어를 사용하고 있는 것으로 보인다. 이에 대한 자세한 설명은 Louis Althusser, "Ideology and Ideological State Apparatuses(Notes Towards an Investigation)," *Lenin and Philosophy and Other Essays*, Trans. Ben Brewster, New York: Monthly Review Press, 1971, pp.170~177(『레닌과 철학』, 이진수 옮김, 백의, 1991, 135~192쪽) 참조.

12) [옮긴이] 국가장치 속에 물질적으로 체현된 언어를 통해, 또는 그를 사용하면서, 일정한 행동을 학습하거나 익히게 된다는 점을 함의한다.

정념적 애착(Passionate attachments)

종속된 자들의 주장을 뒤집으려는 이들은 한 주체가 자신의 종속에 정념적으로 애착을 느낀다는 주장을 냉소적으로 거론해 왔다. 만일 어떤 주체가 자신의 종속된 지위를 추구하거나 유지하려 한다는 점을 보일 수 있다면, 이는 종속에 대한 책임이 결국 그 주체에게 있다는 추론으로 이어지기 마련이다. 이와 같은 견해를 넘어서 그리고 이 같은 견해에 반대해서 나는 예속에의 애착은 권력의 작용을 통해 생산되며, 권력이 생산하는 것 중 가장 은밀하게 나타나는 정신적 효과 속에서 이 같은 권력 작용의 한 부분이 명확해진다(이는 정념적 애착의 생산에서 가장 은밀하고 서서히 나타나는 것이다)고 주장하고자 한다. 만일 주체가 반성적인 형태를 취하며 자신에게 등을 돌리려는 의지에 의해 형성되는 것이라면, 주체는 자기 자신을 공격하는 권력의 양상(modality)이다. 즉, 주체는 자신을 향해 되튀어 돌아가는[13] 권력의 효과인 것이다.

형성되는 동시에 종속되는 주체는 이미 정신분석학의 장면 속에 내포되어 있다. 주체에게 가해지는 것뿐만 아니라 주체를 형성하는 것으로서 종속, 다시 말해, 주체의 형성과정에서 주체에게 가해지는 압력으로서 종속을 다루는 푸코의 재정식화는 주체가 출현하는 장소에서 양가성을 드러낸다. 자율성의 효과가 종속에 의해 조건 지어지고

---

13) [옮긴이] 버틀러는 '자신을 향해 되튀는(in recoil)'이라는 표현을 쓰고 있다. 이 책에서는 자체의 반동력을 지니는 스프링처럼 자신에게 반동하는 욕망의 성격과 자신을 거부하거나 대상으로부터 후퇴하는 욕망의 성격이나 모습을 동시에 표현하기 위해 'recoil'이라는 표현을 자주 사용한다.

주체 출현의 토대가 되는 종속 또는 의존이 엄격하게 억압된다면, 주체는 무의식과 나란히 출현한다. 그 또는 그녀가 근본적으로 의존하고 있는 사람들에 대한 정념적인 애착 없이는 그 어떤 주체도 등장할 수 없다는 점을 생각할 때, 종속과 주체형성의 동시 과정으로서 예속화라는 푸코적인 가정은 (정신분석학적인 관점에서 볼 때 그러한 정념이 '부정적'일지라도) 특정한 정신분석학적 가치(valence)를 지니게 된다. [부모에 대한] 아이의 의존이 일상적인 의미의 **정치적** 종속은 아니라고 할지라도 의존 관계 속에서의 일차적 정념(primary passion)이 형성되는 과정은 아이를 예속과 착취에 취약하도록 만든다. 이는 최근의 정치담론을 사로잡았던 논제이기도 하다. 더욱이 일차적 의존상황(primary dependency)은 주체의 정치적 형성과 규제를 조건 짓고 주체들을 종속시키는 수단이 된다. 그 또는 그녀가 종속되는 이들에 대한 정념적인 애착 없이는 주체의 형성도 있을 수 없다면, 종속은 주체되기에 핵심적인 것으로 판명되어야 할 것이다.[14] 주체가 되기 위한 조건으로서 종속은 강제적인 굴복(submission)을 함의한다. 더욱이 살아남고자 하는 욕망, '존재하고자' 하는 욕망은 광범위하게 착취가 가능한 욕망이다. 존재의 지속에 대한 희망을 붙잡고 있는 이들은 생존하고자 하는 욕망에 따라 움직이기 마련이다. "존재하지 않는 것보다는 차라리 종속되어서라도 사는 것이 더 낫다"라는 말은 이와 같은 ('죽음'의 위험 또한 가능한) 곤경을 정식화하고 하고 있다. 이는 아동학대의 현실에

---

14) '애착'에 대한 나의 논의는 웬디 브라운(Wendy Brown)의 책 『침해상태: 후기 근대성에서 자유와 권력』(*The State of Injury: Freedom and Power in Late Modernity*)에 실린 논문 「상처 받은 애착」(Wounded Attachments)에 빚지고 있다.

대한 논쟁들이 어떤 의미에서 아동 착취의 성격에 대해 잘못 기술하고 있는지 보여 준다. 단순히 어떤 섹슈얼리티[15]가 성인들에 의해 일방적으로 부여되는 것도 아니고 아이들이 일방적으로 성적 환상을 갖게 되는 것도 아니다. 아이들의 사랑, 생존에 필요한 사랑이 착취되는 것이고 정념적 애착이 남용되는 것이다.

주체가 종속을 통해 형성될 뿐만 아니라 종속이 주체의 지속적인 존재가능성을 제공한다는 점에 대해서 생각해 보도록 하자. 아이의 사랑은 판단과 결단에 앞선다. 좋은 보살핌을 받고 잘 자란 아이들은 먼저 사랑할 것이고 그 후에야 비로소 그 또는 그녀가 사랑하는 사람들을 구분할 기회를 갖게 될 것이다. 이는 아이들이 맹목적으로 사랑한다는 것을 의미하는 것이 아니라(아주 이른 시기부터 중요한 종류의 구별과 '앎'이 있기 때문이다) 만일 아이가 정신적·사회적 의미 속에서 존재하는 것이라면 의존성과 애착의 형성이 있어야만 한다는 것을 의미할 뿐이다. 삶의 필수조건으로 사랑이 연루된 곳에서 사랑하지 않는다는 것은 불가능하다. 아이는 그·그녀가 애착하는 것[대상]에 대해 알지 못한다. 그러나 아이들뿐만 아니라 유아들도 자신의 존재를 유지하고 또 자신으로서 살기 위해서 애착을 보여야만 한다.[16] 의존 관계 속에서 형

---

15) [옮긴이] 이 책에서는 'sexuality'를 주로 '성'으로 번역했다. 하지만 '젠더'와 구분이 필요한 곳이나 '성'으로 충분히 의미가 전달되지 않는 곳에서는 '섹슈얼리티'를 사용했다. '성'으로 번역한 곳에서도 원어를 병기했다.

16) 『나르시시즘 서론』에서 프로이트는 나르시시즘 유형의 사랑과 부모 의존 유형(anaclitic, [Anlehnungstypus])의 사랑을 나누고 전자가 자아를 강화하거나 부풀린다면, 후자는 자아의 축소나 궁핍화를 낳는다고 주장한다[프로이트, 『정신분석학의 근본 개념』, 윤희기 옮김, 열린책들, 1997, 64~70쪽].

성된 이러한 애착 없이 주체는 출현할 수 없다. 그러나 그 어떤 주체도 주체의 형성과정에서 그러한 애착을 '바라볼' 충분한 여유를 갖지 못한다. 이러한 애착은 기본적인 형태 속에서 **존재하는 동시에** 곧 **부정되기에** 이른다. 주체가 출현하기 위해서는 애착의 출현이 그것의 부분적인 부정과 함께 있어야 한다.

이러한 방식으로 아주 이른 시절의 사랑의 대상——부모, 후견인, 친인척 등——을 대면하게 되었을 때 성인이 느끼는 모멸감("내가 저런 사람을 사랑했다니"라고 말하며 느끼는 뒤늦은 분노)을 부분적으로 설명할 수 있을 것이다. 위 같은 발언은 '나'를 그 폐제(foreclosure)[17]에 입각해 있는 것으로 확립하며, 즉 확고히 상상된 불가능성 안에 그리고 그 불가능성에 의해 근거 지어진 것으로 확립하며, 그 발언이 부정하는 가능성을 인정한다. 따라서 '나'는 이 (불가능한) 사랑의 재출현이라는 유령에 의해 근본적으로 위협받고 또 그 위협을 '나'라는 감각에 맞추어 조율하면서 반복적으로 이 스캔들을 되살리고 치환하며 무의식적으로 그 사랑, 그 불가능성을 재연해야 한다는 죄를 선고 받은 채로

---

17) [옮긴이] 라캉은 프로이트의 용어 'Verwerfung'을 프랑스어 'foreclusion'으로 번안하여 사용하는데, 이는 "정신병의 기원에 있다고 가정되는 특수한 기제[로]… 본원적으로 기본적인 '기호형식'(예컨대, 거세 콤플렉스에서 기호 형식으로서의 남근)을 주체의 상징계 밖으로 배제하는" 것을 의미한다. 이는 "폐기[폐제]된 기호 형식들[이] 주체의 무의식에 통합되지 않"고 이 기호 형식들이 "'내부에서' 되돌아오는 것이 아니라, 현실계의 한가운데서, 특히 환각 현상으로 다시 나타난다"는 점에서 억압과 다르다. 장 라플랑슈·장 베르트랑 퐁탈리스, 『정신분석사전』, 임진수 옮김, 열린책들, 2005, 503쪽. 『정신분석사전』의 국역본은 'foreclosure'를 '폐기'로 번역한다. 조엘 도르는 폐제가 "원초적 억압이 일어나는 것을 방해하는 메커니즘"[실재적 아버지의 부재가 아니라 기표 자체의 무능력]이라고 설명하고 있다(조엘 도르, 『라캉 세미나: 에크리 독해1』, 홍준기·강응섭 옮김, 아난케, 2009, 157~158쪽). 도르 책의 국역본은 'foreclosure'를 '배척'으로 번역한다. 여기서는 최근 많이 사용되는 '폐제'를 번역어로 사용하기로 한다. 이 장의 35번 각주 참조.

있다. "만일 지금 내가 과거에 내가 사랑했던 방식으로 사랑을 한다면 '나'는 지금의 나일 수 없다. 나로서 존재하기 위해 '나'는 과거의 모순을 부정해야만 하지만 그 부정의 결과로 가장 끔찍했던 고난을 무의식적으로 현재의 삶 속에 재연하게 된다." 현재의 삶에서 폐제되었던 정신적 외상의 반복이 '나'를 위협한다. 이 신경증적인 반복을 통해 주체는 자신의 분열(dissolution)을 추구하거나 자신을 풀어헤치려 하는데, 이러한 추구는 어떤 행위성(agency)을 지칭하기는 하지만 결코 **주체의 행위성**이라고는 할 수 없다. 오히려 이는 주체의 해체를 목표로 하는 어떤 욕망의 행위성이라 할 수 있는데, 이때 주체는 그 욕망의 장애물로 서 있다.

만일 주체가 폐제를 통해 생산된다면, 그 주체는 정의상 그로부터 주체가 분리되어 나오고 구별되는 어떤 조건에 의해 생산되는 것이라고 할 수 있다. 욕망은 주체를 풀어헤치려 하지만 이는 자신의 이름 안에 욕망을 작동시키고 있는 주체에 의해 좌절될 것이다. 욕망의 애태움 (vexation)이란 주체가 존속하기 위해서 주체는 그 자신의 욕망을 좌절시켜야 한다는 것을 함의하는데, 이러한 욕망의 애[속]태움은 예속화 과정에서 결정적인 것으로 밝혀진다. 그리고 욕망이 승리하기 위해서 주체는 분해의 위협을 받아야만 한다. 이 모델에서 자기 자신(자신의 욕망)에게 등을 돌린 주체는 주체가 존속하기 위한 조건 중 하나이다.

따라서 자기 자신으로 존속하기 위해 자기 자신이 종속되는 조건을 욕망해야 할 필요가 있다. 자신의 존재 안에 남아 있으려는 노력 속에서 해체의 위험을 가지고 위협하는 권력의 형태——규제, 금지, 억압——를 품는다는 것은 무엇을 의미하는가? 이는 단순히 타자의 인식을 필요로 한다거나 인식의 형태가 종속을 통해 부여된다는 것을 의미하는 것은 아니다. 오히려 이는 어떤 이의 형성과정이 권력에 의존하고 있음을 의미한다. 의존 없이 그러한 형성은 없다. 성인 주체의 자세는 이러한 의존성의 부정과 재연(reenactment)에 있다. '나'는 내가 의존[관계] 속에서 형성되었다는 것을 부정해야 한다는 조건 위에서, 즉 내 가능성의 조건을 부정하는 것을 전제로, 출현한다. 그러나 비록 내가 자신 안에 머무르기를 원할지라도 '나'는 바로 이러한 부정에 의해, 즉 보고 싶지 않을 뿐만 아니라 [차마 똑바로] 바라볼 수 없는 근원적 시나리오의 재상연[재무대화]을 신경증적으로 반복하며 무의식적으로 자신의 분열을 추구하는 것으로 인해, 혼란을 겪으며 위협받는다. 물론 이는 내가 실은 나 자신이 알고 싶지 않은 것에 근거를 두고 있으며 또 나 자신과 분리되어 있음을 의미한다. 나는 결코 내 자신이 되거나 내 자신으로 남아 있을 수 없다.

양가성(Ambivalence)[18]

주체 개념은 최근 이론 논쟁에서 논란을 불러일으켰다. 어떤 이들은 주체 개념이 행위성(agency)을 설명하는 데 있어 필수적인 조건이라고 추켜세웠고 또 어떤 이들은 '지배'(mastery)의 기호라고 비방하며

---

18) [옮긴이] 'Ambivalence'는 '양가감정', '(반대감정) 병존', '양향성'이라고 번역되기도 한다. 예컨대 열린책들의 번역본은 「본능과 변화」, 「슬픔과 우울증」, 「자아와 이드」 등의 논문에서 '양가감정'(ambivalenz) 또는 '애증병존'이라는 번역어를 사용한다(프로이트, 『정신분석학의 근본 개념』 참조).

이 개념을 거부했다. 이 책에서 나의 목적은 동시대의 논쟁 사례들을 하나하나 열거하는 것도 아니고 또 이 논쟁을 해결하려는 것도 아니다. 오히려 나는 하나의 역설이 어떻게 반복적으로 이 논쟁을 규정하는지, 그리고 그 역설이 어떻게 이 논쟁의 양가성을 드러내도록 만드는지 살펴보고자 한다. 행위성의 도구이자 조건인 주체가 도대체 어떻게 종속의 효과이자 행위성을 박탈당한 것으로 이해될 수 있을까? 종속이 행위성을 가능하게 만드는 조건이라면, 행위성이 어떻게 종속의 힘에 반해서 사고될 수 있을까?

　'주체'는 종종 '사람'이나 '개인'과 바꾸어 쓸 수 있는 말처럼 쓰이곤 한다. 그러나 비판적 범주로서 주체[개념]의 계보를 둘러보면, 주체 개념이 실은 개인(個人) 개념과 정확하게 동일한 것으로 이해되기보다는 언어학적인 범주나 자리표시어(placeholder)[19] 또는 형성과정에 있는 어떤 구조를 지칭하는 개념으로 이해되어야 한다는 것을 알 수 있다. 개인들은 주체의 자리를 점유한다(동시에 주체가 '자리'site로서 출현한다). 그리고 개인들은 이른바 언어 속에 먼저 확립되는 한에서 [자신의 존재에 대한] 이해가능성(intelligibility)을 향유할 수 있다. 주체란 개인이 이해가능성을 획득하고 재생산하기 위해 필요한 언어적인 계기이다. 즉 주체란 존재와 행위성의 언어적 조건이다. 예속되는 과정이나 주체화(subjectivation: 프랑스어 assujetissement의 번역어)의 과정을 겪지 않고서는 어떤 개인도 주체가 될 수 없다. 만일 개인이 주체가 됨

---

19) [옮긴이] 'placeholder'는 어떤 특정된 집합의 임의의 원소의 이름으로 대체될 수 있는 기호 또는 (영어의 가주어처럼) 문장 속에서 필요한 요소나 그 자체의 뜻이 없는 요소를 지칭한다.

으로써 자신의 이해가능성을 획득하게 되는 것이라면, '개인'을 이해 가능한 용어로[또는 항으로] 다루는 것은 이치에 잘 맞지 않는 것처럼 보인다. 역설적으로, 주체로서 개인의 지위를 사전에 참작하지 않고서 는 개인이나 그들의 생성을 이해할 수 있는 기준점 또한 있을 수 없다. [따라서] 예속화에 관한 이야기는 어쩔 수 없이 순환적이며, 그 이야기 가 설명하려고 하는 주체를 미리 가정하게 된다. 주체는 한편으로 자 신에 대해 제삼자적 관점을 취함으로써만 자신의 발생에 대해 거론할 수 있다. 다시 말해, 주체는 자신의 발생에 대해 기술하는 행위 속에서 자신의 관점을 지워 버릴 때에만 자신의 발생에 대해 말할 수 있다. 다 른 한편, 주체가 구성되는 과정에 대한 서사(敍事)는 그 구성이 이미 발 생했고, 따라서 서사는 사후에 도착한다는 점을 전제한다. 주체는 자 신에 대해 말하기 위해 자신을 상실한다. 그러나 주체는 자신의 이야 기를 말하는 동안 그 서사기능이 이미 자명하게 만든 것에 대해 설명 을 시도한다. 그렇다면 몇몇 사람들이 행위성의 전제로서 방어한 바 있는 주체가 또한 예속화의 **효과**로서 이해되어야 한다는 것은 대체 무 엇을 의미하는 것일까? 이 같은 정식화는 주체가 종속에 대항하는 행 위 속에서 예속화를 반복한다는 점을 시사한다(이는 정신분석학과 푸코 주의적 설명이 공유하는 개념이다). 그렇다면 예속화를 어떻게 사고해야 하고, 또 어떻게 이 예속화가 변화의 장소가 될 수 있을까? 그런데 그 렇게 주체에 가해진 권력으로서 예속화도 여하튼 주체가 장악[가정][20]한 권력인 것이다. 즉 이러한 장악은 이 주체 생성의 도구를 구성하는 것 이다.

예속화/종속(Subjection/Subordination)

예속화의 이중적 측면은 악순환을 낳는 것처럼 보인다. 즉 주체의 행위성(agency)이 곧 종속화의 효과인 것처럼 보인다. 이 같은 종속화에 저항하기 위한 그 어떤 노력도 필연적으로 종속을 전제하고 또 그 종속을 다시 불러들인다. 운이 좋게도 이 이야기는 이 같은 난국에서 살아남는다. 한 주체의 행위성이 그 자신의 종속을 **전제한다**는 말은 무엇을 의미하는가? **전제하는** 행위와 **복권[복원reinstate]**하는 행위는 동일한 것인가? 아니면 전제된 권력과 복권된 권력 사이에는 어떤 불연속성이 존재하는 것일까? 자신의 종속 조건을 재생산하는 바로 그 행위 속에서 주체가 그 종속 조건들의 시간적 토대의 취약성을 드러내는 전형적 예가 된다는 점에 대해 생각해 보도록 하자. 그중에서도 특히 종속 조건을 갱신해야만 하는 긴급 상황에 내포된 시간적 취약성에 대해 생각해 보자. 주체의 조건으로 여겨지는 권력은 당연히 주체가 휘두르는 것으로 여겨지는 권력과 동일한 것이 아니다. 주체를 출발시키는 권력은 주체의 행위성으로서 권력과 연속성을 갖지 못한다. 권력이 행위성(agency)의 조건이라는 지위에서 (주체가 그 '자신의' 권력의 조건으로서 등장하는 권력의 외양을 구성하는) 주체 '자신의' 행위성이라는 곳으로

---

20) [옮긴이] 버틀러는 여기서 'assume'이라는 단어를 사용하고 있는데, 이는 장악과 가정 두 의미로 해석될 수 있다. 주체에게 가해지는 예속화란 그것이 없다면 주체가 존재할 수 없다는 점에서 주체가 이미 (역설적인 방식으로) 가정하고 있는 것이다. 동시에 결국 그 예속도 결과적으로 형성된 주체가 행사하는 힘의 작용이기 때문에 이 주체가 행사하고, 이 주체를 구성하는 작용인 것이다.

자리를 이동할 때, 잠재적으로 힘을 부여하는 어떤 의미 있는 반전이 발생한다. 이러한 변화를 어떻게 평가할 수 있을까? 주체가 존재를 의지하고 있는 권력, 주체가 반복할 수밖에 없는 권력은 권력을 반복하는 과정에서 도대체 언제 자기 자신에게 등을 돌리는가? 이러한 반복의 관점에서 어떻게 우리가 저항을 생각할 수 있을까?

이러한 관점은 행위성(agency)이 행위성의 조건으로부터 논리적으로 추론될 수 없다는 점을 보여 준다. 즉 ⓐ권력을 가능하게 하는 것과 ⓑ권력이 취할 수 있는 가능성들 사이에 그 어떤 연속성도 가정될 수 없다. 주체가 행동할 때 자신의 출현조건을 보유한다고 하더라도, 이는 모든 행위성이 이 같은 행위성의 조건에 묶여 있음을 의미하는 것은 아니다. 즉 모든 행위성의 작동에 동일한 조건들이 적용되는 것은 아니다. 권력의 장악(assumption)은 한 곳에서 권력을 취해 건드리지 않은 채로 온전히 다른 곳으로 이동시킨 후 그곳에서 그 권력을 자기 자신의 것으로 만드는 그런 직선적인 작업이 아니다. 장악된 권력이나 전유된 권력이 그러한 권력의 장악을 가능하게 했던 권력에 반해 작동할 수 있듯이 [권력의] 전유행위는 권력의 변경과 연루된다. 종속 조건이 권력의 장악을 가능하게 하는 곳에서 장악된 권력은 그 조건들에 묶여 있기 마련이다. 그러나 이는 양가적인(ambivalent) 방식으로 묶여 있다. 실제로, 장악된 권력은 종속을 유지하면서 동시에 이 종속에 저항하기도 한다. 이 같은 결론은 ⓐ실질적인 권력의 회복으로서 저항을 함의하는 것으로 간주되거나 ⓑ실질적인 저항으로서 [권력의] 회복을 함의하는 것으로 간주되어서는 안 될 것이다. 이 양자는 동시에 작용하는 것이고, 이러한 양가성이 행위성(agency)의 굴레[구속]

(bind)[21]를 형성한다.

주체로 종속되는 과정이자 동시에 주체로 되어 가는 과정으로서 예속화라는 정식에 따르면, 종속화로서 권력은 주체에 선행하는 일련의 조건들로써 외부로부터 주체를 만들고 종속시킨다. 그러나 이러한 효과 이전에 주체가 있을 수 없다는 점을 고려할 때 이러한 정식은 흔들리기 시작한다. 권력은 주체에 **작용(act)**을 가할 뿐만 아니라 타동적인 의미에서 주체를 존재로 **실연(實演)**한다(enact). 권력은 주체 존재의 조건으로 주체에 선행한다. 그러나 권력이 주체에 의해 행사될 때, 권력은 [자신이 지녔던] 우선성의 외양을 상실한다. 즉 권력이 주체의 효과이자 주체가 행하는 것이 권력이라는 역전된 관점을 발생시키는 상황이 나타난다. 어떤 조건이든 현재화되지 않고서는 무엇인가를 가능하게 하거나 제정할 수 없다. 권력은 주체에 앞서 손상되지 않은 채로 있을 수 있는 것이 아니기 때문에, 권력의 우선성이라는 외양은 권력이 주체에 작용을 가하기 시작할 때 사라져 버린다. 그리고 권력의 지평 위, 시간의 역전 속에서 주체는 시작된다(파생된다). 주체의 행위성으로서 권력은 주체의 [과거나 미래의 차원이 아닌] 현재적 차원을 취한다.[22]

---

21) [옮긴이] 데리다의 이중구속(double bind) 개념을 염두에 두고 있는 것으로 보인다.

22) 이 논의는 *Bodies That Matter: On the Discursive Limits of Sex*, New York: Routledge, 1993[『의미를 체현하는 육체: 성의 담론적 한계들에 대하여』, 김윤상 옮김, 인간사랑, 2003]에서 내가 제시했던 주장을 이어받는 것이다. "행동을 하는 권력이 있는 것이 아니라, 지속성과 불안정성 속에 놓인 권력으로서 반복적인 행동이 있을 뿐이다"(p. 9)[『의미를 체현하는 육체』, 36쪽. 국역본에는 이 문장의 해석이 누락된 것으로 보인다]. 이 진술은 권력이 주체 없이 작용할 수 있음을 의미하는 것이 아니다. 오히려 그 반대인데, 권력이 작용하기 위해서는 반드시 주체가 있어야만 한다. 그러나 이러한 필연성은 주체를 권력의 기원으로 만들지 않는다.

권력은 적어도 두 가지 방식으로 주체에 작용한다. 첫째, 권력은 주체를 가능하게 만드는 것으로서, 주체의 가능성과 주체의 형성 계기로 작용한다. 둘째, 권력은 주체 자신의 행위 속에 자리를 잡고 반복되는 것으로서 작용한다. 권력 '의'(여기서 '의'_of_는 '속함'과 '[힘의] 행사'를 함의한다) 주체로서 주체는 자기 자신의 출현조건을 가린다. 즉, 주체는 권력으로 권력을 가린다. 이 조건들은 주체를 가능하게 만들 뿐만 아니라 주체의 형성에 참여한다. 이 조건들은 주체의 형성과정과 이를 뒤따르는 주체의 행위 속에서 현재화된다.

예속화 과정 속에서 작동하고 있는 권력 개념은 공약이 불가능한 두 개의 시간 양식(modality) 속에 존재하고 있는 것처럼 보인다. 첫째, 항상 주체에 앞서 있는 것이자 주체 바깥에 존재하는 것, 그리고 처음부터 작동하고 있는 것으로서 권력이 있다. 둘째, 주체의 의지가 반영된 효과로서 권력이 있다. 이 두번째 양식은 적어도 두 종류의 의미를 담고 있다. 주체의 의지를 반영한 효과로서 예속화는 주체 자신이 초래한 종속인 것이다. 그러나 만일 예속화가 주체를 생산하고 주체가 행위성의 전제조건이라고 한다면, 그 예속화는 주체가 주체 자신의 저항과 반대의 보증인이 되어 가는 과정이라고 할 수 있다. 권력이 주체에 앞선 것으로 이해되든 또는 주체의 도구적 효과로 간주되든 주체 및 행위성 문제를 다루는 대부분의 논쟁들은 권력의 두 시간 양식 (주체 '앞' 그리고 주체 '뒤') 사이에서 동요했다. 이 주제에 대한 많은 논의들이 주체가 행위성의 조건인가 또는 행위성의 난국인가를 다루며 수렁에 빠지고 말았다. 실제로 두 가지 난관으로 인해 많은 이론가들이 주체의 문제를 사회이론에서 피할 수 없는 장애물로 여기게 되었다. 내가 생각하기에 이와 같은 곤란이 나타나는 이유는 부분적으로 주체가 그 자체로 이미 이와 같은 양가성의 공간이기 때문이다. 이 공간 안에서 주체는 앞선 권력의 **효과**인 동시에 **근본적으로 규정된 행위** 형태의 가능성의 조건으로서 출현한다. [따라서] 주체에 관한 이론이라면 주체의 작용 조건의 특징인 양가성을 충분히 고려할 수 있어야만 한다.

주체에 외재적인 권력과 주체를 구성하는 것으로서 권력 사이에, 즉 '작용을 가하는 것'과 '작용을 받는 것' 사이에, 이른바 개념적 이행이 만들어지지는 않는다. 실제로, 이행과 관련해 기대할 수 있는 것은 아마도 주체 그 자체를 구성하는 분열과 반전일 것이다. 권력은 주체에게 작용을 가한다. 이는 하나의 실연으로서 행위(acting that is an enacting)이다. (타동적으로) 주체를 실연시키는(enact) 권력과 주체에 의해 실연되는 권력을 구분하려 할 때, 다시 말해, 주체를 형성하는 권력과 주체 '자신의' 권력을 구분하려고 할 때, 해소 불가능한 애매함이 나타난다. 누가 또는 무엇이 '규정'을 행하고 있는가? 권력이 주체 또는 주체의 권력에 앞서는가? 일정한 시점에 이르면 반전과 은폐가 나타나고, 권력은 (이전의 권력의 작용에 의지했던 사실이 없었던 것처럼 보이도록 주체를 만들며) 오로지 주체에 속한 것으로서 모습을 드러낸다. 더욱이 주체에 의해 규정되는 것은 권력의 사전 작업에 의해 가능해졌지만 궁극적으로 권력의 사전 작용에 의해 제한되는 것은 아니다. 행위성(agency)은 그것[행위성]을 가능하게 만드는 권력을 초월한다.[23]

---

23) [옮긴이] 이 단어의 원문은 'exceed'이다. 이 단어는 '초과하다'라는 한국어 단어에 더 가까울 수는 있으나 양으로 한정될 수 없는 원단어의 어감을 살리기 위해 '초월하다'로 번역한다. 이 단어가 초월에 해당하는 영어 'transcend'가 아니라는 점도 유의할 필요가 있다. 이 책에서

혹자는 권력의 목표가 항상 행위성의 목표는 아니라고 말할 수도 있을 것이다. 행위성의 목표가 권력의 목표에서 벗어나는 한에서 행위성은 권력이 **의도하지 않은** 목표를 가정한다. 이는 논리적이나 역사적으로 도출될 수 없었던 가정이자 행위성을 가능하게 하고 행위성이 속해 있던 권력에 대해 우연과 반전의 관계를 형성하며 작동하는 가정이다. 이것이 이른바 그 어떤 목적론적인 필연성에 의해 제한되지 않는 행위성(agency)의 양가적인 장면이다.

권력은 주체에 외재적인 동시에 바로 그 주체의 장소이기도 하다. 어떤 주체도 권력 없이는 존재할 수 없다는 점을 이해할 때에만, 그러나 [이와 함께] 주체의 도래가 권력의 위장과 연루되었다는 점, 즉 권력에 의해 생산된 주체가 권력의 **토대를 만든** 주체로 알려지는 비유 대체적(metaleptic) 전도[24]와 연루되어 있다는 점을 이해할 때에만, 이 명백한 모순의 의미가 통하기 시작한다. 이 같은 주체의 정초주의(foundation-alism)[25]는 권력 작용의 효과, 즉 이전 작업의 전도와 은폐를 통해 성취되는 효과이다. 이는 주체가 그 주체를 발생시킨 권력으로 **환원될** 수 있음을 의미하는 것은 아니다. 이는 또한 주체를 발생시

'초월하다'는 거의 모두 'exceed'에 해당하며, (두 번 사용된) 'transcend'의 경우는 영어 단어를 함께 병기하였다. 형용사 '초월적'은 'transcendental'의 번역어이다.

24) [옮긴이] 이미 비유적인 표현을 환유를 통해 다른 의미로 사용하는 표현법(metalepsis). 버틀러는 이 개념이 담론 안에서 한 이야기 층위가 다른 이야기 층위로 이동하는 것을 언급한다고 설명하고 있다(주디스 버틀러, 『젠더 트러블』, 조현준 옮김, 문학동네, 2008, 362쪽 참조).

25) [옮긴이] 토대주의 또는 근본주의라고도 일컬어진다. 정초주의에 대한 논의는 버틀러의 『젠더 트러블』, 352, 363쪽 참조. 버틀러는 어떤 행위성을 설명하기 위해 '행위 뒤의 행위자'를 가정할 필요가 없다고 주장하며 행위자(자아)와 행위의 동시성을 바탕으로 정통주의를 비판·재구성한다.

킨 권력이 주체로 **환원될 수** 있음을 의미하는 것도 아니다. 권력은 주체에 외재적이거나 주체에 선행하는 것이 결코 아니다. 또한 권력은 오직 주체와 동일시될 수 있는 것도 결코 아니다. 권력의 조건이 존속하기 위해선 그 조건들이 반복되어야만 한다. 주체는 정확히 그러한 반복이 일어나는 장소이다. 이 반복은 단순하게 기계적인 반복이 결코 아니다. 권력의 모습이 주체의 조건에서 주체의 효과로 자리를 옮길 때, (선행적이고 외재적이던) 권력의 조건은 현재적이고 미래적인 형태를 취한다. 그러나 권력은 방향의 전도를 통해 바로 이 같은 현재적 특징을 띠게 되는 것이다. 이 전환은 앞서 있었던 것과 단절하고 자신을 발생시키는 행위로 위장하는 작업이다. 권력의 반복은 종속 조건들을 시간화할 뿐만 아니라, 이 종속 조건들이 정적 구조를 가지고 있지 않고 시간화되어 있다는 점을 보여 준다. 즉 종속 조건들은 능동적이고 생산적이다. 반복을 통해 실행되는 시간화는 권력의 모습이 자리를 바꾸고 방향을 트는 경로를 추적한다. 권력의 관점은 외부에서 그리고 애초부터 항상 우리에게 작용하는 것에서 우리의 현재 행위(act)와 그 행위의 미래적 확장 속에 작동하고 있는 행위성(agency)의 의미를 구성하는 것으로 변모한다.

이 연구가 푸코의 『성의 역사』 1권과 2권, 『감시와 처벌』에 담긴 욕망의 주체 및 법 주체에 대한 여러 논의 그리고 『권력/지식』(*Power/Knowledge*)에 실린 「권력의 주체」와 「두 개의 강의」[26]에 많은 빛을 지

---

26) Michel Foucault, *Discipline and Punish: The Birth of Prison*, New York: Pantheon, 1977; *Surveiller et punir: Nassance de la prison*, Paris: Gallimard, 1975[『감시와 처벌: 감옥의 탄생』, 오생근 옮김, 나남, 2016]; *The History of Sexuality, Volume 1: An*

고 있지만 지금 논의 중인 주체의 정식화라는 문제는 사실 더 큰 문화적·정치적 곤경과 공명한다. 다시 말해, 저항하는 그 권력 속에 공공연하게 연루된 권력에 대해 어떻게 대항적인 관계를 취할 수 있는가라는 문제와 공명한다. 이러한 탈해방적(post-liberatory) 통찰은 종종 모든 행위성이 결국 난국에 처할 수밖에 없다는 결론으로 이어지곤 한다. 자본의 형태나 상징적 지배의 형태는 우리의 행위(act)가 이미 [지배에] 앞서 미리 '길들여지는' 방식으로 이루어진다. 또는 미래를 향한 모든 운동의 아포리아적(aporetic) 구조 속으로 일반화되고 영원한 일련의 통찰들이 던져진다. 나는 종속과의 이 같은 기초적 공모로부터 그 어떤 필연적인 논리적 결론이나 역사적 결론이 뒤따른다고 생각하지 않는다. 어떤 잠정적인 가능성들이 뒤따를 뿐이다. 종속과정에 행위성이 연루된다는 점이 주체의 핵심부에서 발생하는 치명적인 자기모순의 신호는 아니다. 따라서 이 연루는 주체가 해롭거나 쓸모없다는 점을 증명하는 것이 아니다. 그러나 이 같은 연루가 [주체의] 행위성(agency)이 항상 그리고 오로지 권력에 대항할 뿐이라고 가정하는 고전적인 자유주의-인본주의 전통의 정식에서 파생되는 본래적 주체 개념을 복원시키는 것 또한 아니다. 첫번째 견해는 정치적으로 독실한 숙명론 형태에서 나타나는 특징이다. 둘째 견해는 소박한 형태의 정치

Introduction, trans. Robert Hurley, New York, Vintage, 1978; *Histoire de la sexualié 1: Volonté de savoir*, Paris: Gallimard, 1978[『성의 역사 1권: 지식의 의지』, 이규현 옮김, 나남, 2010]; *The Use of Pleasure*, New York: Pantheon, 1985; *L'usage de plaisirs*, Paris: Gallimard, 1984[『성의 역사 2권: 쾌락의 활용』, 신은영·문경자 옮김, 나남, 2018]; *Power/ Knowledge: Selected Interviews and Other Writings, 1972-77*, ed. Collin Gordon, New York: Pantheon, 1980[「두 개의 강의」, 『권력과 지식: 미셸 푸코와의 대담』], pp.78~108.

적 낙관주의에서 나타나는 특징이다. 나는 이 두 가지 대안 모두를 멀리하고자 한다.

공모와 양가성을 단번에 뽑아 버릴 수 있다고 생각하는 이들에게는 특히 이 같은 정식화가 엉뚱하고 당황스러운 것으로 보일 수 있겠지만 주체는 주체가 대항하는 바로 그 권력으로부터 자신의 주체행위성(agency)을 이끌어 낸다고 생각할 수도 있을 것이다. 주체가 완전히 권력에 의해 결정되는 **것도** 아니고 또 주체가 권력을 완전히 결정하는 **것도** 아니라면(그러나 부분적이지만 의미 있는 방식으로 결정한다고 해야 할 것이다), 주체는 논리의 모순을 초월한다. 이른바 주체는 논리의 이상생성(excrescence)이다.[27] 주체가 양자택일(either-or)을 넘어선다고 주장하는 것은 자신이 형성될 때 주체가 자유로운 영역에 머무르고 있다고 주장하는 것은 아니다. 초월은 탈출이 아니다. 그리고 주체는 자신이 묶여 있는 바로 그곳을 초월한다. 이와 같은 맥락에서, 주체는 자신을 형성하는 양가성을 진정시킬 수 없다. 고통스럽고 역동적이고 유망한, '이미 있음'(already-there)과 '앞으로 올 것'(yet-to-come) 사이의 이 같은 동요는 하나의 교차로라 할 수 있는데, 이는 자신을 가로지르는 모든 단계와 재결합한다. 즉 행위성의 핵심에 자리하고 있는 반복된 양가성인 것이다. 재접합된 권력은 접합이 이미 되어 있다는 의미에서 '재'-접합된다. 그리고 반복적으로 접합되고 다시 새롭게 접합된다는 의미에서 '재'-접합된다. 따라서 고려해야 할 점은 다음과 같다. ⓐ주체의 형성이 정신의 규제적 형성과 어떻게 관련되는가.

---

27) 라캉은 주체를 이상생성으로 여겼다.

이는 권력의 담론을 정신분석학의 담론과 어떻게 재결합시킬 수 있는 가라는 문제를 포함한다. ⓑ이와 같은 주체 개념을 어떻게 탈해방적 (post-liberatory) 시기의 정치적 행위성(agency) 개념으로 작동할 수 있게 만들 수 있을까.

정신(psyche)의 규제(regulations)

권력이 실존하는 주체들을 지배하거나 억압할 뿐만 아니라 주체를 형성하기 위해 작동한다면, 이 같은 형성은 어떻게 이루어지는 것일까? 명백한 점은 보통 일상적인 의미로 권력이 존재를 세계 속으로 끌어오는 것은 아니라는 것이다. 푸코는 권력의 구성적·생산적 특징을 규제적이고 훈육적인 체제와 연결한다. 『감시와 처벌』에 따르면, 범죄는 투옥의 제스처와 양식(style) 속에서 육체적으로 가공된 범죄자 층을 생산한다. 그러나 이 같은 의미의 생산과 가공을 어떻게 이해해야 하는 것일까? 권력의 구성적 차원은 비기계적주의적(nonmechanistic)이고 비행동주의적인(nonbehavioristc) 방식으로 이해되어야 한다. 권력이 항상 어떤 의도에 따라 생산하는 것은 아니다. 권력의 생산은 종종 기획했던 의도를 초월하거나 변경하는 방식으로 이루어진다.[28] 푸

---

28) 니체는 『도덕의 계보학』에서 '기호-사슬'(sign-chain, Zeichenkette) 개념을 발전시킨다. Friedrich Nietzsche, *On the Genealogy of Morals*, trans. Walter Kaufmann, New York: Random House, 1967, pp.77~78; Zur *Genealogie der Moral* in Nietzsche, *Sämtliche Werke: Kritische Studienausgabe in 15 Einzelbänden,* ed. Giorgio Colli and Mazzino Montinary vol.5, Berlin: de Gruyter, 1988, pp.314~315. 그는 단어나 도구가 그 기원에서는 전혀 의도하지 않았거나 생각하지도 않았던 의도를 띠게 되거나 또는 의도하지

코는 정신이라는 주제에 대해 과묵한 것으로 악명 높다. 그러나 예속화(subjection)에 대한 설명은 정신적 삶의 돌아섬 속에서 밝혀내야 하는 것처럼 보인다. 더 구체적으로 말하자면, 예속화는 자기책망, 양심, 사회적 규제과정과 병존하며 작동하는 우울 등의 행위 속에서 나타나는 주체가 자신에게 등을 돌리는 특정한 행위 속에서 추적해야만 한다. 그러나 만일 우리가 정치적인 것과 정신적인 것의 분리를 상정하는 존재론적 이원론을 거부한다면, 권력의 규제적이고 생산적인 효과라는 관점에서 정신의 예속화(psychic subjection)를 비판적으로 설명하는 것이 중요해질 것으로 보인다. 규제 권력의 형태가 부분적으로 주체의 형성을 통해 유지된다면, 그리고 이 같은 규범의 합체(incorporation)[29]로서 주체의 형성이 권력의 요구 조건에 따라 발생하는 것이라면, 예속화 이론은 이 합체(incorporation) 과정에 대해 설명해야 할 것이다. 그리고 합체 과정이 취하고 있는 정신적 지형학을 확인하기 위해 합체 개념을 살펴보아야만 한다. 어떻게 욕망의 예속화가 예속화를 **향한** 욕망을 필요로 하고 또 그 욕망을 시행할 수 있을까?

않은 효과를 생산하게 된다고 말한다. [옮긴이] 니체는 오늘날 '의미의 차연 또는 미끄러짐'이라고 부를 수 있는 관점에서 "어떤 '사물', 어떤 기관, 어떤 관습의 전체 역사도 이와 같이 늘 새로운 해석과 정리라는 계속되는 기호의 연쇄"라고 주장한다. 니체, 『도덕의 계보학』, 홍성광 옮김, 연암서가, 2011, 102쪽.

29) [옮긴이] 'Einverleibung/incorporation'은 환상적인 방식으로 대상을 자신의 육체에 흡수하고 내화하는 과정을 의미한다(라플랑슈·퐁탈리스, 『정신분석사전』, 513쪽). 프로이트의 논문 「성욕에 대한 세 편의 에세이」를 참조. 버틀러는 『자아와 이드』(*The Ego and The Id*)에 실린 '애도와 우울' 분석이 '합체'(incorporation) 논의에 주요한 근거가 된다고 설명한다. 멜라니 클라인의 저작을 번역할 때 'incorporation'을 보통 '함입'이나 '합체'로 번역한다. 예를 들어, 국역본 『젠더 트러블』이나 『정신분석사전』(장 라플랑슈, 퐁탈리스)에서는 '합체'로 번역했다.

그런데 우리는 아직 사회규범들이 내부화된다(internalize)고 주장할 때 합체(incorporation)가 무엇을 의미하는지, 또는 보다 일반적인 관점에서 내부화(internalization)는 무엇인지, 규범이 내부화된다는 것이 무엇을 의미하는지, 내부화 과정이 발생할 때 규범에 어떤 일이 일어나는지 등에 대해 설명하지 않았다. 규범은 처음에는 '바깥에' 머무르다가 일종의 내면의 극장으로 이해할 수 있는, 미리-주어진 정신적 공간 안으로 들어가는 것인가? 아니면 규범의 내부화가 내부성의 생산에 기여하는 것인가? 정신적인 것이 되고 난 후, 규범은 규범의 내면화(interiorization)뿐만 아니라 정신의 내면화도 수반하는 것인가?[30] 나는 이러한 내부화 과정이 삶의 내면과 외면의 **구분**을 만들어 내고, 또 우리에게 규범의 정신적 내부화라는 설명과는 크게 다른 사회적인 것과 정신적인 것의 구분을 제시한다고 주장하고자 한다. 더욱이 규범이 기계적인 방식이나 완전히 예측 가능한 방식으로 내부화되는 것이 아니라는 점을 고려할 때, 규범은 **정신적** 현상으로서 다른 특징을 갖게 되는 것은 아닐까? 특히, 사회적 존재를 향한 앞선(事前, prior) 욕망이라는 더욱 일반적인 관점, 즉 규제 권력에 이용되는 욕망이라는 관점에서 우리는 어떻게 규범을 향한 욕망과 예속화를 향한 욕망을 설명할 수 있을까? 사회적 범주들이 인식 가능하고 지속적인 사회적 존재들을 보장하는 곳에서 이러한 범주들이 비록 예속을 위해 작용한다고 하더라도, 사회적 존재로 존재하지 못하는 것보다는 그러한 범주들

---

30) 나는 현상학의 관례에 따라 '내부'(internal)와 '내면'(interior)을 구분하고자 한다. '내부'가 우연적 관계를 지칭한다면, '내면'은 구성적인 관계를 지칭한다. 이러한 용어법은 후자의 현상학적인 특징을 강조한다.

을 수용하는 편이 더 선호될 것이다. 그렇다면 사회적 존재를 향한 갈망에 근거를 둔 예속화를 향한 갈망은 어떻게 일차적 의존성(primary dependency)을 소환하고 착취하며 예속화 권력의 도구이자 효과로서 출현하는 것일까?

권력의 남용을 주체의 창조물이나 환상(fantasy)이 아닌 현실적인 것으로 강조하기 위해 권력은 종종 명백하게 주체에 외재적인 것, 주체의 의지에 반해 강제되는 그 무엇으로 간주되기도 한다. 그러나 바로 이 주체의 생산과 주체의 의지 형성이 일차적 종속(primary subordination)의 결과물이라면, 권력에 대한 주체의 취약함은 주체 스스로가 만든 것은 아니지만 불가피한 것이다. 그러한 취약함은 주체에게 착취가 가능한 종류의 존재로서 자격을 부여한다. 권력의 남용에 대항하려 한다면(권력의 남용은 대항하는 권력과 같은 것이 아니다), 권력의 남용에 대한 우리의 취약함이 무엇인지 고려하는 것이 현명할 것이다. 주체가 일차적인 취약성(primary vulnerability) 속에서 구성된다는 사실이 주체를 권력의 남용에서 벗어나게 해주지는 못한다. 이는 오히려 그 반대로 주체의 취약성이 얼마나 근본적인 것인지 더욱더 명확하게 만든다.

주체는 도대체 어떻게 착취당할 수 있는 종류의 존재이자, 자기 자신의 형성으로 인해 복종(subjugation)에 취약한 존재일 수 있을까? 스스로 만들지 않은 범주들, 용어들, 그리고 이름들 속에서 자기 자신의 존재에 대한 인식을 추구해야 하는 존재는 자신의 바깥에서 그리고 지배적인 동시에 무차별적인 담론 안에서 자기 자신의 존재의 기호들을 찾는다. 사회적 범주들은 종속과 존재를 동시에 의미한다. 다시 말해,

예속화(subjection) 과정에서, 종속이 곧 존재의 대가인 것이다. 선택이 불가능한 바로 그 순간에, 주체는 존재의 약속으로써 종속을 추구한다. 이러한 추구는 선택이 아니다. 그러나 이는 필연도 아니다. 존재가 다른 곳으로부터 주어지는 곳에서 예속화는 존재를 향한 욕망을 착취한다. 예속화는 존재하기 위해 필요한 타자에 대한 근본적 취약성을 표시한다.

자신이 만든 것은 결코 아니지만 그 자신이 취약할 수밖에 없는 권력, 그리고 존재하기 위해 의존할 수밖에 없는 권력, 이 권력의 조건을 장악하는 것이 곧 주체형성의 기저(基底)에 자리 잡고 있는 일상적 예속화인 것처럼 보인다. 그러나 권력이 장악되었을 때 그 권력이 기계적으로 재생산되는 것은 아니기 때문에 권력을 '장악한다'는 것은 그리 단순한 문제가 아니다. 장악되자마자 권력은 다른 형태와 방향을 취하는 모험을 감행한다. 만일 권력의 조건이 일방적으로 주체를 생산하지 않는다면 권력의 장악이 취하는 시간적·논리적 형태는 무엇인가? 사회적 권력이 어떻게 사회성의 형태를 제한하면서 동시에 반성(reflexivity)[31] 양식을 생산하는지 명확히 밝히기 위해서는 정신적 예속화의 영역을 재기술할 필요가 있다. 다시 말해, 규범이 욕망을 제한하고 생산하면서 정신적 현상으로서 작동하는 한, 규범은 주체의 형성을 지배하면서 살기에 알맞은 사회성의 영역을 에두른다. 규범의 정신적 작용은 명백한 강제보다 더 은밀한 경로를 규제 권력에 제공하는

---

31) [옮긴이] 'reflexivity'는 되비치는 행위(반영과 재귀)와 성찰의 의미를 모두 함의하는 것으로 볼 수 있다. 'Reflect'와 구분하기 위해 그리고 성찰의 의미를 함께 표현하기 위해 여기서는 '반성성'으로 해석하고자 한다. 때에 따라서는 '반성'으로 해석한 경우도 있다.

데, 이러한 작용의 성공은 사회적인 것 안에서 규범의 암묵적인 작업을 가능하게 한다. 그러나 정신적인 것으로서 규범이 단순히 사회적 권력을 재기입하는 것에 그치는 것은 아니다. 규범은 매우 특정한 방식으로 형성력을 가지며 취약해진다. 언어에 취약하도록 주체를 정립하는 사회적 범주화는 그 자체로 정신적·역사적 변화에 취약하다. 이러한 관점은 (상징적인 것에 관한 몇몇 이론이 그러하듯) 사회적인 것에 선행하거나 또는 사회적인 것에 제한을 가하는 것으로 정신적 규범성이나 언어적 규범성을 이해하는 것에 반한다. 주체가 주체에 선행하는 권력의 조건으로부터 파생되는 것처럼 규범의 정신적 작용은 기계적인 방식으로나 예상 가능한 방식으로는 아닐지라도 선행하는 사회적 작용으로부터 파생된다.

정신적 예속화는 특정한 예속화 양식(modality)을 표시한다. 이는 보다 더 광범위한 사회적 권력에 묶여 있는 순간에도 단순히 그러한 사회적 권력 개념을 반영하거나 표상하는 데 그치지 않는다. 프로이트와 니체는 규범의 생산성에 의지한 주체형성에 대해 서로 다른 의견을 제시한다. [그러나] 두 이론가 모두 내부화된 금지의 효과로서 양심의 가공을 (따라서 '금지'를 사적인 것으로뿐만 아니라 생산적인 것으로 정립한다) 설명한다. 프로이트와 니체의 저작에서 행위나 표현의 금지는 '욕동'[32]으로 하여금 자기감찰(self-inspection)과 반성[반영]성

---

32) 두 저자 모두 '욕동'(drive)을 의미하는 단어로 'Trieb'를 사용한다. 더욱이 두 저자 모두 욕동을 자신에게 등을 돌릴 수 있는 것, 자신에게 등을 돌리는 것으로 이해한다. [옮긴이] 본능과 욕동의 차이에 대해서는 프로이트의 「본능과 그 변화」, 『정신분석학의 근본 개념』, 93~131쪽 참조. 이 글은 '욕동'을 '정신과 육체 사이의 경계선에 있는 개념으로, 신체 기관 내에서

(reflexivity)의 조건인 내부 공간을 생산하며 자신에게 등을 돌리게 만드는 것으로 언급된다. 자신에게 등을 돌리는 욕동은, 불행한 의식에 대한 헤겔의 견해 속에서 찾아볼 수 있는 반동하는 근본적 갈망처럼, 주체형성을 촉발하는 조건이 된다. 자신에게 되돌아가는 행위가 근본적인 갈망, 욕망 또는 욕동 그 무엇에 의해 행해지든 간에, 그것은 각 심급마다 자기책망이라는 정신적 습관을 생산한다. 이는 시간이 흐름에 따라 양심으로 굳어지게 된다.

양심은 주체가 자신을 반성하고 자신을 반영적(reflective)이고 반성적인[반사적](reflexive) 것으로 정립하며 자기 자신의 대상이 되는 수단이다. '나'는 단순히 그 또는 그녀 자신에 대해 생각하는 사람이 아니다. 나는 반영적 자기관계 또는 반성성을 향한 능력에 의해 정의되는 것이다. 니체에게 반성성은 양심의 결과이다. 자기-지식은 자기-처벌로부터 나온다. (따라서 욕망이 [자신을 향해] 되튀기recoil 전에[33] 자기 자신을 알 수는 없다.) 자신의 욕망을 구속하기 위해서, 우리는 자기 자신을 반성(reflection)의 대상으로 삼는다. 자기 자신의 타자성(alterity)을 생산하는 과정에서, 우리는 반성적 존재, 즉 자기 자신을 대상으로 삼는 존재로 정립된다. 반성성은 욕망이 규칙적으로 자기반영의 회로

발생하여 정신에 도달하는 심리적 대표자'로 설명한다. 「성욕에 관한 세 편의 에세이」에서도 유사한 설명을 제시한다. 다만 이 글의 국역본은 'trieb'를 '본능'으로 번역하고 있다. 하지만 이 글에서는 생물학적인 욕구를 표현하는 'instinkt'라는 단어와 구분하기 위해 '욕동'이라는 번역어를 사용한다. 장 라플랑슈의 본능(instinkt)과 욕동(trieb)에 대한 설명도 참조. Jean Laplanche, *Life and Death in Psychoanalysis*, Baltimore: Johns Hopkins, 1970, pp.8~24[장 라플랑쉬, 『정신분석의 새로운 기반』, 김종주·권희영 옮김, 인간사랑, 2002, 216~222쪽]도 참조.

33) [옮긴이] '욕망이 자기 자신을 거부하기 전에'라는 맥락으로 읽어도 될 것이다.

(circuit)로 변형되는 수단이 된다. 그러나 반성성 속에서 그 정점에 이르는 욕망의 되돌아감[34]은 또 다른 욕망의 질서를 생산하는데, 그러한 질서란 바로 그 순환(circuit)을 향한 욕망, 반성성을 향한 욕망, 그리고 궁극적으로 예속화[주체화]를 위한 욕망을 의미한다.

욕망이 억제되고 되돌려지고 금지되도록 만들 수 있는 수단은 무엇일까? 욕망에 대한 반성은 욕망을 반성 속으로 흡수한다. 우리는 이것이 헤겔에게서 어떻게 나타나는지 보게 될 것이다. 그러나 자기관계 바깥에 자리하는 다른 방식의 욕망의 질서 또한 존재한다. 프로이트는 억압(repression)과 폐제(foreclosure)를 구분하고[35] 억압된 욕망의 경우, 한때는 그 욕망의 금지가 없었던 때를 겪을 수 있지만, 폐제된 욕망의 경우, 그 욕망은 엄격히 금지된 채로, 선제적 상실을 통해 주체를 구성하게 된다고 설명한다. 다른 곳에서 나는 동성애의 폐제가 주체의 이성애적 구성의 토대가 되는 것으로 보인다고 제안한 바 있다.[36] 다른 동일한 젠더의 사람을 '나는 전혀 사랑한 적이 없다', 나는 그런 사람

---

34) [옮긴이] 이는 오던 방향을 거슬러 되돌아가는 것(double back)을 의미하는데, 욕망이 외부 대상이 아니라 내면으로 향하는 것을 지칭한다.

35) [옮긴이] 프로이트는 『정신분석강의』에서 무의식의 문턱을 넘지 못한 욕동(trieb, 국역본은 충동으로 번역하고 있다)들에 대해 억압되었다고 표현한다(지그문트 프로이트, 『정신분석강의』, 홍혜경·임홍빈 옮김, 열린책들, 2004, 402쪽). '억압에 관하여'는 "억압의 첫번째 단계로 의식으로 진입을 거부당한 본능[욕동](trieb)의 대표자"와 관계가 있다고 설명한다(프로이트, 『정신분석학의 근본 개념』, 140쪽). 프로이트는 "어떤 본능 충동을 만족시키지 못해 생기는 긴장이 참을 수 없는 정도의 수준으로 올라가는 경우에서는 억압이 일어나지 않[고]… 억압 상태에 있는 본능이라도 그 본능을 만족시키는 일이 가능하다"라고 설명한다(같은 책, 139쪽). 이 장의 17번 각주 참조. 이와는 달리 폐제란 '기호형식'을 주체의 상징계 밖으로 배제한다. 따라서 폐제된 기호들은 무의식에 통합되지 않는다. 따라서 도르는 폐제가 "원초적 억압이 일어나는 것을 방해하는 메커니즘"이라고 정의한다. 따라서 버틀러는 억압은 누릴 수 있었던 욕동/욕망과 연관되지만 폐제는 '상실의 상실', 엄격하게 금지된 것이라고 설명한다.

36) 이 개념에 대한 자세한 설명은 이 책 5장을 참조.

을 '절대로 잃은 적이 없다'라는 정식은 그 사랑 및 상실의 절대적 부정('절대로-절대로')이라는 술어 속에 '나'를 연결한다. 실제로, 이성애적 '존재'의 존재론적 성취는 이러한 이중 부정 속에서 발견되는데, 이는 그 '존재'의 미약한 근거를 형성하는 단호하고 비가역적인 상실, 즉 자신의 구성적 우울증을 형성한다.

의미심장하게도 프로이트는 강화된 양심과 자기책망을 우울증의 한 신호로 식별한다. 즉 강화된 양심을 충분하지 못한 애도의 조건으로 식별하는 것이다. 주체의 토대가 되는 (따라서 항상 그 토대를 뒤흔들고 교란하는) 우울증은 불완전하고 해소 불가능한 애도를 표시하는데, 이는 곧 어떤 사랑의 형태의 폐제를 의미한다. 가진 것을 잃고, 불완전한 채로 있는 우울증은 주체의 권력에 대한 감각, 주체가 성취할 수 있는 것에 대한 감각의 한계이다. 이 같은 의미에서 우울증은 주체의 권력의 한계이다. 우울증은 주체에 균열을 만들고 주체가 수용할 수 있는 것들에 한계를 표시한다. 주체가 그러한 상실에 대해 반성[성찰]하지 않고, 또 반성할 수도 없기 때문에 그 상실은 반성성의 한계, 그 순환성을 초월하는 (그리고 그 순환의 조건을 규정하는) 것을 규정한다. 폐제로 이해되는 이러한 상실은 주체를 출범시키고 또 해체의 위험으로 주체를 위협한다.

니체적이고 헤겔적인 노선을 따라 생각해 보면, 주체는 자기 자신을 좌절시키는 일에 개입하고 자신의 예속화를 수행하며, 자신의 족쇄를 욕망하고 또 그 족쇄를 만든다. 따라서 주체는 자신의 것으로 알고 있는 욕망 또는 자신의 것으로 알고 있었던 욕망에게 등을 돌린다. 어떤 상실이 주체에 앞서 나타나도록 하기 위해, 또 그러한 상실의 선행이 가능하도록 만들기 위해서 (그리고 불가능하게 만들기 위해서는) 우리는 이 같은 상실이 주체형성 과정에서 수행하는 역할이 무엇인지 생각해 보아야 한다. 주체의 가능성의 조건을 형성하는, 사고될 수 없는 상실, 소유되거나 슬퍼할 수 없는 상실이란 존재할까? 이것이 혹시 헤겔이 '상실의 상실'이라고 부른 것일까? 이는 그것 없이는 주체가 존속할 수 없는 어떤 미지성(unknowability)을 구성하는 폐제, 즉 자신의 것으로서 지식에 대한 모든 권리를 가능하게 만드는 무지와 우울이라고 할 수 있을까? 절대로 사랑할 수 없는 것에 대해 슬퍼하려는 갈망 (그리고 이에 맞먹는 슬퍼할 수 없는 무능력), 즉 '존재 조건'에 미달하는 사랑이란 있을 수 있을까? 이는 단지 대상의 상실 또는 어떤 일련의 대상들의 상실일 뿐만 아니라 사랑 그 자체의 가능성 상실이라고 할 수 있다. 이 상실은 사랑할 수 있는 능력의 상실, 주체의 토대를 마련해 준 것을 향한 미완의 슬픔이다. 우울증은 한편으로 파괴되고 사라지고 불가능한 애착을 대신하는 어떤 [다른] 애착이다. 다른 한편, 우울증은 이른바 그것이 대체하고자 하는 애착에 속하는 불가능성의 전통을 계속 이어 나간다.

물론 사랑을 거부하는 데는 여러 가지 방식이 있고, 이들이 모두 폐제로 구분될 수 있는 것은 아니다. 그러나 사랑의 폐제가 사회존재의 가능성의 조건이 된다면 어떤 일이 생기는 것일까? 이는 우울증에 의해 고통 받는 사회성, 즉 상실이 상실로 인정받지 못하기 때문에, 상실된 것에게 존재의 자격이 주어진 적이 없기 때문에 상실에 대해 슬퍼할 수 없는 그런 사회성을 생산하는 것일까?

여기서 우리는 ⓐ나중에 부인된 애착과 ⓑ모든 애착이 취할 수 있는 형태를 구조화하는 폐제를 나누어 볼 수 있다. 후자의 경우, 폐제는 푸코적인 규제적 이상(regulatory ideal) 개념과 유효하게 재연결될 수 있는데, 이 이상에 따라 일정한 형태의 사랑이 가능해지고 다른 사랑의 형태는 불가능해진다. 정신분석학의 틀 안에서 우리는 사회적 제재(social sanction)를 자아이상(ego-ideal) 속에 암호화되고 초자아에 의해 순찰 받는 것으로 간주한다. 그런데 사회적 제재가 폐제를 통해 사랑과 상실이 작동할 수 있는 가능성의 공간을 생산하도록 작용한다는 것은 무엇을 의미하는 것일까? 폐제로서 제재는 현존하는 욕망을 금지하기 위해 작용하는 것이 아니라 일정한 종류의 대상을 생산하고 또 다른 것은 사회적 생산의 영역에서 배제하기 위해 작용한다. 이와 같은 방식으로, 제재는 푸코가 가정하고 비판한 것처럼 억압가설에 따라 작용하는 것이 아니라 생산의 메커니즘으로서, 그러나 근원적인 폭력을 근거로 해서 작동하는 메커니즘으로서 작용한다.[37)]

멜라니 클라인의 저작에서 죄의식은 외적 금지를 내부화하는 것의 결과로서 등장하는 것이 아니라, 완전히 흔적을 지우려는 자기 자신의 잠재적 폭력으로부터 사랑의 대상을 보존하는 방식으로서 등장한다. 죄의식은 사랑의 대상을 보존하는 기능을 수행한다. 따라서 죄의식은 사랑 그 자체를 보존하는 기능을 수행한다. 그렇다면 사랑이

---

37) 담론적 생산성에 대한 푸코적 개념에서 근원적 폭력(originary violence)의 결여에 대한 논의는 스피박(Gayatri Chakravorty Spivak)의 책 『교육기계 안의 바깥에서: 초국가적 문화연구와 탈식민 교육』(*Outside in the Teaching Machine*)에 실린 논쟁적인 논문, 「권력/지식에 대한 추가 논의」(More on Power/Knowledge)를 참조(p.33)[『교육기계 안의 바깥에서: 초국가적 문화연구와 탈식민 교육』, 태혜숙 옮김, 갈무리, 2006].

사랑의 대상을 보존하는 한 방식(다른 방식이라면 사랑은 이 대상을 파괴했을 수도 있다)으로 죄의식을 이해한다는 것은 무엇을 의미하는가? 사디즘적인 파괴에 반한 임시방편으로서 죄의식은 근원적으로 사회적이고 외재적인 규범의 정신적 현존이 아니라 사라지기를 바라는 대상을 계속 이어 가고자 하는 반대 욕망을 지시한다. 바로 이와 같은 의미에서 죄의식은 우울증을 겪는 과정에서 나타나, 프로이트적인 관점이 설명하는 것처럼, 죽은 대상을 살아 있게 하려고 할 뿐만 아니라 살아 있는 대상을 '죽음'으로부터 지키려 한다. 이때 죽음이란 분리와 상실을 포함한 사랑의 죽음을 의미한다.

그렇다면 클라인적인 관점은 사회적으로 의미 있는 잔여물을 전혀 갖지 않는 정신경제(psychic economy) 속에서 사랑의 기능이 충분히 설명될 수 있다고 말하는 것인가? 아니면 금지 영역의 바깥, 즉 복구(repartion)[38]를 향한 욕망과 같은 영역에서 죄의식의 사회적 의미를 추적해야 하는 것일까? (갈등으로서) 항상 사랑을 따라다니는 공격성, 즉 자기 자신의 공격성으로부터 대상을 보존하기 위해 죄의식은 필수요소로서 정신적 광경(scene)에 들어선다. 대상이 가버린다면, 사랑의 근원도 사라져 버린다. 어떤 의미에서, 죄의식은 사랑의 근원으로 이해될 수 있는 대상, 즉 사랑받는 대상에게 작용하는 사랑의 공격적인 표현을 저지한다. 그러나 정반대 의미로 죄의식은 사랑의 대상으

---

38) [옮긴이] 멜라니 클라인이 사용한 개념으로 "사랑의 대상에 대한 파괴 환상의 결과를 복구" 하려고 하는 심리적 경향을 지칭한다(『정신분석사전』, 166쪽). "상실의 현실을 부인하기 위한 반복적이고 마술적이고 환상적인 시도"로서 복구에 대한 설명은 줄리아 시걸(Julia Segal), 『멜라니 클라인』, 김정욱 옮김, 학지, 2009, 166, 44, 83, 220쪽. 참조.

로서 그 대상을 보전하기 위해 (대상의 이상화로) 작용하고, (이상화를 통해) 사랑하고 사랑받을 가능성을 보존하기 위해 작용한다. 공격성은 (또는 증오는) 단순히 약화되는 것이 아니라 사랑하는 사람에 반해 다른 길로 연결되고 초자아의 자기책망으로서 작동한다.[39] 사랑과 공격은 함께 작동하기 때문에 죄의식을 통한 공격성의 약화는 사랑의 약화이기도 하다. 죄의식은 사랑을 폐제하고 지속하기 위해서, 또는 폐제의 효과로서 (당연히, 덜 열정적으로) 사랑을 지속하기 위해 작동한다.

클라인의 계획은 사랑과 공격성의 관계와 관련해 많은 질문을 제기한다. 왜 사랑의 대상이 죽기를 원한다는 말인가? 이는 일차적인(primary) 죽음충동[욕동]에 의지해 설명할 수 있는 일차적인(primary) 사디즘일까? 아니면 자신이 사랑하는 것을 정복하고자 하는 욕망을 설명할 수 있는 다른 방식들이 있는 것일까? 프로이트를 따라 클라인은 이와 같은 정복하고자 하는 욕망을 우울증의 문제틀 안에 배치하고, 정복욕은 이미 상실한 대상(이미 상실해서 정복이 가능한 종류의 대상)에 대한 관계를 특징짓는다고 주장한다.

클라인은 대상을 향한 욕망을 대상에 승리하고자 하는 욕망과 연결한다. 승리하고자 하는 욕망은 일종의 승리감으로 너무 심하게 추구하면 사랑의 원천으로서 대상을 파괴할 수도 있다. 그러나 어떤 형태의 사랑은 선천적으로 타고난 승부욕 때문만이 아니라 그 대상들이 사랑의 대상이 될 자격을 갖추고 있지 않기 때문에 대상의 상실을 초래

---

39) 『자아와 이드』(The Ego and The Id)에 실린 프로이트의 「애도와 우울」[국역: 「슬픔과 우울」]에 대한 성찰은 멜라니 클라인의 '합체'(incorporation) 논의에 주요한 근거가 된다[프로이트, 『정신분석학의 근본 개념』, pp.239~265].

하게 된다고 생각하는 이들도 있을 것이다. 사랑의 대상으로서 이들은 파괴의 표시를 갖는다. 실제로 이 대상들은 자기 자신의 파괴를 가지고 위협한다. "만일 내가 그러한 방식으로 사랑한다면 나는 곧 파괴되고 말 것입니다." '죽음'으로 표시된 이 대상은 이른바 이미 상실된 대상이며, (만일 사랑받았던 대상이라면) 이 대상을 정복하고자 하는 욕망, 사랑하는 이에게 파괴를 초래하는 대상을 정복하고자 하는 바로 그 욕망이다.

이렇게 죽음으로 표시된 대상들의 영역이라는 한계 속에서 정확히 사회적 권력의 작용을 읽어 낼 수 있을까? 이러한 비현실성(irreality)의 부분, 우울증적 공격성과 정복하고자 하는 욕망이 [이미] '사회적으로 죽은' 것으로 간주된 많은 사람들이 에이즈로 죽어 갈 때, 그 죽음에 대한 [사람들의] 공적인 반응을 규정하는 것일까? 그 누구보다도 동성애자, 성판매자, 마약 복용자들이 그러한 예가 아닐까? 만일 그들이 죽어 가거나 또는 이미 죽었다면, 그들을 다시 정복해야 한다. 이러한 승리감은 오로지 사회적으로 죽은 이들의 생산 및 유지에 의해 '사회적 존재'를 성취하고 유지하는 사회적 차별화라는 실천을 통해서 얻을 수 있는 것인가? 이와 같은 문제들에 대한 공적 담론을 구조화하는 편집증을 이러한 공격성의 전도로 읽을 수는 없을까? 즉 전도를 통해 이 타자를 죽음의 위협으로 표시하며 (가능성은 적지만) 타자에게 사회적으로 정상적인 것과 사회적으로 정상화된 것의 박해자라는 역을 맡기는 죽은 타자를 정복하고자 하는 욕망을 읽어 낼 수 있을까?

그렇다면 도대체 예속화 과정에서는 무엇이 욕망되는 것일까? 단순히 자신을 구속하는 굴레를 사랑하는 것인가? 아니면 더 복잡한 시나리오가 작동하고 있는 것일까? 존재를 보장하는 데 필요한 조건들이 종속을 요구하거나 조직(제도화)한다면 어떻게 생존이 유지될 수 있을까? 지금까지 이해한 바에 따르면, 예속화는 권력 체제의 역설적 효과인데, 이 권력 체제 속에서 '존재의 조건'은, 다시 말해, '인식 가능한 사회적 존재로서 존속할 가능성'은 종속 안에서 주체를 형성하고 유지할 것을 요구한다. 욕망은 항상 자기 자신의 존재 안에 머무르려고 하는 욕망이라는 스피노자의 개념[40]을 수용하고, 욕망의 이상을 형성하는 형이상학적 실체를 보다 유연한 사회적 존재 개념으로서 재구성하면, 자기 자신의 존재 안에 머무르려는 욕망을 사회적 삶의 위험한 조건들 안에서만 중개될 수 있는 어떤 것으로 재기술할 수 있는 준비를 마치게 된다. 따라서 죽음의 위협은 사회적인 것의 극복불가능성과 외연(外延)을 공유(coextensive[同然])한다. '존재'가 정식화되고, 유지되고 철회되는 용어들이 능동적이고 생산적인 권력의 어휘들이라면, 자신의 존재 안에 머무른다는 것은 처음부터 절대로 온전히 자기자신의 것일 수 없는 사회적 용어들 속에 빠져드는 것을 의미한다. 자기 자신의 존재 안에 머무르려는 욕망은 근본적으로 자신의 것이 아닌 타자들의 세계에 굴복(나중에 발생하는 굴복이 아니라 존재하고자 하는 욕망의 틀을 규정하고 그 욕망을 가능하게 하는 굴복)해야 한다. 타자 속

---

40) 스피노자는 "어떤 작용을 하도록 결정된 사물은 신에 의해 필연적으로 그렇게 결정된 것이다"(p.61[44쪽])라고 주장하면서도 "각각의 사물은 자신 안에 존재하는 한에서 자신의 존재 안에 남아 있으려고 한다"(p.135[139쪽])라고 주장한다. 따라서 자율성은 항상 규정되어 있고, 규정되어 있는 한에서 자신의 가능성의 조건에 의해 전복될 수 있다(Baruch de Spinoza, *The Ethics, Philosophy of Spinoza,* trans. R. H. M. Elwes, New York: Tudor Publishing House, 1934[바뤼흐 드 스피노자, 『에티카』, 강영계 옮김, 서광사, 1990]).

에 머무름으로써만 자신의 존재 안에 머무를 수 있는 것이다. 존재는 자신이 결코 만든 적이 없는 조건들에 취약하며, 항상 사회성 속에 근본적이고 시발(始發)적 소외를 표시하는 범주, 이름, 용어를 통해 존속한다. 만일 이러한 조건들이 근본적인 종속이나 근본적인 폭력을 만들어 낸다면, 주체는 역설적으로 자기 자신으로 존재하기 위해 자기 자신에 반(反)해 출현하는 것이다.

주체가 '사회적 존재'로서의 지속 말고 다른 것을 욕망한다는 것은 무엇을 의미하는가? 어떤 죽음에 빠지지 않고서 그러한 사회적 존재를 복구할 수 없다면, 그런 상황에서도 삶의 지속성의 조건에 대한 사회적 권력의 장악력을 전화(轉化)과정에 노출시키고 개방시키기 위해, 죽음을 자초하는 것이든 또는 죽음을 추구하는 것이든, 존재의 위험을 무릅쓰는 것이 가능할까? 주체는 자신을 생산한 규범을 강제적으로 반복해야 한다. 그러나 만일 '올바른 방식으로' 규범을 복원하는데 실패한다면 더한 제재를 받게 되고, 지배적인 존재 조건이 위협을 받는다고 느끼게 될 것이기 때문에, 그러한 반복은 위험영역을 만든다. 그러나 (현재의 조직 속에) 삶을 위협하는 반복이 없다면 우리가 어떻게 그러한 조직의 우연성을 생각하고 또 삶의 조건의 윤곽을 수행적으로 재구성할 수 있겠는가?

예속화에 대한 비판적인 분석은 ①규제 권력이 연속성, 가시성, 장소에 대한 요구를 생산하고 착취함으로써 종속 안에서 주체를 유지하는 방식에 대한 설명, ②동화가 불가능한 잔여물, 즉 주체화의 한계를 표시하는 우울증이 연속적이고, 가시적이고, 자리를 잡은 것으로 생산되는 주체 속에 떠나지 않고 남아 있다는 것에 대한 인지, ③어떻게 자신이 생성되는 사회적 규범에 반대하고 또 그 규범을 전화시키는 것 속에 행위자(agency)가 있을 수 있는지를 보여 주는 주체의 반복성에 대한 설명 등과 관련되어 있다.

이 같은 정식화가 주체에 대한 낙관적인 관점이나 주체 중심적 정치관을 위한 기초가 될 수는 없지만 두 가지 이론적 욕망의 형태에 반한 도발이나 경고의 역할을 수행할 수도 있다. '주체-위치'를 가정하고 진술하는 것을 정치의 정점으로 생각하는 입장이 그 하나이고, 철학적 비유로서 주체를 일축하며 사회성에 진입하는 언어적 조건을 평가절하하는 입장이 다른 하나이다. 주체에 대한 시각이 1인칭 시점의 퇴출을 필요로 하는 만큼, 즉 주체형성을 분석하기 위해 '나'를 유예하는 것이 필요만 만큼, 행위성(agency)의 문제는 1인칭 시점의 재포섭을 강제한다. 주체형성의 조건을 추적하는 동시에 그러한 주체의 출현 조건(및 그 전망)에 반한 경로도 추적해야 한다는 점[조건에서 벗어나는 주체의 자율성을 사고해야 한다는 점]에서 예속화에 대한 분석은 항상 이중적이다.

주체형성에 대한 비판적 평가를 통해 해방을 위한 우리의 노력이 정치적인 것에서 벗어나지는 않으면서 종종 도달하게 되는 이중구속(double binds)에 대해 보다 나은 이해를 할 수 있게 될 것이다. 정치적 행위성(agency)의 기초로서 공모(共謀)를 인정하면서 정치적 행위성이 종속 조건의 단순한 반복 이상의 것을 행한다고 주장할 수 있는 방법이 있을까? 알튀세르가 암시했던 것처럼, 주체가 되기 위해 굴복과 구분할 수 없는 정복(mastery)을 필요로 한다면, 그와 같은 토대의 양가성으로부터 끌어 낼 수 있는 정치적·정신적 귀결들이 있을까? 우리 자신으로 되는 과정(becoming)을 설명하기 위해서 이미 형성된 주체의 관점을 버려야 한다는 것이 바로 주체의 시간적 역설이다. 이 '되기'(becoming)는 단순하거나 연속적인 사건이 아니다. 이는 강제되고 불안정한, 사회적 존재의 지평 위에서 흔들리는, 불편한 반복의 실천이자 위험이다.

1장 _ 완고한 애착, 육체의 예속화
헤겔의 '불행한 의식'에 대한 논의 읽기

여전히 예속된 상태에 사로잡힌 자유(A freedom still enmeshed in servitude) ― 헤겔,『정신현상학』[1]

『정신현상학』에서 '지배와 예속'(Lordship and Bondage)으로부터 '자기의식의 자유: 스토아주의, 회의주의 그리고 불행한 의식'[2]으로 논의가 전개되는 부분은 [헤겔 논의에서] 연구가 가장 덜 된 부분 중 하나이다. 그간 다양한 진보적 정치 전망들이 '지배와 예속'에 관한 장에서 해방적 내러티브의 근거를 마련해 왔기 때문에 많은 독자들이 이 장의 끝에서 자유가 오히려 자기구속[자기노예화](self-enslavement)으로 귀결된다는 점을 간과하곤 한다. 최근의 이론들이 진보주의적 역사관과 주체의 위치에 대해 질문을 던지기 시작하면서 '지배와 예속'의 디스토피아적인 결말은 때마침 다시 그 의미를 되찾아 가고 있다.

---

1) [옮긴이] 버틀러는 헤겔,『정신현상학 I』의 영역본을 인용하고 있다. 국역본의 번역은 다음과 같다. "그의 자유라는 것도 여전히 예속된 상태의 자유"(『정신현상학 I』, 임석진 옮김, 한길사, 2005, 233쪽).

2) 앞으로 나는 이 부분을 '불행한 의식'으로 언급하고자 한다. 영어 인용은 *Phenomenology of Spirit*, tr. A. V. Miller(Oxford: Oxford University Press, 1977)을 참조했다. 독일어 인용은 G. W. F. Hegel, *Werke in zwanzig Bänden*, vol. 3(Frankfurt am Main: Suhrkamp, 1980)을 참조했다. 인용한 페이지 정보는 본문에 제시할 것이다.

푸코는 현대 정치학의 핵심은 더 이상 주체를 해방하는 것이 아니라 주체가 생산되고 유지되는 규제 메커니즘을 밝히고 연구하는 것이라고 주장했다. 푸코의 어휘가 헤겔의 어휘와 섞일 수 있는 성격의 것은 아니지만, **종속의 이중함**의(주체화assujettissement: 주체의 **형성**과 주체의 **규제**의 동시 과정)에 대한 푸코의 관심은 노예의 자유를 여러 가지 다양한 형태의 윤리적 자책(ethical self-beratement)으로 설명하는 헤겔의 저작 속에 이미 예견되어 있다.『감시와 처벌』에서 푸코는 감옥의 교정 효과를 제한한다. "사람들이 말하고 있는 인간, 그리고 사람들이 해방시키려고 노력하고 있는 그 인간의 모습이야말로 이미 그 자체에서 그 인간보다도 훨씬 깊은 곳에서 행해지는 (예속화)의 효과인 것이다."[3] 헤겔의 노예는 외부의 주인을 내던지고 나서는 결국 여러 가지 규범과 이상(관념)들로 예속되어 윤리적 세계 속에 갇혀 있는 자기 자신을 발견하게 된다. 더 정확히 말하자면, 주체는 이러한 윤리적 법칙의 반성적 적용을 거쳐 불행한 의식으로 출현하게 된다.

헤겔이 묘사한 자기구속의 순열(permutation)은 육체를 부정되고 교화되어야 할 것, 윤리적 요구에 의해 종속되어야 할 것으로 받아들이고 있는 것처럼 보인다. 노예가 자유를 깨달을 때 그를 사로잡는 '공포'(terror)는 윤리적 규범이 가공되고 노예 자신의 삶의 육체적 조건에 대한 질책이 동시에 이루어지는 부분에서 그 정점에 이르는 것처럼 보인다. 이러한 관점에서 '불행한 의식'은 신체적 **예속화**로써 **자기구속**

---

3) Foucault, *Discipline and Punish*, p.30; *Surveiller et punir*, p.30 [옮긴이]『감시와 처벌』, 62쪽. 오생근은 번역 원문에서 '예속화' 대신에 '복종화'라는 번역어를 사용한다.

과 자신이 자신에게 부여하는 **윤리적 명령** 간의 관계를 설정하는데, 이는 『도덕의 계보학』에 제시된 동일한 비판과 이러한 니체의 비판을 활용하는 푸코의 논의를 선취한다고 할 수 있다. 다음에 제시된 니체의 인용에서 우리는 헤겔의 자신을 속박하는 인간과 니체의 도덕화된 양심적 인간이 잠깐이나마 서로 수렴하는 순간을 찾아볼 수 있다.

> 폭력에 의해서 잠재적으로 된 **자유의 본능(intinkt der Freheit)** … 뒤로 억눌리고, 뒤로 물러나, 내면으로 갇혀서 끝내는 오직 자기 자신에게만 발산하고 드러나는 이 자유의 본능. 이것이, 오직 이것만이 자신의 시초에 있어서 **양심의 가책**이다.[4]

외부의 권위로부터의 '해방'이 주체를 자유롭게 만들기에 충분하지 않다는 고통스러운 깨달음을 강조하면서, 푸코는 니체에 의지한다. 특히 그가 제시한 근대적인 반성 양식(modern forms of reflexivity)을 구성하는 자기투옥운동(self-incarcerating movement)에 의지한다. 해방의 한계를 단순히 자신에 의해 부여되는 것으로 이해하는 것뿐만 아니라, 더 근본적으로 주체형성의 전제조건으로 이해한다. 예속화에 대한 구조적 애착(structuring attachment to subjection)이 도덕적 주체화(moral subjectivation) 양식의 조건이 된다. 이제 죄수의 종속에 대해 푸코가 『감시와 처벌』에서 확장한, 앞에서 이미 인용했던, 논의를 살펴

---

4) Nietzsche, *On the Genealogy of Morals*, p.87; *Zur Genealogie der Moral*, p.325[『도덕의 계보학』, pp.67~68.]

보도록 하자.

사람들이 말하고 있는 인간, 그리고 사람들이 해방시키려고 노력하고 있는 그 인간의 모습이야말로 이미 그 자체에서 그 인간보다도 더 깊은 곳에서 행해지는 〈예속화〉의 효과인 것이다. 한 영혼이 인간 속에 들어가 살면서 인간을 생존하게 만드는 것이고, 그것은 권력이 신체에 대해 행사하는 지배력 안의 한 부품인 것이다. 영혼은 정치적 해부술의 성과 (effect)이자 도구이며, 또한 신체의 감옥이다.[5]

우리는 정확히 어떻게 영혼의 **거처**로 육체를 이해할 수 있을까? 헤겔로의 귀환이 이를 도울 수 있을까? 예속화의 구조에서 헤겔, 니체, 푸코 사이에 형성되는 수렴점과 분기점은 무엇인가? '불행한 의식'에서 헤겔의 설명은 육체적 삶의 부정과 희생을 도입할 뿐만 아니라 그 과정에서 교훈적인 패러독스에 빠지고 마는 윤리적 입장에 대한 비판적 입장을 선취한다. 만일 육체를 억압하는 것이 육체의 도구적 운동 그리고 육체에 의한 도구적 운동을 전제한다면, 이때 의도하지는 않았지만, 그 육체는 그 억압의 과정 속에서, 그리고 그 과정에 의해 **보존된**다. 이러한 정식화는 니체적 관점과 푸코적 관점, 그리고 앞으로 볼 것이지만, 정신(Spirit)으로의 전환을 설명하는 대목에서 헤겔의 텍스트가 폐제한 자기 비하에 대한 프로이트적 관점 사이에 어떤 수렴 가능성이 있을 수 있다는 것을 암시한다. 이제 이어지는 독해에서는 헤겔

---

5) Foucault, *Discipline and Punish*, p.30; *Surveiller et punir*, p.34[『감시와 처벌』, 62쪽].

이 도입했지만 결국 폐제할 수밖에 없었던 경로를 추적하고자 한다. 이러한 탐구를 통해 '정신'(Spirit)으로 귀결되기 전까지의 『정신현상학』의 논의[6]를 다루고, 양심에 대한 니체적이고 프로이트적인 설명과 이어진 어떤 억압된 연결고리가 헤겔의 장(章) 안에 내재되어 있는 것은 아닌지 알아보고자 한다.

이 에세이의 첫 부분에서는 '지배와 예속'에서 '불행한 의식'으로 이어지는 『정신현상학』의 논의전개 과정에서 어떻게 이러한 육체적 예속화의 역설(paradox)이 드러나는지 보이고자 한다. 두번째 부분에서는 정신분석학적 관점 및 푸코적 관점에서 위의 역설적 정식화를 다시 고려해 볼 것이다. 나는 '불행한 의식'에서 헤겔이 제시한, 예속화 속에서 육체의 애착 및 육체로의 애착의 불가항력에 대한 통찰이 푸코의 이론틀에서 반복되고 있다고 생각한다. 또한 예속화에 대한 푸코적인 설명이 변증법적 논리를 넘어선 움직임을 보이고는 있지만 여전히 부지불식간에 헤겔의 정식화에 매여 있다는 점을 보이고자 한다. 더욱이 헤겔은 암묵적으로 예속화를 자기-부정적 애착(self-negating attachment)으로 이해할 수 있는 것으로 가정하며, 프로이트의 리비도적 투자 개념과 유사한 작업가설을 공유한다.

헤겔과 자기구속(Self-Enslavement)의 생산

헤겔의 『정신현상학』에서 육체를 철학적 성찰의 대상으로 다루는

---

6) [옮긴이] 『정신현상학』은 '의식-자기의식-이성-정신'의 순서로 구성되어 있다.

부분을 찾는 것은 거의 불가능하다. 경험의 대상으로서는 더욱 그러한데, 그 이유는 헤겔의 저작에서 육체는 항상 의식의 용기(容器, encasement), 의식의 장소, 또는 의식의 구체성으로서 간접적으로 언급될 뿐이기 때문이다. 주인과 노예를 만나고 난 후, '불행한 의식'에 대한 장에 다다를 때쯤이면, 우리 독자들은 상반되는 이 두 인물이 육체적 삶과 관련해서 서로 다른 자리를 차지하고 있음을 깨닫게 된다. 노예는 도구적 육체로서 등장하는데, 이 육체는 주인의 물질적인 존재 조건을 마련해 주고, 그의 물질적 생산물은 노예의 종속과 주인의 지배를 반영한다. 어떤 의미에서, 주인은 실체 없는(disembodied) 자기성찰의 욕망인 척하며 자세를 취하는데, 그는 도구적 육체로서 노예의 종속을 필요로 할 뿐 아니라, 실제로 노예가 주인의 몸이 되어야할 것을 요구한다. 그런데 이러한 과정은 주인이 노예를 생산했던 자기 자신의 활동을 망각하거나 부인하는 방식, 즉 앞으로 우리가 투사(projection)라고 부를 생산 활동을 망각하거나 부인하는 방식으로 이루어져야 한다.

이러한 망각은 한 가지 교묘한 속임수를 포함하고 있다. 이 같은 망각은 어떤 활동이 부정되는 행위이지만, 이는 그것이 부정하고자 하는 바로 그 활동을 수사학적으로 인정하는 행위이기도 하다. 어떤 육체를 부정하는 것, 그 육체를 타자로 만드는 것, 그리고 타자(the Other)를 자율성의 효과로 설립하는 것, 이는 그것을 생산한 활동(육체[노예]와 주인의 필수적 관계)을 부정하는 방식으로 육체를 생산하는 것이다. 이러한 속임수 또는 계략은 이중의 부정을 포함하고 또 타자(the Other)가 그 부정행위와 공모해야 한다는 명령을 포함한다. 짐작건대 주인의 것이라고 할 수 있는 노예의 몸이 주인의 몸이 아니기 위해서[7], 그리고 노예가 [실질적으로는 주인에게 속한] 그의 몸이 마치 자신에게 속한 것처럼 자세를 취하도록 하기 위해서는(그리고 주인에 의해 조율된 투사가 아니기 위해서), 어떤 책략이 제정되고 거래되는 어떤 교환관계, 거래 혹은 매매가 반드시 성립되어야 한다. 실제로 노예가 따라야 할 명령은 다음과 같은 정식이다. 너는 나를 위해 나의 몸이 되어야 한다. 그러나 내게 너의 몸이 실은 나의 몸이라는 사실을 알리지 마라. 여기서 명령과 계약의 실행을 담보하는 운동이 발효 즉시 덮여 망각되는 방식으로 명령과 계약이 실행되고 있다.

'지배와 예속'에 관한 절의 끝 부분에서, 노예는 반복적으로 주인에게 속한 물건에 노동을 가한다. 이러한 관점에서, 그의 노동과 그의 산물은 애초부터 자신의 것이 아닌 것으로 간주되고, 수탈된다. 엄격히 말해 노예는 물건을 남에게 줄 수 없기 때문에, 노예는 그들의 생산물을 남에게 주려고 생각하기도 전에 이미 물건을 빼앗긴다. 그러나 노예가 그 자신을 주인으로 대체하는 계약은 하나의 중요한 결과를 만들어 낸다. 그 대체가 노예를 형성하게 되고, 또 노예를 위한 구성요소가 된다. 노예가 뼈빠지게 일하고 또 그가 만드는 물건에서 자신의 서명을 인식하게 됨에 따라, 그는 자신이 공을 들여 만든 인공물이라는 형태로 자신의 표식, 즉 대상 자체를 구성하는 표식을 알아차리게 된다. 노예의 노동은 가시적이고 알아보기 쉬운 표식들을 만드는데, 그 확인 표식을 통해 그는 물건들에서 자신의 구성적 활동을 거꾸로 읽어

---

7) [옮긴이] "실질적으로 주인의 몸으로 작용하고 있지만 그 사실을 가리기 위해서"를 뜻한다.

낸다. 이러한 노동, 이러한 활동은 애초부터 주인에게 속한 것이고, 또 주인에게서 나온 것처럼 보이지만, 결국 노예에게 그 자신의 노동, 자신에게서 나온 노동으로 성찰된다.

그렇다면 이렇게 재성찰된 노동은 결국 노예의 것이라고 말할 수 있을까? 주인은 노동하는 존재로서 자신, 노동의 도구로서 그의 육체를 부정하고 그를 위해 몸의 역할을 할 사람으로 노예를 정립했다는 것을 기억하자. 이러한 관점에서 주인은 노예와 대리인·대체인 계약을 맺었다. 그러므로 노예는 주인에게 속한다. 하지만 이 속함은 공언될 수 없는 것인데, 왜냐하면 공언을 하게 되면 [노예의] 대체 사실을 인정하게 되고, 분명히 이는 곧 주인이 실제로는 그가 원하지 않는 몸을 가지고 있음을 드러내기 때문이다. 그러므로 노예는 대리자인 동시에 그 자신의 일을 부정하는 방식으로 일을 하게 된다. 노동의 모방적 지위를 흉내 내고 덮어 버리는 방식에 의해서만 노예는 능동적이고 자율적일 수 있다. 실제로 대상은 노예 노동의 객관화, 노동의 심급으로서, 즉 노동의 응고와 반영으로서 나타난다. 이것은 노예의 자율성인가? 또는 이는 노예와 주인의 계약에서 발생하는 위장된 효과일까? 다시 말해 주인의 몸을 흉내 내면서, 노예가 자율성을 얻게 되고, 그 흉내에 대해 주인이 모르고 있다면, 노예의 자율성은 위장(dissimulation)이 만들어 내는 믿을 만한 효과라고 할 수 있을 것이다. 노예가 수행하는 활동 중 하나인 위장을 덮어 버리는 한 노동대상은 노예의 자율성을 반영하게 된다. 그렇다면 노예는 그 자신의 일에서 자신의 서명을 찾거나 읽게 될 것이다. 그러나 이 서명을 자신의 것이라고 할 수 있을까? 노예는 자신의 서명을 발견했지만, 아직 그의 자율성이 주인의 위장된 효과라는 사실을 모른다. (노예는 주인의 자율성이 사실 위장 그 자체라는 점도 모른다. 주인은 실체가 없는 반성의 자율성을 이뤄 내고, 실체의 자율성을 노예에게 위임한다. 따라서 주인은 처음에는 근본적으로 서로를 배제하는 것으로 보이는 두 개의 '자율성'을 생산한다.)

그러나 여기서 질문이 하나 생긴다. 노예의 활동은 그 활동을 작동시키는 위장[술](dissimulation)에 의해 완전히 통제되는가? 또는 이러한 위장은 주인의 통제와 지배를 벗어나는 효과를 만들어 내는가? 만일 노예가 사물 위에 남겨진 표시(Zeichen)를 자신의 것으로 인식한다면, 그 인식은 노예가 본 흔적을 어떻게든 그 노예를 대표하는 것으로 이해할 수 있는 그런 해독 또는 해석 과정을 거쳐야만 한다. [따라서 노예의 흔적을 인식하기 위해] 누군가가 노예의 활동을 반드시 목격해야만 하는 것이 아니라 생산된 **기호들**(signs)이 노예를 서명자로 지목하는 효과성(effectivity)의 한 효과로 읽혀지면 되는 것이다. 즉 그 기호가 회귀적으로 노예를 서명자로 지목해야 하는 것이다. 만일 대상의 형성을 노예가 서명을 기입하는 과정으로 이해하고 대상의 형성원리를 노예의 서명 형성으로 이해한다면, 노예의 서명은 경쟁적인 소유권의 영역을 지정하게 된다. 이는 그의 표지이고, 그가 읽을 수 있는 표지이다. (우리는 노예가 남성의 자리를 차지하고 있다고 추정하고자 한다.) 따라서 대상은 그에게 속한 것처럼 보인다. 그러나 그에 의해 표시된 이 대상, 그의 표시를 가지고 있는 이 대상은 적어도 명목적으로는 주인의 것이다. 노예는 소위 주인의 대리 서명인이자 위임 서명인으로서 주인을 위해 서명한 것이다. 그러므로 서명은 그 물건이 노예의 것이라고 확인해 주지 못하고 소유가 이중화(redoubling) 된 장소가 된다.

그리고 서명은 경쟁 장면을 위한 무대를 마련하게 된다.

대상 위의 표시나 기호는 단순한 노예의 소유물이 아니다. 그의 표시를 가지고 있는 이 대상은 노예에게 그가 사물에 표시를 남긴 존재이고, 그의 활동이 독자적인 효과, 즉 다른 것으로 환원될 수 없는 그의 것으로서 서명을 생산한다는 것을 함의한다. 물건 위에 그의 이름으로 도장을 찍고, 그 물건을 소유하고 사용하게 될 주인에게 이 대상이 넘겨질 때, 노예의 서명은 지워진다. 노예의 작업은 그러므로 규칙적으로 자신의 표식을 지우는(unmark) 표식행위(marking)로 이해할 수 있다. 이 서명 행위는 그 서명이 유통될 때 지워지는 행위인데, 그 이유는 유통이란 언제나 주인에 의한 수탈의 문제이기 때문이다. 물론 노예는 처음부터 남을 위해, 다른 이의 이름과 기호 아래 일해 왔고, 서명이 항상 이미 지워지고, 덮여쓰어지고, 수탈되고 재의미화될 것이라는 조건 아래에 표시작업을 해왔다고 할 수 있다. 만일 노예가 잠시나마 대리인이라는 종속적 위치를 독자적 위치로 역전시키며 주인의 서명 위에 덧쓴다고 하더라도, 주인은 곧 노예의 서명 위에 다시 서명하면서 물건을 재영유할 것이다. [그로 인해] 출현하는 것은 카프카의 지형학(topographies)과 같이 [지우고 다시 쓸 수 있는] 양초판 같은(palimpsestic)[8] 대상이 아니라 일련의 결과적 삭제를 통해 생산되는 소유의 흔적이다.

그렇지만 의미심장하게도 노예는 이 장의 끝에서 자기 인식을 이

---

8) [옮긴이] 프로이트는 무의식을 양초판에 비유한 바 있다(「글자가 쓰여지는 신비한 양초판에 관한 노트」A Note upon a "Mystic Writing Pad"). 이 은유에 대한 논의는 데리다의 글 「프로이트와 심리의 정경화」 참조(자크 데리다, 『글쓰기와 차이』, 남수인 옮김, 동문선, 2001, 7장 참조).

끌어 낸다. 하지만 물건에서 자신의 서명을 읽어 내는 방식으로 인식을 끌어내는 것은 아니다. 결국 주인의 서명이 노예의 서명 위에 덧써진 것이다. 그는 서명의 탈취 속에서, 위와 같은 수탈이 만들어 내는 자율성의 위협 속에서 자신을 인식한다. 그렇다면 이상하기는 하지만 근본적으로 노예의 미약한 지위 속에서 어떤 자기 인식이 나타난 것이라고 할 수 있다. **절대적 공포**의 체험을 통해 자기인식이 성취된 것이다.

이 공포는 통제 상실에 대한 공포, 노동 활동에 의해 생산된 무상함과 수탈에 대한 공포라고 할 수 있다. 여기서 노예의 활동 논리는 아주 흥미로운 방식으로 주인의 활동 논리와 수렴한다. 초반에 주인은 노예가 만든 모든 것을 전유하고 써 버리는 순수 소비의 자리를 차지하고 있는 것으로 보였다. 이와는 상반되게, 노예는 작업을 통해 자신의 존재의 흔적을 가지고 있는 물건을 만들면서 자기 반성성(self-reflexivity)의 경험을 성취하였고, 그로 인해 자신이 자신보다 오래 가는 물건을 형성하고 창조할 수 있는 존재임을, 즉 영원한 사물의 생산자임을 이해하게 되었다. 주인에게 소비의 위치를 차지하고 있는 물건들은 일시적이며, 주인 그 자신은 덧없는 욕망의 연속으로 정의된다. 주인에게 그 자신의 소비 행위, 끝없는 욕망 말고는, 지속적으로 남아 있는 것은 아무것도 없는 것처럼 보인다.

그러나 이와 같은 두 입장이 서로 근본적으로 대치하는 것은 아니다. 그 이유는 각자가 항상 서로 다른 방식으로 대상의 상실을 경험하고 나아가서 그 상실과 함께 공포스러운 덧없음을 경험하기 때문이다. 헤겔에게 있어, 노동은 욕망의 한 형태, 즉 덧없는 욕망의 일회적 성격을 이상적으로 억압하는 형태이다. 그의 말을 그대로 옮기

자면, "노동이란 욕망을 억제하는 것이고 일회성에서 벗어나는 것이다"[9](118/153). 어떤 대상에 대해 작업을 한다는 것은 그것에 형태를 부여하는 것이고, 형태를 부여하는 것은 일회성을 극복할 수 있는 실존을 부여하는 것이다. 대상을 소비하는 것은 그 영원의 효과의 부정이다. 대상의 소비는 대상의 **변형**(deformation)이다. 그러나 소유물[재산]의 축적은 형성된 **대상들**의 소비가 아니라 소유를 요구한다. 그리고 오로지 소유물로서만 대상들은 그 형식을 유지하고 "일회성에서 벗어날 수 있다". 오로지 소유물로서만 대상들은 그들에게 부여된 목적론적 약속을 행할 수 있다.

그렇다면 노예의 공포는 그의 소유물로 보였던 것을 수탈당하는 경험에서 비롯된다. 그가 만든 사물의 포기를 경험할 때, 노예는 두 가지 사실을 깨닫는다. 첫째, 그의 존재가 실은 그가 만드는 것 속에 체현되거나 또는 그가 만든 것을 통해 의미를 지니게 된다. 둘째, 그가 만드는 대상은 포기해야만 한다는 강제 속에서 만들어지는 것이다. 그러므로 만일 대상이 그를 정의하고 그가 누구인지 되돌아보는 것이라면, 만일 대상이 곧 노예가 자신이 누구인지 그 의미를 깨닫게 되는 서명 텍스트라면, 그리고 그러한 대상들이 가차 없이 희생된다면, 노예역시 자신을 희생하는 존재일 것이다. 그는 자신의 서명을 지속적으로

---

9) [옮긴이] 국역본에서는 "노동의 경우는 욕망을 억제함으로써 사물이 탕진되고 소멸되는 데까지 밀어붙이지 않고 사물의 형성으로 나아간다"(232쪽)로 번역하고 있다. 다른 번역을 제시한 이유는 버틀러가 인용한 문장을 독일어 원문을 번역한 국문 번역에서 따로 떼어서 제시하기 어렵기 때문이다. 이하 이 장에서 『정신현상학』의 인용쪽수는 본문 괄호 안에 '영어판 쪽수/독일어판 쪽수' 식으로 표기했다.

삭제되는 것이자 영원한 소멸의 장소로 인식할 것이다. 그는 그의 이름을 새겨 둔 대상이나 그가 자신의 이름 아래 고정시켜 두려 했던 의도에 대해 어떤 통제권도 가지고 있지 않다. 그의 서명은 자기 삭제 행위이다. 그는 대상 위의 서명이 자신의 것이라고 읽는다. 그는 자신의 존재가 다른 것으로 환원될 수 없는 그 자신의 것이며, 환원할 수 없는 자신의 고유함이 자신의 사라짐이라고 읽는다. 그리고 그는 이 사라짐이 다른 이에 의해 실행된 것이라고 읽는다. 다시 말해, 이러한 사라짐은 사회적으로 강제된 자기 삭제이다. 그는 자신의 노동의 산물을 빼앗아 갈 다른 이를 위해 노동할 뿐만 아니라, 타자의 서명을 위해 그의 서명을 포기한다. 그는 더 이상 어떤 식으로든 자신의 노동에 대한 소유권을 표시하지 않는다.

이러한 대상의 수탈은 노동하는 존재로서 노예의 자기의식을 부정하지는 않지만, 그가 무엇을 만들든 간에 잃게 될 것임을 함의한다. 노예가 만드는 확정적 사물은 노예 자신을 확정적인 사물로서 반영한다. 그러나 그 사물은 포기되고, 그는 권리를 박탈당하는 존재가 된다. 만일 대상이 노동의 응고물이거나 구성물이라면, 그리고 만일 그 노동이 바로 노예의 노동이라면, 그 사물의 확정적이고 일회적인 성격은 곧 노예 자신의 확정성과 일회성을 함의하게 될 것이다. 그 사물을 만들었음을 알고 있는 노동하는 육체는 그 사물이 **일회적인** 것임을 알고 있다. 노예는 (사물을 노동을 통해서 전화시킨다는 의미에서) 사물을 부정할 뿐만 아니라 하나의 부정하는 행위이다. 그러나 그는 죽음 속에서 완전하고 최종적인 부정에 종속된다. 이 장의 끝에서 드러나는 이와 같은 죽음과의 대면은 시작 부분에서 제시된 삶과 죽음의 투쟁을 연상시킨다. 지배의 전략은 삶과 죽음의 투쟁을 대체하기 위한 것이었다. 그러나 앞서 제시된 설명에서 죽음은 타자의 죽음을 통해 나타났다. 지배는 타자로 하여금 삶의 맥락 속에서 죽음을 받아들이도록 강제하는 방법이었다. 이와 같은 죽음의 전략의 실패는 죽음의 공포를 재도입한다. 그러나 이는 죽음의 공포를 더 이상 타자에 의해 제기되는 공포가 아니라 확정적이고 체현된 의식을 가지고 있는 개인의 필연적인 운명으로 파악한다. 이 장의 마지막 단락에서 노예는 그 자신의 죽음에 대한 충격적 인식에 근접해 있지만 그는 죽음의 인식으로부터 다시 되튀어 오른다. 죽음이 자신의 확고함의 모든 측면을 위협하고 있다는 점에 대해 모른 척하기 위해, 그는 자신에게 다양한 속성들을 덧붙이고, 완고하거나 독선적인 태도를 취하고, 자기 자신에 대해 확고해 보이는 것들을 고수하고, 자신 자신을 확고하게 고수한다.

> 자기의 일상적인 의식이 안주해 있던 스스로의 지반이 여지없이 동요하는 데까지 내몰리지 않는 한(Indem nicht alle Erfüllungen seines natürlichen Bewusstseins wankend geworden) 어딘가에 기댈 언덕이 남아 있겠지만, 그런 상태에서 자기존립을 지탱할 수 있다고 지레짐작하는 것은 속절없는 생각에 지나지 않으며, 그의 자유라는 것도 예속된 상태의 자유에 그칠 뿐이다.(119/155)[10]

---

10) [옮긴이] 『정신현상학 I』, 233쪽. 버틀러가 인용하고 있는 영문판 『정신현상학』의 내용을 그대로 옮기면 다음과 같다. "노예의 자연적 의식의 모든 내용이 위태로워진 것은 아니기 때문에, 원칙적으로 확정적 존재는 여전히 그 의식에 의존할 수 있을 것이다. 자신의 정신을 갖는 것이 곧 자기의지이지만, 이는 여전히 예속이라는 그물에 사로잡힌 자유이다."

공포가 단호한 완고함에 의해 완화되는 운동 속에서, 또는 완고함과 자부심이 육체적 죽음의 공포를 대체하는 행위 속에서 불행한 의식은 출현한다. 완고함과 자부심은 다음 장에서 정당한 종교적 행위로 재평가된다. 그러나 아무리 독실한 자아라고 해도 공포로부터 자유로운 것은 아니다. 자아의 반성성은 자신을 공포에 몰아넣는다. 노예가 노동 도구로 상징화한 육체는 '지배와 예속'의 끝 부분에서 죽음에 종속되는 일시적인 사물로 다시 내던져진다. 그러나 육체가 계속해서 서서히 죽어 가는 것을 삶의 방식으로 이해하면서 육체의 죽음에 대한 인식을 피하게 된다. 따라서 이제 노예의 예속(servitude)은 불행한 의식의 예속으로 이동한다. 노예는 자신의 형성 활동을 인식하면서 주인의 자리를 차지한다. 그러나 주인이 자리에서 이탈한 후, 노예는 그 자신의 주인이 된다. 조금 더 구체적으로 말하자면, 그는 자신의 육체의 주인이 된다. 이러한 반성의 형태는 예속(bondage)에서 불행한 의식으로의 이동을 나타낸다. 이는 정신이, 단일한 의식 속에 내재하는 두 부분, 주인과 노예로 분할됨을 의미한다.[11] 이 분할에서 육체는 다시 타자로 위장되는데, 이때 이 타자성은 정신 그 자체에 대해 내면적(interior)이다. 더 이상 외적 노동수단으로 종속되지는 않지만 육체는 여전히 의식으로부터 분리되어 있다. 내부의 외계인으로 재구성되면

---

11) [옮긴이] 『정신현상학 I』, 244쪽. 참조. "예전에는 주인과 노예라는 두 개인으로 분담되어 있던 이중성이 하나로 합쳐진다. 이로써 본질적인 의미에서는 정신의 개념에 부합하는 자기의식 자체 내에서의 이중화가 현존해야 하는 것이지만, 여기에는 분열이 있다는 데 그칠 뿐 그에 앞서야 할 통일은 아직 생겨나 있지 않다. 분열된 가운데 스스로 이중화된 모순된 존재로서의 자기를 의식하는 것이 '불행한 의식'이다."

서 육체는 육체의 부인을 통해, 의식이 계속해서 부인해야 하는 것으로서 유지된다.

'불행한 의식'에 관한 장에서 이러한 자기예속(self-subjection)은 어떠한 형태를 취하는가? 무엇보다도 이는 완고함[고집](eigensinnigkeit)의 형태를 취한다. 이 형태는 '자기 자신의 정신', '자기의지'(self-will)를 지니고 있다. 그러나 이는 여전히 예속(servitude)의 한 형태이다. 의식은 여전히 자신에게 매달리거나 애착하는데 이러한 의식에의 애착은 동시에 육체의 부정이다. 그리고 이 부정은 죽음의 공포(terror), '절대적 공포'(absolute fear)를 의미하는 것처럼 보인다. 불행한 의식은 어떤 명령에 호소하면서 의식에의 애착을 요구하고, 또 그 애착에 관여한다. 윤리적 규범의 입법을 통해 공포는 완화된다. 그러므로 자신에게 매달리라는 명령은 절대적인 공포와 그 공포를 거부할 필요성에 의해 자극된 것이라고 할 수 있다. 이것이 윤리적인 명령인 한에서, [자신에게 애착하라는] 명령은 절대적 공포의 탈접합된(disarticulated) 거절이다.

'불행한 의식'에 관한 장은 윤리적인 장(場)의 기원(genesis)을 절대적인 공포에 대한 방어로 설명한다. 즉 절대적인 공포가 윤리적인 장에 동기를 부여한다. 공포로부터 그리고 공포에 반해 규범을 가공하는 것, 그리고 그 규정을 반성적으로 부가하는 것은 불행한 의식을 이중의 의미로 종속시킨다. 주체는 규범에 종속되고, 그리고 규범은 주체를 생산(subjectivate)한다. 다시 말해 규범은 생성되고 있는 주체에게 윤리적 형태(an ethical shape)를 부여한다. 윤리적인 것의 기호라는 이름 아래 진행되는 이 예속화는 공포로부터의 탈출이며, 도망과 부정의 형태로 구성된다. 두려움에 떠는 이와 같은 도망은 처음에는 완고함으로 그 공포를 덮고 그 다음에는 종교적 정의(righteousness)로 공포를 덮는다. 윤리적 명령이 절대적으로 되면 될수록, 그 법의 실행은 더욱 완고하게 되거나 고집스러워(eigensinnig)[12]지고, 그에 따라 [윤리적 명령을] 자극하는 공포의 절대성 또한 더 많이 접합되는 동시에 더 많이 거절된다. 따라서 절대적인 공포는 역설적이기는 하지만, 그 공포를 법에 대한 공포로 재구성하는 절대적인 법에 의해 치환된다.

절대적인 공포는 노예의 확정적인 사물성(the determinate thing-ness of the bondsman)을 포함하여 모든 확정적인 사물을 위험에 처하게 할 수 있다. 그러한 공포, 죽음의 공포로부터의 도피는 주체에게서 사물적 특징을 비워 낸다. 이는 육체를 비워 내고 가장 덜 육체성을 띠는 것, 즉 사고(thought)에 달라붙는 것으로 귀결된다. 헤겔은 모든 내용으로부터 사고의 활동을 분리시키는 방어적 고착(defensive clinging)으로서 스토아주의를 도입한다. 헤겔에 의하면, 스토아주의는 주관적이고 합리적인 존재 그 자체로 후퇴하는데 이러한 존재는 자기 자신의 존재를 포함해 존재로부터의 절대적인 후퇴를 그 최고의 이상으로 갖는다. 물론 이러한 임무는 일종의 자기논박이라고 할 수 있는데, 이러한 자기논박은 그 자신 혹은 타인의 존재로부터 후퇴를 연기하기 위해서 지속적으로 존재하는 자아를 요구하게 된다. [다시 말해] 개념적 부정의 행위는 항상 그 부정이 일어날 수 있는 자리를 필요

---

12) [옮긴이] 버틀러는 독일어 'eigensinnig'를 그대로 사용하고 있다.

로 하기 때문에 스토아주의는 자신이 부정하는 자아의 실증성[긍정성] (positivity)을 강조하게 된다. 헤겔에게 회의주의는 스토아주의에 뒤이어 나타나는데 그 이유는 회의주의가 사고하는 주체의 극복불가능성(insuperability)을 전제하면서 출발하기 때문이다. 회의주의에게 자아는 영속적인 부정의 활동이며, 이는 자기 자신의 구성적 활동으로서 모든 것의 존재를 적극적으로 반박한다.

회의주의는, 어떤 주어진 논리적 필연성에 의한 결정이 그 반대물로 전화하는 것을 보임으로써, 또 그로 인해 그 결정이 더 이상 그 모습 그대로 있지 않다는 것을 보임으로써, 타자성(alterity)의 영역을 부정한다. 회의주의자는 이와 같은 다양한 대립(물)을 조정하고 통합하는 변증법적 논리를 고려하지는 않고, 확정적 외양의 지속적 소멸을 추적하면서 이 소멸에만 초점을 맞추려 한다. 따라서 아무것도 그대로인 것(what it is)은 없다. 회의주의자들이 접근할 수 있는, 타자성의 영역을 합리적으로 파악할 수 있는 논리적이거나 경험적인 토대란 존재하지 않는다. 회의주의자들의 생각은 어떤 주어진 규정도 다른 규정 속으로 사라지게 만들려는 광란의 노력이 된다. 이들에게 이러한 나타남과 사라짐은 어떤 질서나 필연성에 의해 진행되는 것이 아니다. 회의주의자들은 몇몇 새로운 역사가들처럼 그들 자신을 위해 모순을 생산하기에 이른다. 의미심장하게도 헤겔은 회의주의자들이 항상 철학적 상대들의 입장을 무너뜨릴 수 있는 한 이와 같은 (지속적인 모순으로 이해할 수 있는) 혼란의 생산은 그들에게 **즐거움[쾌락]**의 대상이라고 주장한다.

이와 같은 종류의 즐겁고 끊임없는 논박은 여전히 완고함 또는 고집스러움(eigensinnigkeit)의 형태를 띠고 있다. "이는 마치 [상대방이 B라고 하면 A라고 말하고 반대로 상대방이 A라고 하면 B라고 말하면서] 스스로 모순되는 입장을 택하고, 그 모순되는 입장 속에서 즐거움을 찾는 고집 센 어린아이들의 말다툼[self-willed, eigensinniger]과 같은 것이다"(126/162).[13]

　　회의주의자는 상대방으로 하여금 그들의 모순을 보도록 강요하고 그 과정에서 즐거움을 찾는데, 이 과정에서 그는 자신의 모순은 받아들이지 않는다. 그러나 사디즘의 형식을 띤 이러한 즐거움은 그리 오래가지 못하는데, 그가 자신과 비슷한 회의주의자와 마주쳤을 때 그의 노력의 완고하고 지속적인 성격이 도전 받을 것이기 때문이다. 만일 다른 회의주의자가 이 회의주의자의 모순을 들추어낸다면, 그는 그 자신의 모순을 설명해야만 한다. 자신의 모순에 대한 이해는 그가 새로운 사고 양식을 시작할 수 있도록 자극할 것이다. 이 시점에서 회의주의자는 그 자신의 부정 활동의 구성적 모순에 대해 자각하게 되며, [이제] 불행한 의식은 윤리적 성찰의 형태로 나타나게 된다.

　　회의주의자가 자신이 끝없는 모순으로 떨어지는 것을 목격하게 되었을 때, 다른 사람이 몰락하는 것을 보면서 느꼈던 그의 유치하고 완고한 즐거움은 이제 근원적인 불행으로 바뀌게 된다. 바라봄에 의해 생

---

13) [옮긴이] 『정신현상학 I』 244쪽. 버틀러는 여기서 '고집 센'이라는 단어를 강조하고 있다. 이는 국역본에서 잘 나타나지 않는다. 따라서 국역본이 아닌 버틀러가 인용한 영문판의 번역을 본문에 실었다. 국역본 해석은 다음과 같다. "끊임없이 내뱉는 이런 말투는 마치 아이들이 아귀다툼하는 것과 같아서, 상대방이 B라고 하면… A라고 하고 반대로 A라고 하면… B라고 하는 투의 자기모순을 빚고 있으니, 실로 이런 모순된 상태를 서로가 흥겨워하는 듯한 꼴이다."

기는 거리는 쾌락의 사디즘 및 그가 목격한 광경으로부터의 시각적 거리를 통해 자신을 면제시켰던 이로서 회의주의자의 자세와 본질적으로 연결되어 있는 것처럼 보인다. 다른 이를 보며 느끼는 사디스트적인 즐거움은 불행의 양식 속에서 자신을 보는 불쾌한 행위로 바뀐다.[14] 목격이란 자아에 대한 모방적 재복제(reduplication)를 함의한다. 그리고 모방의 정념(passion)과 목격의 **냉정함**[탈정념](dispassion) 사이에 불일치가 나타난다. 다른 이가 모순에 빠지는 것을 장려하며 자신의 정체성을 강화시켰던 자아(self)는 갑자기 자신도 이들과 같은 존재임을 깨닫게 된다. 거리를 두고 자신을 보는 이러한 행위는 불행한 의식이 시작되게 할 뿐만 아니라 회의주의자의 즐거움을 고통으로 바꾼다. 타자를 향했던 사디즘이 이제 의식에게로 되돌아온다. (사디즘에서의 쾌락 또한 의식에 반해 다른 경로로 연결된 것인지 아닌지에 대한 논의는 잠시 유보할 것이다.) 이중 구조로서 불행한 의식은 그 자신을 경멸의 대상으로 삼는다.

이와 같은 경멸에 대한 철학적 가공은 다음과 같은 형태를 띨 것이다. 의식은 이제 둘로 분할된다. 한편에는 **필수적** 영역과 **불변의** 영역이 있고 다른 한편으로 **필수적이지 않은** 영역과 **변화 가능한** 영역이 있다. **목격**하고 **경멸**하는 것으로 정의할 수 있는 바라보는 자아는 끝없이

---

14) "환상적인" 것에 대한 정신분석학적 분석의 적합성, 그리고 특히 주체가 환상의 광경 속에서 위장된다는 라플랑슈와 퐁탈리스의 의견[에 주목하자]. 우리는 『정신현상학』의 다양한 전개 과정을 연속적인 환상의 형태로 간주할 수 있다. 즉 주체가 그의 행위 속에서 위장되고, 또 행위로서 위장되는 과정으로 간주할 수 있다. [옮긴이] 라플랑슈와 퐁틸리스의 『정신분석사전』은 환상을 "주체가 등장하는 상상적 각본으로, 방어 과정에 의해 다소 왜곡된 형태[의] 욕망의 성취… 무의식적인 욕망의 성취를 보여 주는 각본"으로 정의한다. 『정신분석사전』, 541쪽.

모순에 빠지는 것으로 목격되는 자아와 자신을 구별한다. 이 바라봄은 그 광경에서 떨어져 있는 주체와 모순에 빠져 있는 주체 사이에 시각적 거리를 재설정한다. 그러나 이 경우에 목격하고 경멸하는 자아는 이 모순적인 자아가 자기 자신이라는 것을 부정하지 못한다. 이 자아는 이 모순적인 자아가 자기 자신이라는 것을 안다. 그러나 목격하고 경멸하는 자아는 이 모순적인 자아에 반해 정체성을 강화하기 위해 이 모순적인 부분을 자신에게 필수적이지 않은 부분으로 만든다. 그 자신에게서 모순을 정화시키기 위해, 이 자아는 그 자신과 결별한다.

그 결과로 불행한 의식은 자신을 모순과 동떨어진 순수한 판관으로 정립하고, 자신의 변화하는 부분이 어쩔 수 없이 자신에게 매여 있기는 하지만 실은 자신에게 불필요한 부분이라고 깔보면서, 자신을 끊임없이 꾸짖는다. 의미심장하게도, 회의주의에서 유치한 사디즘으로 시작한 활동이 불행한 의식의 맥락 속에서 윤리적인 자기 심판으로 재정식화되는 것이다. 성인이 아이를 대하듯, 불변의 의식이 변화 가능한 것에 대해 판결을 내린다. 그러나 이러한 주체의 이중화 구조(dual structuring of the subject)에는 사고와 육체성(corporeality)의 관계가 함축되어 있다. 그 이유는 변화하지 않는 것[불변자][15)]이 스토아주의가 추구하는 순수한 사고로서 비모순적 사고의 일종이기 때문이다. 모순적인 영역은 번갈아 나타나는 특질들의 영역이자 변화 가능한 외양의 영역으로, 이는 주체 그 자신의 현상적 존재에 속한다. **바라보는 아이는 판결을 내리는 판관으로 변모한다.** 판결을 내리는 자아의 측면은 육체

---

15) [옮긴이] 국역본은 '불변자'로 번역하고 있다.

적 감각의 변화 가능한 세계 속에 잠겨 있다.

불행한 의식은 변하지 않는 부분의 순수성을 체현할 수 있는 육체를 찾음으로써 이러한 이중성을 극복하려고 노력한다. 불행한 의식은 "형태화한 불변자"[16]와 관계를 맺기 위해 노력한다. 이를 위해서, 주체는 변화하지 않는 것[불변자]의 사고에 봉사할 수 있도록 그 자신의 육체를 종속시킨다. 정화와 종속을 위한 이와 같은 노력이 바로 헌신(devotion/Andacht[17])의 노력이다. 그러나 예상대로 변화하지 않는 것을 사고하기 위해 육체를 배치하는 것은 불가능한 것으로 밝혀진다. 헌신은 순수한 자기감정으로 드러나는데, 이는 헤겔이 마치 얕보듯 "하염없이 울려퍼지는 종소리이거나 따사로이 느껴지는 짙은 안개와 같은 음악적 사유"라고 지칭한 것이다[18]. 자기감정으로서 헌신은 초월적이고(transcendent) 변하지 않는 것을 의미하도록 강제된 감정이다. 그러나 이러한 감정은 그것이 초월하려고(transcend) 하는 육체적 감정 속에 편안하게 자리를 잡고 숨어 있는 감정이다. 실제로 자기감정은 오로지 그리고 끊임없이 자기 자신만(초월화된transcendentalized 형태의 고집eigensinnigkeit)을 지칭할 뿐이고, 그로 인해 그 자신 이외에는 어

---

16) [옮긴이] 이 부분은 독일어 원문의 'der gestaltete Umwandelbare'에 해당하는 것으로 보인다. 국역본은 이를 "형태화한 불변자"로 해석하고 있다(『정신현상학 I』, 249쪽). A. V. Miller의 영역본은 이를 "in its embodied or incarnate form"으로 옮기고 있고, Terry Pinkard의 영역본(*The Phenomenology of Spirit,* Cambridge: Cambridge University Press, 2018)은 독일어 원문에 조금 더 가깝게 "shaped unchangeable"로 옮기고 있다. 이 글에서는 국역본에 따라 "형태화한 불변자"를 사용했다. 하지만 버틀러가 참고하고 있는 영문판은 "구체화하거나 체현된 형태의 불변자"에 가까운 의미를 지니고 있다.

17) [옮긴이] 'andacht'는 집중, 몰두, 헌신을 의미하는 독일어로 종교적인 색채도 지니고 있다.

18) [옮긴이] 『정신현상학 I』, 251쪽.

떠한 지식도 제공할 수 없다. 따라서 변화하지 않는 것을 위해 육체를 도구화하려던 헌신은 사실 다른 어떤 것으로의 접근도 막는 육체로의 몰입이었음이 밝혀진다. 이 몰입은 실제로 육체를 변화하지 않는 것으로 여기고 모순에 빠지게 된다.

헌신이 자기몰입의 한 형태인 것처럼 보이기는 하지만, 그것은 또한 자기고행(self-mortification)으로서 자기책망의 연속이기도 하다. 결국 불변의 영역에 다다를 수 없기 때문에 이러한 자기감정은 초월적인 척도로서 자아의 부적합성을 지속적으로 드러내면서 자기경멸과 심판의 대상이 되고 만다. 초월적인 것은 항상 놓치게 되는 것, 영원히 접근 불가능한 것, 영원히 상실된 것으로 의식에게 나타난다. 따라서 헌신의 양식 속에서 "의식에 생생히 떠오르는 것은 오직 예수[초월성]의 생명을 증거하는 분묘"일 뿐이다(132/169~170).[19] 형태(figures)의 전위 속에서, 육체는 살아남고, 초월적 이상에게 남은 것은 **무덤뿐이다.** 육체를 초월적 대상에 종속시키기 위해 헌신이 시작된 것에 반해, 그 헌신은 육체를, 다시 말해 자기감정(self-feeling)을, 숭배의 대상으로 받아들이고, 불변의 정신은 사라지게 하는 것으로 끝나고 말았다.

여기서 우리는 초월 불가능한 고집[완고함](eigensinnigkeit)으로 재정식화될 수 있는 어떤 **자기 몰입의 형식**이 어떤 **주체의 나르시시즘**을 구성하고 있다고, 즉 헌신의 자기희생적 기획을 물리치는 **주체의 나르시시즘**을 구성하고 있다고 결론 내릴 수 있을 것이다. 이상을 위해 육

---

19) [옮긴이] 『정신현상학 I』, 253쪽. 버틀러의 글 맥락 안에서 이 문장을 해석하자면, 이는 "의식은 … 초월성의 무덤을 초월성의 현재적인 현실성으로 받아들일 수밖에 없다"라고 번역할 수 있을 것이다.

체를 종속시키는 주체, 이상을 실현하기 위해 육체를 강제하는 주체는 이제 자신이 이상으로부터 더 자유로워지고, 그 이상을 넘어서고 있다(outlive)는 것을 깨닫게 된다. 이러한 헌신의 나르시시즘으로의 붕괴는 **삶 속에서 최종적인 작별이란 존재하지 않는다는 것을** 의미한다. 육체의 불가항력을 전제로 수용할 수밖에 없다면, 그때 뚜렷이 칸트적이라고 할 수 있는 새로운 주체 형태가 출현한다. 만일 육체가 필수적인 그런 외양의 세계가 있다면, 분명히 육체에게는 자리가 없는 본체적(noumena) 세계도 있을 것이다. 세계는 즉자적 존재와 대자적 존재로 나뉜다.

키르케고르의 『철학적 단상들』(*Philosophical Fragments*)의 내용을 예상케 하는 정식에서, 헤겔은 불변의 세계는 구체화된 형식을 포기하거나 또는 폐기했다고 주장한다. 다시 말해, 불변의 세계는 그 자신의 구체화된 형식을 세상에 내놓기는 하지만 이는 곧 희생되고 만다. 그리스도의 형상을 논의의 준거점으로 삼은 것은 불변의 세계[예수]가 구현되기는 하지만, 이 구현체가 곧 희생되거나 다시 그가 온 불변의 세계로 돌아갈 것이라는 전제 아래에서만 구현될 수 있다는 것을 암시한다. 신성한 삶의 표본으로서 예수는 불변세계의 화신으로 이해할 수 있는데, 그는 항상 감사하는 모습으로 구체화된다. 자신의 욕망과 자신의 노동 속에서, 이 구체화된 의식은 그 자신의 삶, 수용력, 기능, 능력에 감사한다. 이들은 의식에게 주어진 것이다. 의식의 삶은 하나의 선물로서 경험된다. 그 삶의 모든 행위들을 다른 것에 빚지고 있다. 의식의 삶은 일종의 끝없는 부채로 이해되어진다.

한편으로 이 살아 있는 존재는 다른 이에게 많은 빚을 지고 있기 때문에, 그 자신은 자신의 행위의 근원이나 중심이 아니라고 할 수 있다. 그의 행위는 다른 이의 행위에 준거한다. 자신이 자신의 행위의 근거가 아니기 때문에, 그는 자신의 행위에 책임을 지지 않는다. 다른 한편으로, 이 존재의 행위는 영속적인 자기희생으로 해석되는데, 이 자기희생의 과정을 통해 자아는 그가 느끼는 감사함을 **증명**하거나 입증한다. 이러한 감사의 표현은 헤겔이 '개별성의 극'(134/171)[20]이라고 부른 자기확장의 한 형태가 된다.

자기 자신의 행동의 기원으로서 자아의 포기는 반복적으로 수행되지만 절대로 최종적으로 성취될 수 없는데, 그 이유는 포기의 **현시**(demonstration)가 바로 자기의지의 행동이기 때문이다. 따라서 이 자기의지의 행위는 정확히 그것이 보여 주어야 하는 것을 수사적으로 혼란스럽게 만든다. 자아는 끊임없이 포기를 연기하는 연기자[수행자]가 된다. 행위로서 이 같은 연기는 그 행위가 의미하고자 하는 **비행위**의 가정과 모순된다. 역설적이지만 연기[수행]는 그것이 부정하고자 하는 자아를 강화하고 개인화하는 웅장하고 끝없는 행위가 된다.

스토아주의자처럼 의식은 자신을 무로 알고 또 무로 보여 주려 한다. 그러나 의식은 불가피하게 무(無)의 **행위**(doing)가 된다. 앞서 회의주의자의 유치한 사디즘에 속한 것처럼 보였던 쾌락이 이제 자아(the self)에게 등을 돌린다. 헤겔은 이러한 '무의 행위'가 "욕망의 향유" 속에서 "불행의 감정"[21]을 발견한다고 주장한다. 이와 같은 쾌락과 고통

---

20) 『정신현상학 I』, 257쪽.
21) [옮긴이] 『정신현상학 I』, 259쪽. "여기서는 현실의 행위가 아무 의미도 없는 행위가 되면서 욕망의 향유가 불행의 감정을 불러일으킨다."

의 혼합은 포기를 완수할 수 없는 자아의 포기에서 유래한다. 이 포기는 끊임없는 성취로서 즐거운 자아(the self)의 확립(asserting)을 내포한다. [그러나] 의식의 자기흡수는 자축이나 단순한 나르시시즘으로 번역될 수 없다. 오히려 이는 부정적 나르시시즘, 의식과 관련해 가장 폄하되고 더럽혀진 것에의 몰두라고 할 수 있다.

여기서 포기되어야 할 것으로 자아는 육체적인 자아, 즉 "동물적인 기능 속"에서 "개별 국면에 묶여 있는 현실 존재"로서 형상화된다.[22] 헤겔은 배변의 행위를 자기 몰입(self-preoccupation)의 대상으로 이해하는 듯 보인다. "[이러한] 동물적인 기능은 아무런 가치도 없고 정신에서 아무런 의미도 가치도 없는 것으로서, 적나라한 행위들을 일삼게 마련이다."[23] 하지만 적이 자신의 독특한 특징을 드러내는 것도 바로 이러한 동물적 기능들을 통해서이기 때문에, 이 기능들은 진지한 노력의 대상이 되고, 또 커다란 중요성을 띠게 된다. 그러나 "이 적은 아무리 패퇴하고 제제당하고도 여전히 되살아남는다. 여기에 고착되어 버리는 의식은 거기에서 해방되기는커녕 언제나 거기에 말려든 채 그때마다 불순한 자기를 눈여겨보게 된다"(135~36/174).[24] 이른바 "적"은 "[본질적인 것과는 아무 상관도 없]비천한 성격"을 지닌 "[하찮은] 개별자[the particular]"로 묘사되는데, 이러한 개별자는 불

---

22) [옮긴이] 『정신현상학 I』, 259쪽.

23) [옮긴이] 『정신현상학 I』, 259쪽.

24) [옮긴이] 『정신현상학 I』, 259쪽. 이 욕망과 쾌락의 적은 패배의 과정에서 새롭게 태어나고, 의식은 적에게 주의를 집중하면서 그 적에게서 도망가기보다 그와 영원히 접촉하며, 그를 불결한 대상으로 간주한다.

행하게도 "타락한" 의식을 위한 식별 대상의 역할을 수행한다. 그 철저한 비천함 속에서 의식은 마치 대변과 같아지고, 자기구성의 순환이라고 할 수 있는 자기-지시적 항문애 속에 빠져든다. 헤겔의 말을 이용해 표현하자면, "결국 이렇듯 자기와 자기의 하찮은 행위에만 얽매여 노심초사하는 의식은 불행하고 가련한 인격이라고 할 수밖에 없다" (136/174)[25].

자신을 무, 무를 행하는 자, 배변기능으로 여기고, 따라서 자기 자신을 배설물로 여기면서 의식은 자신을 육체의 기능 및 육체의 산물 중 변화 가능한 영역으로 실질적으로 축소시킨다. 그러나 이런 비천함을 경험하게 됨에 따라, 의식은 그 기능을 꼼꼼히 살펴보게 되고, [동물적] 기능들과 완전하게 동일화되지 않는 의식의 부분이 있다는 것을 깨닫게 된다. 이 부분이 아주 중요한데, 바로 이곳에서 의식은 자기 자신을 배설 기능, 배설적 동일화와 구분하고, 헤겔이 '성직자'라고 부른 '중재자'에 의존하게 된다. 다시 순수하고 변하지 않는 것과 연결하기 위해서, 이 육체적 의식은 성직자나 목사에게 모든 행위를 봉헌한다. 이 매개하는 대리자(agency)는 비천한 존재에게서 그 자신의 행동에 대한 책임을 덜어 준다.[26] 상담과 조언 제도를 통해 성직자는 비천한 의식의 행동에 근거를 제시한다. 비천한 의식이 제시한 모든 것, 즉 즉 욕망, 일, 배설을 포함하여 그의 모든 외부화는 **봉헌**의 행위, 참회의 행위로 여겨진다. 신부는 육체의 금욕, 포기를 성스러움의

---

25) [옮긴이] 『정신현상학 I』, 259쪽.
26) [옮긴이] 『정신현상학 I』, 260쪽 참조.

대가로 설정하고, 배설의 자포자기하는 몸짓을 종교적인 행위로 승격시킨다. 이 종교적 행위에서 몸 전체는 의식을 통해 정화된다. 비천함(abjection)[27]의 신성화는 금식과 고행(fasten und kasteien)(137/175)을 통해 이루어진다. [그러나] 육체는 [그 성격상] 완전히 부정될 수 없기 때문에 단순히 의식(儀式)을 통해 포기되어야 한다.

단식과 고행 속에서 불행한 의식은 소비의 즐거움을 부정하고 배변의 필연적 순간도 미연에 막을 수 있을 것이라고 생각한다. 자해적 육체행위로서 단식과 고행은 자신의 육체에게 등을 돌리는 반성적 행위이다. 자기억제와 자기희생의 한계점에서 비천한 의식은 성직자의 조언에 의거해서 자신의 행위의 바탕을 세우는 것처럼 보인다. 그러나 이렇게 근거를 만드는 과정은 그저 자책이라는 반성적 기원을 은폐할 뿐이다.

이 연결 고리에서 헤겔은 지금까지 취해 왔던 설명 방식에서 벗어난다. 지금까지 헤겔은 **자기를 부정**(self negating)하는 자세를 하나의 자세(posture)로서 강조했다. 즉 그것이 실시하려는 부정을 논박하는 하나의 현상화(phenomenalization)로서 강조했다. [그러나] 여기서 헤겔은 이러한 설명 대신에 다른 이(another)의 의지가 회개자의 자기

---

27) [옮긴이] 크리스테바는 주체(subject)도 아니고 객체(object)도 아닌 것으로서 'abject'를 사용한다. 이는 부정접두어 'a'를 이용한 일종의 언어의 유희로 국문으로는 '비체'로 번역된다. 버틀러 논의와도 어느 정도 상통하는 부분이 있다. 크리스테바의 논의를 적용하면 'abjection'은 '비체화', 즉 주체도 객체도 아닌 것으로 변모하는 것, 육체인 동시에 육체가 아닌 것으로의 변모를 의미하는 것으로 해석해 볼 수도 있을 것이다. 그리고 그 과정에 내재하는 혐오의 감정도 무시할 수 없을 것이다. 'abject'는 역겨움, 혐오 또는 버림의 뜻으로도 수용된다.

희생을 통해 작동한다고 설명하고 있다. 실제로 헤겔은 자기희생이 그 자체로 하나의 의지를 지닌 행위라는 식으로 자기희생을 논박하지는 않는다. 오히려 그는 자기희생 속에서, 타인의 의지를 실행한다고 주장한다. 이로부터 우리는 회개자가 실은 나르시스적으로 자신을 확장하면서 즐기고 있다고, 다시 말해, 즐거운 자아의 확립이 자기비판 행위 속에서 그 정점을 이룬다고 말할 수 있을 것이다. 하지만 헤겔은 이러한 설명은 피하고, 정신(Spirit) 속에서 종교적 해결을 제시하면서, 이 장의 설명 유형과 단절한다.

실제로 우리는 이 교차로에서 헤겔이 '불행한 의식'에 대한 부분을 맺으면서 제시한 것과 다른 연결방식, 즉 아마도 헤겔 자신이 제시한 것보다 더 헤겔다운 연결방식을 상상해 볼 수 있을 것이다. 참회자/회개자는 다른 이의 의지, 즉 성직자의 의지가 그의 자기희생을 통해 작동한다고 주장하고 또 성직자의 의지가 신에 의해 결정된다고 공언하면서, 자신의 행위를 자신의 것으로 인정하지 않는다. 의지의 거대한 사슬 속에 얽히면서, 비천한 의식은 의지의 공동체(a community of wills) 안으로 들어간다. 이 의식의 의지가 확정적인 것일지라도, 이 의지는 결국 성직자의 의지에 묶여 있다. 이 통일 속에서 최초로 정신(Spirit)의 개념이 식별된다. 중재자 또는 성직자는 회개하는 이에게 영원한 충만함으로 그의 고통에 대한 보상을 받게 될 것이라고 조언한다. 즉 고난과 고통은 미래에 그 반대물로 바뀔 것이다. 이렇게 성직자들은 변증법적 전도(reversals)를 재정식화하고, 가치의 전도를 절대적인 원칙으로 정립한다. 앞서 제시되었던 모든 자기부정의 예에서 즐거움이 고통 속에 내재했다면(스토아주의자의 즐거운 팽창aggrandizement,

회의주의자의 사디스트적 즐거움), 잠시이긴 해도 이제 즐거움은 고통에서 찾는 것이 아니라 미래의 보상을 통해 찾는 것으로 형상화된다. 헤겔에게 현세의 고통이 미래의 즐거움으로 바뀔 것이라는 이러한 종말론적 전화는 자기의식이 이성으로 전화하는 과정이기도 하다. 그리고 자기의식이 자신을 종교적 의지의 공동체의 일부로 자각하는 것은 바로 자기의식이 정신으로 발전해 가는 과정이다.

그러나 최종의 전환 과정에 앞선 과정에서 나타나는 즐거움과 고통의 내재적 관계를 고려할 때, 우리는 이 최종적 전화를 어떻게 이해해야 할까? 중재자와 성직자를 도입하기 전에, '불행한 의식'에 관한 장은 마치 도덕적 명령과 종교적 이상을 신랄하게 비판하는 것처럼 논의를 전개해 나간다. 이러한 비판은 마치 60년 뒤에 나타날 니체의 비판을 미리 보는 듯하다. 자신을 비행동(inaction) 또는 무(nothing)로 환원하는 모든 노력, 자신의 신체를 종속시키고 꾸짖는 모든 노력은 실제로 쾌락 추구와 자아 팽창의 행위주체(agent)로서 자기의식의 생산에서 그 정점을 이룬다. 육체, 쾌락, 행위주체 모두를 극복하려는 모든 노력은 바로 이런 특성을 지닌 주체를 확립하고 있는 것으로 판명된다.

헤겔 이후의 예속화(Post-Hegelian Subjections)

헤겔의 '불행한 의식'에 대한 장에서 이미 등장하였고, 니체의 『도덕의 계보학』과 『아침노을』에 제시된 윤리적 규범에 대한 니체적인 비판은 푸코의 『감시와 처벌』에서 큰 주목을 받게 되었다. 헤겔의 입장 및 니체에게서 영감을 받은 입장들은 모두 프로이트가 『문명 속의 불만』에서 제시한 도덕적 명령의 기원에 대한 비판과 유익하게 비교해 볼 수 있을 것이다. 헤겔에게 윤리적 명령은 우선 절대적 공포에 대한 방어적 반응으로 나타나고, 그 출현은 반드시 그 공포의 변환(permutation)과 거절로 이해되어야 한다는 점을 상기해 보자. 이 절대적인 공포는 **죽음의 공포**이다. 따라서 이는 **육체의 유한성에 의해 결정되는 공포**이다. [따라서] 육체의 윤리적 거절과 종속은 실존적인 부정(existential negation)을 미연에 방지하기 위한 마법과 같은 노력으로 이해할 수 있다. 더욱이 근본적인 자기만족의 이상은 육체의 영원성과 의존성에 의해 위험에 빠지게 된다. 이러한 의미에서, 배설은 주체의 불결함(defilement)을 의미하는 유일한 '동물적 기능'이 아니다. 반복해서 확립(assertion)되는 육체를 다시 반복적으로 희생시키는 노력은 또한 그 육체를 '위태롭게 하는' 모든 것으로부터 육체를 방어하고자 하는 노력이다. 여기서 '위태롭게 한다'는 것은 죽음보다 약간 덜 무서운 위험을 지칭한다. 이는 성적으로 "속속들이"(durch und durch angesteckt) 움직이거나 흔들리는 것을 함의하는 어떤 관통의 경련이라고 할 수 있다. 따라서 '불행한 의식'에서 분류된 다양한 형태의 자기책망과 자기고행으로부터 신경증의 원형이나 동성애적 공포의 고유한 양식을 찾아내는 것도 가능할 것이다.[28]

---

28) 동성애의 억압에서 양심의 기원을 찾는 논의는 Sigmund Freud, "On Narcissism: An Introduction," *The Standard Edition of the Complete Psychlogical Works of Sigmund Freud*, ed. and trans. J, 24 vols(London: Hogarth, 1953~74), vol.14, pp.73~104 참조.

우리는 도덕적 명령에 의해 거부되고 다른 길로 보내진 동원적 (mobilizing) 공포를 두려운 육체의 '수탈'(feared expropriability)이라는 관점에서 다시 읽어 볼 수 있을 것이다. 만일 노예의 노동 활동이 주인에 의해 수탈되고, 주인이 노예의 육체적 본질을 소유한다면, 육체는 서로 소유권을 놓고 다투는 공간, 즉 지배와 죽음의 위협을 통해 다른 이가 소유할 수 있는 공간이 된다. 육체는 『정신현상학』의 궤적을 규제하는 자기만족 및 안전의 계획에 대한 위협 그 자체가 된다. 종교적 내세 개념으로 상승하기 바로 전에 나타나는 항문 집착(anal preoccupation)은 어떤 육체도 존재하지 않는 사후 세계로 탈출할 경우에만 육체의 삼투성(permeability)이 해소될 수 있음을 암시한다. 이와 같은 육체의 절대적 부정에 대한 확언은 삶 속에서 육체를 종속시키거나 또는 정복하려고 했던 이전의 시도, 육체의 불가피함을 주장하며 그 정점에 올랐던 시도와 모순된다. 다른 종교적 개념들이 [실제로 육체를 부정하는 것이 아니라] 육체를 재확증하는 은밀한 방법으로 밝혀진 데 반해, 이 방법은 오히려 그것이 해소하는 변증법적 전도 (dialectical reversal)로부터 면제된 것처럼 보인다.

정신분석학은 앞에서 다루었던 변증법적 전도와 평행적인 노선을 취하며 육체의 예속화를 주장하는 것이 불가능하다는 점을 이론화한다. 리비도의 억압은 항상 리비도적으로 투자된 억압(a libidinally invested repression)이다. 그러므로 리비도는 억압을 통해 완전히 억압되는 것이 아니라, 리비도 그 자체를 예속화하는 수단이 된다.[29] 억

---

29) [옮긴이] 그것이 수단인 한에서 리비도는 완전히 억압될 수 없다.

압적인 법은 법이 억압하는 리비도의 바깥에 위치하는 것이 아니라, 그 억압이 리비도적인 행위가 되는 한에서만[30] 억압을 행한다. 게다가 도덕적 금지, 특히 육체에 등을 돌린 금지는 그 자체로 그것이 구속하려고 하는 육체적 행위에 의해 유지된다.

이 개념은 사람들의 통상적인 사고방식으로 보면 완전히 생소하지만, 이 문제가 그토록 혼란스럽고 애매모호해 보이는 이유를 설명해 줄 수 있다. 이 개념은 처음에는 양심(좀 더 정확히 말하면 나중에 양심으로 바뀌는 불안)이 본능 단념의 원인이지만, 다시 말해서 모든 본능 단념은 이제 양심의 역동적 원천이 되고, 본능을 단념할 때마다 양심은 더욱 엄격해지고 까다로워지는 것이다.[31]

프로이트에 의하면 스스로 부과하는 양심의 명령(self imposed imperatives)은 이 명령이 금지하려는 바로 그것을 만족시킬 수 있는 장소가 되고, 그렇기 때문에 오히려 그 금지를 추구하고 원하게 된다. 다시 말하면, 금지는 금지된 욕망과 본능의 치환된 만족의 장소가 된다. [즉 금지는] 비난하는 법의 틀 아래서 본능을 다시 체험한다. 이러

---

30) 여기서 『성의 역사』 1권에 제시된 푸코의 프로이트 비판이 부분적으로 잘못되었다는 점에 주목할 필요가 있다. 정신분석학은 법이 어떻게 욕망을 생산하는지에 대해 이해하지 못한다는 푸코의 견해는 사실 푸코 자신이 금지가 생산적일 수 있는 방식을 이해하지 못했다는 것을 드러낸다. 푸코는 '법'에는 적용되지 않는 생산적 작업을 지칭하기 위해 '권력' 개념을 사용한다. 그러나 법이 생산적인 것으로 간주되기 시작하면 이 두 개념 사이에 초월 불가능한 모호성이 생성된다.

31) Sigmund Freud, *Civilization and Its Discontents*, trans. James Strachey, New York: Norton, 1977, p.84[『문명 속의 불만』, 김석희 옮김, 열린책들, 2004, 309쪽].

한 상황은 도덕적 법의 담지자가 그 가르침의 가장 심각한 위법자로 바뀌는 코미디 형식의 근원이 된다(호손의 딤스데일, 톰 스토파드의 도덕철학자[32]). 법의 적용을 통해 치환된 만족이 경험되기 때문에, 이러한 적용은 금지하는 욕망의 출현으로 인해 더욱 강화되고 힘을 얻게 된다. 금지는 금지된 욕망(prohibited desire)의 삭제를 추구하는 것이 아니라, 그와 반대로 그 금지된 욕망의 재생산을 추구한다. 금지된 욕망의 '사후세계'는 금지 그 자체인데, 여기서 금지는 이 금지가 주체에게 포기하라고 강요하는 욕망을 유지하고, 또 이 욕망에 의해 금지가 유지된다. 이와 같은 의미에서 포기는 포기되어지는 욕망을 통해 발생한다. 이는 곧 욕망은 절대 포기되는 것이 아니라 포기의 구조 속에 보존되고 다시 확인된다는 것을 의미한다. 그리고 욕망은 그것이 실행하는 포기에 의해 더욱 강화된다.

니체는 그의 저서 『도덕의 계보학』에서 헤겔의 것과 유사한 변증법적 구조를 도입하면서 위와 같은 주장을 펼친다. '불행한 의식'에서 나타난 육체의 불가피성은 프로이트의 본능의 불가피성과 니체의 의지에 상응한다. 니체에게, 무에로의 의지(a will to nothingness)로 이해되는 금욕적 이상(ascetic ideal)은 모든 고난(sufferings)을 죄의식(guilt)으로 해석하는 한 방법이다. 죄의식이 인간 욕구의 구체적 대상을 부정하기 위해 작동한다지만, 그것은 인간의 근본적 성격인 욕구(wanting)를 지워 버리지는 못한다. 죄의식이 명령하는 바에 따르면,

---

32) [옮긴이] 너새니얼 호손(Nathaniel Hawthornne)의 소설 『주홍글씨』의 목사와 톰 스토파드(Tom Stoppard)의 희곡 『점퍼스』(*Jumpers*)에 등장하는 도덕철학자 조지 무어(Georges Moore)를 지칭하는 것으로 보인다.

"인간은 이제부터(etwas) 어떤 것을 바랄 수 있었다. 우선, 어디로, 무엇 때문에, 무엇을 가지고 인간이 바랐는지는 중요하지 않다. 의지 자체가 구출되었다".[33] 금욕적 이상은 헤겔의 불행한 의식과 유사하게 다음과 같이 이해된다.

> 인간적인 모든 것에 대한 증오, 더욱이 동물적인 모든 것에 대한 증오…
> 감각과 이성 그 자체에 대한 증오, 행복과 아름다움에 대한 공포… 이러
> 한 것의 의미는 무에의 의지이다. 삶에 반하는 의지, 사람의 가장 근본
> 적인 전제에 대한 저항, 그러나 이것은 여전히 의지이고 의지인 채로 남
> 아 있다…. 아무것도 원하지 않는 것이 아니라 무를 원하는 것이다.[34]

나는 여기서 프로이트의 매우 논쟁적인 본능 개념, 헤겔의 완전하지 않은 육체, 니체의 의지가 모두 엄격하게 동일한 것이라고 주장하려는 것이 아니다. 그러나 내가 정말 말하고자 하는 바는 세 이론가 모두 우리가 느슨하게 '육체'라고 부르는 것에 대한 완벽하고 최종적인 반성적 억압이란 불가능하다는 것을 중심으로 구성되는 변증법적 반전을 삶의 테두리 안에 제한하고 있다는 점이다. 만일 육체의 억압이 그 자체로 육체에 의한 도구적 운동, 그리고 육체의 도구적 운동이라

---

33) [옮긴이] 『도덕의 계보학』, 113쪽. "인간은 반드시 무엇인가를 원한다. 이때 무엇을, 무엇 때문에, 어떻게 원하는지는 문제가 되지 않는다. 의지 그 자체가 지켜지는 것이 중요하다".
34) Nietzsche, *Zur Gelealogie der Moral*, pp.411~412. 나[버틀러]의 해석. [옮긴이] 『도덕의 계보학』, 113~114쪽. 버틀러가 자신의 해석을 강조하였으므로 이곳에서는 국역본의 해석을 그대로 따르지 않았다.

면, 그 육체는 그 억압의 도구에 의해, 그리고 그 도구 안에 보존된다. 그러나 그러한 억압의 자멸적인(self-defeating) 노력은 그 반대편(욕망의 자축自祝적 확인 또는 욕망의 자기-강화적 확인)에 다다르게 될 뿐만 아니라, 보다 현대적인 정식화 속에서, 주체가 출현하는 변증법적 틀을 넘어서는 주체 설립에 대한 정교화에 이르게 된다.

헤겔에게 육체적 삶의 억압은 억압하고자 하는 바로 그 육체를 필요로 한다. 그러므로 육체는 억압의 행위 속에, 그리고 그 행위에 의해 보존된다. 프로이트는 리비도적 만족을 방해하는 금지에 대한 리비도적 애착의 한 종류로서 신경증을 분석하는 과정에서 이를 다르게 이해한다. 방해가 억압을 구성하는 곳에서, 즉 관념화(ideation)가 정동으로부터 분리되는 곳에서, 신경증이나 증상의 형성이 뒤따른다. 아마 **고집**(eigensinnigkeit) 또는 완고함에 대한 헤겔의 논의를 신경증의 형성과정에서 나타나는 분열과 방어를 예증하는 사례로 이해하는 것도 가능할 것이다. 헤겔이 '불행'을 완고한 애착의 한 종류로 언급했다는 것은 곧 육체적 충동의 윤리적인 통제가 신경증에서처럼 충동(impulses) 자신의 초점과 목표가 된다는 것을 시사한다. 양자의 경우에서 모두, **예속화로의 애착**은 반성적 예속 구조 그 자체를 구성하는 것으로 이해된다. 헤겔의 논의로 돌아가면, 부정되는 충동이나 육체적인 경험은 그 부정의 행위에 의해 무심코 **보존된다**.

폭넓게 해석할 때, 우리는 헤겔과 프로이트 모두, 육체의 경험이 법의 검열 아래 놓이고 그 후 다시 그 법의 유지효과로서 재등장하는 변증법적 전도에 의지하고 있다는 것을 알 수 있다. 프로이트적인 **승화**(sublimation) 개념은 쾌락과 욕망의 거부 및 치환이 문화를 구성하는 요소가 된다고 암시한다. 따라서 프로이트의『문명 속의 불만』은 마르쿠제의『에로스와 문명』의 초석이 된다. 문화 산물(products)의 형성 과정에서 우연히 나타나는 승화의 생산적 효과는 그 효과가 발생되는 변증법적 전도를 초월한다.

마르쿠제에게 욕동, 또는 에로스와 타나토스가 이들을 문화적으로 수용 가능하도록 만드는 규제적 명령에 선행하는 데 반해, 푸코에게, 그 구조 안에 승화 모델을 포함하고 있는 그런 억압가설은 실패할 수밖에 없다.[35] 이러한 실패의 이유는 정확히 억압이 그것이 규제하고자 하는 바로 그 쾌락과 욕망을 발생시키기 때문이다. 푸코에게 억압은 미리 주어진 쾌락과 욕망의 영역에 작동하는 것이 아니다. 억압은 쾌락과 욕망의 영역을 규제되어야 할 것으로서, 그리고 항상 잠재적으로 그리고 현실적으로 규제의 지식 아래 놓여 있는 것으로서 구성한다. 푸코에게 억압적 체제는 그 자신의 자기강화와 확산을 필요로 한다. 이 억압적 체제는 자신의 권력을 접합할 새로운 소재를 계속해서 갖기 위하여 육체적 충동의 영역이 도덕화된 영역으로 팽창하고 확산할 것을 요구한다. 따라서 억압은 그 자신의 확산을 용이하게 하고 합리화하기 위해 무한히 도덕화할 수 있는 육체적 현상들의 영역을 생산한다.

따라서 이제 우리는 푸코가 헤겔을 따라 추적해 온 일종의 변증법적 전도의 영역에서 벗어나는 것을 볼 수 있다. 푸코에게, 육체의 억압은 억압하려고 하는 육체를 필요로 하고 또 그 육체를 생산할 뿐만 아

---

35) [옮긴이] 억압이 즐거움과 욕망을 발생시키는 한 억압가설은 필연적으로 실패할 수밖에 없다.

니라, 규제되는 육체의 영역을 확장시켜 나간다. 즉 통제, 훈육, 억압의 영역을 확산시키며 더 멀리 나간다. 다시 말해, 헤겔의 설명이 가정하는 육체는 법적 권력의 영역을 확장하기 위해 끊임없이 생산되고 전파된다. 육체에게 가해진 제한은 제한하고자 하는 육체를 **필요로** 하고 또 그 육체를 **생산할** 뿐만 아니라 원래의 제한이 표적으로 삼은 영역을 넘어 육체적인 영역을 **확산시키려고** 한다. 많은 이들이 최후의 유토피아적 제스처를 읽어 내는 푸코의 논의에서 법적 체제에 의한 변증법적 전도의 영역 너머로의 육체의 확산은 또한 가능한 저항의 영역이다. 억압된 욕망을 묘사하고 병리화하는 정신분석학적 담론은 욕망의 담론적 유인(incitement)을 생산하기에 이른다. 충동은 지속적으로 고백의 영역으로 가공된다. 따라서 이는 잠재적 통제의 영역으로 가공된다. 그러나 이러한 가공은 그것을 발생시키는 규제적 목표를 초월하게 된다. 이러한 의미에서 정상성(normalcy)을 분류하고 제도화하는 형법은 정상적이라는 개념을 두고 경쟁하는 영역이 된다. 동성애를 구분하고 병리화하는 성(性) 학자들은 동성애 문화의 확산과 동원을 위한 조건들을 부지불식간에 제공하게 된다.

헤겔적 틀 안에서 육체로부터 자신을 분리시키는 주체는 이 분리되는 행위를 유지하기 위해 육체를 필요로 한다. 억압되는 육체는 그 억압을 위해 통제된다. 그러나 그 육체는 규제 행위 이전에 존재하는 것이 아니다. 반대로 육체는 규제의 대상으로서 생산된다. 그리고 이 규제가 자신을 강화하기 위해 육체는 규제의 대상으로서 확산된다. 이 확산은 푸코의 이론을 헤겔의 이론과 구분시켜 주고, 규제에 대한 잠재적 저항의 영역을 구성한다. 이러한 저항의 가능성은 확산 과정 속에서 **예측 불가능한** 것으로부터 파생되는 것이다. 규제적 체제가 어떻게 예측 불가능한 효과뿐만 아니라 저항을 구성하는 효과를 생산하게 되는지 이해하기 위해서 우리는 다시 완고한 애착의 문제로 돌아가야 할 것처럼 보인다. 보다 정확하게 말하자면 법의 전복 안에서 애착의 자리라는 문제로 돌아가야 한다.

푸코가 프로이트의 억압가설을 비판하기는 하지만, 규제 받는 육체의 생산과 확산에 대한 설명에서 푸코는 프로이트에게 신세를 지고 있다. 헤겔과 프로이트에게 예속화의 논리는, 적어도 예속화가 성공적으로 이루어졌다고 판명될 때, **억압의 도구가 새로운 욕망의 구조와 목표가 된다**는 점을 함의한다. 그러나 만일 규제 체제가 새로운 규제 영역의 생산을 요구한다면, 육체적 충동, 육체적 욕망 및 애착의 장소는 대체 무엇이란 말인가? 규제 체제는 욕망을 생산할 뿐만 아니라 예속화의 규칙에 대한 애착의 배양을 통해 생산되는 것은 아닐까? 규제 체제가 하는 일 중 하나가 욕망의 형성 및 욕망에 대한 애착을 제한하는 것이라면, 푸코의 논의는 처음부터 충동의 분리가능성을 가정하고 있는 것처럼 보인다. 즉 한편에는 육체적 애착 능력이, 다른 한편에는 그 애착이 제한되는 영역이 있고, 이 두 영역은 서로 공약 불가능한 것처럼 보인다. 자극과 전환이 어느 정도 예측 불가능하다고 주장할 때, 그리고 자극과 전환이 그들이 충족시키기 위해 생산된 규제적 목표를 **초월할** 능력(이 능력은 저항 개념에 핵심적이다)을 지니고 있다고 주장할 때, 푸코는 정확히 이러한 공약 불가능성을 가정하고 있는 것처럼 보인다. 주어진 체제가 그것이 생산하는 자극을 완전히 통제할 수 없을 때, 이를, 충동의 수준에서 나타나는, 규제 체제의 완전하고 최종적인 길들이기에 반한 저항의 부분적 결과라고 할 수 있을까?

'불행한 의식'에서 헤겔이 함의하는 것은 도덕적 비참함(wretched-ness)이 일관적으로 유지될 수 없다는 것, 그리고 그것이 부정하려고 하는 육체적 존재를 언제나 인정할 수밖에 없다는 것뿐만 아니라 비참함의 추구, 비참함에 대한 애착이 그러한 예속화의 조건이자 잠재적 취소라는 것이다. 비참함, 고뇌, 고통이 완고함의 장소 또는 양식이라면, 즉 자신에게 애착하는 방법이자 부정적으로 접합된 반성양식이라면, 그 이유는 규제 체제가 이들을 애착에 활용할 수 있는 영역으로 제공하고, 또 주체는 아예 애착하지 않는 것보다 고통에라도 애착할 것이기[36] 때문이다. 프로이트에 의하면, 유아는 자신에게 닥치는[다가오는] 그 어떤 자극(excitation)에도, 심지어는 매우 큰 외상을 줄 수 있는 것에도 쾌락을 유발하는 애착관계를 형성한다. 이러한 설명방식은 피가학증의 형성, 비천함[혐오](abjection), 거부(rejection), 비참함(wretchedness) 등을 사랑의 필수적 조건으로 이해한다. 거부의 몸짓(gesture)은 오로지 그것이 몸짓이라는 이유 때문에 피가학적으로 성애화된다. 거부하는 몸짓의 의도가 다가오는 욕망을 방해하는 것일지라도, 여전히 그 몸짓은 **몸짓으로서** 나타난다. 따라서 이 몸짓은 **그 자신을 현존하는 것으로 만들며** 자신이 일종의 봉헌으로 읽힐 수 있도록, 또는 최소한 **현존**으로 읽힐 수 있도록 힘쓴다. 거부의 몸짓이 존재한다는 바로 그 이유 때문에, 이 몸짓은 그것이 의미하고자 하는 철회의 위협을 수사학적으로 부정한다. 아무리 고집스럽게 거부하더라도, 유아에

---

36) [옮긴이] 앞 부분에서 논했던 근원적 의존성을 참조. 이 책 22~25쪽과 40~41쪽.

게 그 대상의 현존 또는 결정은 현존과 자극(excitation)의 영역이다. 그리고 대상의 현존 또는 결정은 대상이 아예 존재하지 않는 것보다 낫다. 이 자명한 말은 아무것도 원하지 않는 것보다는 차라리 무라도 원하겠다는 니체의 대사와 크게 다른 말이 아니다.[37] 양자의 경우 모두, 욕망하고자 하는 욕망은 정확히, 지속적으로 욕망할 수 있는 것이 가능한 한에서, 욕망을 폐제하는 것을 욕망하려는 의지(willingness)를 의미한다. 그렇다면 이제 헤겔과 프로이트에게서 찾아볼 수 있는 '완고한 애착'의 영역이 푸코가 기술하고 있는 예속의 시나리오 속에도 형상화되고 있는 것은 아닌지 질문을 던질 수 있을 것이다. 애착을 억압하고 부정하려는 것에 맹목적으로 애착하는 자발성을 규제적 권력은 어떻게 이용하고 있는가? 규제적 권력이 필요로 하는 애착은 어느 정도까지 구성적 실패인 동시에 잠재적 저항 영역으로 판명될 수 있을까? 만일 욕망의 최종 목표가 욕망을 지속적으로 유지하는 것이라면(여기서 우리는 헤겔, 프로이트, 푸코를 스피노자와 연결해 볼 수 있을 것이다), 철수하고 다시 애착하는 욕망의 능력은 모든 예속화 전략의 취약성과 유사한 무엇을 구성할 것이다.

---

37) [옮긴이] 앞에서 언급했던 "아무것도 원하지 않는 것이 아니라 무를 원하는 것"이라는 니체의 말을 의미한다.

2장 _ 양심의 가책의 순환

니체와 프로이트

니체는 다양한 심리(psychic) 현상을 형성하는 정신(mental) 활동으로서뿐만 아니라 독특한 내부화의 결과로 **형성되는** 정신활동으로서 양심이라는 견해를 제시한다. 양심(conscience)과 양심의 가책(bad conscience)을 구분하는 니체는, 의지(the will)가 그 자신을 공격한다고 말한다. 그러나 우리는 이러한 특이한 용어법을 어떻게 이해해야 할까? 자신을 향해 되돌아가고(recoil) 이중화되는(redoubling) 것으로서 의식을 상상하는 것은 가능한 것일까? 양심의 가책이 작동하는데 핵심적이라고 할 수 있는 반성성(reflexivity)을 접합하는 방법으로 이러한 형상이 제시되고 있는 것일까? 프로이트도 양심의 형성에 대해 쓸 때, 이와 유사한 언어를 사용한다. 특히 편집증과 나르시시즘과의 관계 속에서 양심의 형성에 대해 논할 때 그러하다. 프로이트는 양심을 욕망이 자기 자신을 공격할 때 나타나는 욕망의 힘으로 (때로는 공격성the force of aggression으로) 이해한다.[1] 그리고 그는 금지를 욕망에

---

1) [옮긴이] "처음에는 양심(좀 더 정확히 말하면 나중에 양심으로 바뀌는 불안)이 본능 단념의 원인

외재적인 것으로 이해하지 않고, 자기 자신의 가능성을 공격하는 욕망의 작업으로 이해한다. 이 두 설명에 나타나는 형상, 즉 자신을 공격하는 의지, 자신을 공격하려는 욕망을 어떻게 이해해야 할까? 우리는 어떻게 해서 되튐과 재이중화의 형상이 양심의 가책을 이해하는 데 있어 핵심적인 것이 되는지 묻는 한편 이러한 형상이 성찰의 구조에 기입되어 있는 육체의 자리 및 육체의 처리에 대해 무엇을 암시하는지 물어야 한다. 자기 자신 위에 이중화된 육체는 어떻게 자기의식을 가진 종류의 존재가 된다는 것의 의미를 드러내는가?

도덕성이 어느 정도 폭력에 의존하고 있다는 생각은 이미 우리에게 친숙한 것이다. 그러나 더욱 놀라운 것은 그러한 폭력이 주체의 토대가 된다는 것이다. 주체를 반성적인 존재로 교화시키는 데 있어 주체는 지속적으로 폭력을 행사한다. 대략 이러한 점들이 니체로 하여금 도덕이 일종의 병이라고 생각하도록 만든 것이다. 자신을 공격하는 이러한 행위를 일종의 폭력이라고 불러도 되겠지만, 이러한 폭력에 단순히 비폭력을 대립시킬 수는 없다. 왜냐하면 폭력이 어느 때, 어느 장소에서 대립되든 간에, 그 폭력을 가정하는 위치에서만 대립될 수 있기 때문이다. 내가 여기서 단순히 도덕을 가정할 때 나타나는 이러한 아

이지만, 나중에는 이 관계가 거꾸로 뒤바뀐다는 사실을 말해 준다. … 공격 본능을 만족시키기를 단념하면, 좌절된 공격 본능을 초자아가 모두 떠맡아서 (자아에 대한) 초자아의 공격성이 높아진다. 이것이 공격 본능의 자제가 양심에 미치는 영향이다. 이것은 양심이 처음 갖게 되는 공격성은 외부 권위자의 엄격함을 연장한 것이고 따라서 본능 단념과는 아무 상관도 없다는 견해와 일치하지 않는다. 그러나 초자아가 처음 갖게 되는 공격성이 다른 원천에서 유래했다고 가정하면 이 모순은 제거된다. … 즉 공격할 수 없는 권위자를 자신과 동일시하여 그 권위자를 자기 자신 속에 받아들이는 것이다. 권위자는 이제 초자아로 변하여, 어린이가 권위자를 상대로 발산하고 싶었던 공격성을 모두 소유하게 된다"(『문명 속의 불만』, 309~310쪽).

포리아적 구조를 강조한다거나, 혹은 모든 또는 어떠한 도덕적 입장에 서든 찾아볼 수 있는 일반화된 폭력을 확언하고자 하는 것은 아니다. 물론 해체주의적 경향을 띤 이 두 통찰이 내가 추구하고자 하는 것의 출발점이 되기는 하지만 말이다. 오히려 나는 폭력에 대항하는 주체가 실은 이전 폭력의 효과라는 것, 심지어는 폭력에 자기 자신을 대립시키는 주체도 그러하다는 점을 보이려고 한다. 주체는 이와 같은 사전의 폭력이 없다면 출현하지도 못했을 것이다. 이러한 특정한 원이 깨질 수 있을까? 일어난다면 어떻게, 언제 이러한 단절이 일어날 수 있을까? 주체가 자신의 폐쇄된 외형, 반성적 폐쇄의 순환을 버리게 되는 의미 있는 가능성은 어떻게 나타나는가? 어떤 접합에 선행하는 존재론적으로 때 묻지 않은 순수한 의지가 모든 규제 도식(schemas)의 경계를 초월하는 자기확증이나 자기강화의 원칙으로서 갑작스럽게 출현하는 것이 아니다. 의지라는 이름으로 여행을 하고 또 보통 제한적 미학 영역과 연관되는 정신적 삶(psychic life)의 구성적·가공적 차원이 오히려 주체가 활동하는 데 반드시 필요한 규범적 감옥을 재구성하는데 필수적인 것으로 밝혀질 것이다. 하지만 모든 주체가 동일한 방식으로 이 규범적 감옥을 반복하는 것은 아니다.

내 질문은 자기 자신을 대상으로 삼는 의지, 그러한 종류의 반성을 통해 자신을 자기 자신에게 묶고, 반성을 통해 자신의 정체성을 성취하는 의지에 대해서 생각할 때마다 항상 나타나는 문제와 관련되어 있다. 이 명백한 자기속박(self-bondage)은 얼마만큼이나 완전히 그리고 얼마만큼이나 배타적으로 자기 자신에 의해 부과되는 것일까? 사회적 규제를 위해 봉사하는 이와 같은 이상한 의지의 자세는 주체의 생산을 결과로 요구하는가 아니면 양심의 가책의 표현인가? 나는 윤리적인 것을 위해 니체를 불러들일 수 있다고 주장하면서 니체[의 논의]를 보완하려고 하는 사람들은 아마도 죄의식보다 더 나쁜 대안이 있다면 그것은 아마 죄의식을 삭제하는 것이라고 생각했을 것이라고 추측해 본다. 그러나 니체가 윤리적인 것과 도덕을 구별할 뿐만 아니라 도덕의 가치에 대해 질문한다는 점, 따라서 그가 도덕이 평가되는 기준이 되는 가치를 적용했지만 또한 이러한 감정, 이러한 평가가 도덕으로 환원되지 않는다고 주장했다는 점 또한 기억하도록 하자.

나는 니체와 윤리의 문제를 병치시키는 것이 곧 하나의 질문을 던지는 것이라고 생각한다. 그 이유는 니체를 비롯해 대륙적 전통 속 다양한 인물들이 무책임한 행위와 사건들과 결부되며 유죄 판결을 받아왔기 때문이다. 이러한 혐의에 대한 반응은 무엇인가? 윤리적인 것의 편을 들 것인가? 모든 사상가들을 윤리적인 문제와 연결시킬 것인가? 아니면 이는 윤리의 문제를 더 조심스럽게 생각하기 위한 계기나 윤리적인 것을 지속적으로 문제 삼기 위한 계기(자신이 강력하게 반대하고 있는 것과 공모하고 있는 것이 아니냐는 혐의로부터 자유로울 수 없는 문제)가 될 것인가? 역설적이게도 이는 공모가 더욱 만연해 있는 차원에 대해 성찰할 수 있는 기회, 그리고 이 같은 권력과의 골치 아픈 관계로부터 무엇이 파생되는지 생각할 수 있는 기회가 될 것인가?

나는 니체를 윤리적인 영역에 재배치하려는 욕망을 니체를 가치의 파괴자로 보는 동시대의 캐리커처(이러한 캐리커처에서 파괴는 가치의 원천도 아니고 가치 그 자체도 아니다)에 반하는 노력으로 이해한다. 이와는 달리 나는 니체가 정신(psyche)의 형성 및 예속화(subjection)

문제에 대해 어떤 정치적인 통찰을 제시했다고 제안하고자 한다. 그가 이해하는 바에 따르면, 정신의 형성 및 예속화 과정은 역설적이게도 주체가 규범으로 종속되는 과정이자 그 종속과정(subordination)을 통해 주체가 구성되는 과정이다. 양심의 가책이 자신에게 등을 돌리는 행위를 포함한다면, 즉 자신에게 반동하는 육체를 포함한다면, 이 형상이 어떻게 주체의 사회적인 구성에 기여할 수 있을까? 예속화 없이는 어떤 적합한 주체도 출현할 수 없다면, 대체 이 근본적인 예속화를 어떻게 이해할 수 있을까? 나는 반성적 구속의 최종적 취소[되돌림]란 있을 수 없다 하더라도 자신을 향해 웅크린 자아(self)의 자세, 주체의 정념적 탈규제(passionate deregulation of the subject)가 아마도 미약하게나마 주체를 구성하는 매듭이 풀릴 수 있도록 촉진할 것이라고 제안하고자 한다. 이때 나타나는 것은 속박에서 벗어난 의지나 권력을 향한 '넘어섬'(beyond to will)이 아니라, 정념에서 가장 구성적인 것을 향한, 즉 구성적 권력을 향한 또 다른 움직임이라고 할 수 있다. 이 구성적 권력은 의지가 자신에게 가하는 폭력(필연적 허구로서 의지의 지위)의 조건인 동시에 의지의 권능적 가능성의 영역이다. 조금 더 적확하게 표현하자면, 이렇게 재주조된 '의지'는 어떤 주체의 의지도 아니고 사회적 규범을 통하거나 사회적 규범에 의해 완전히 배양된 효과도 아니다. 나는 이러한 의지의 재주조가 의지의 형성과정에서 사회적인 것(the social)이 정신적인 것(the psychic)을 연루시키는 장소라고 제안하고자 한다. 조금 더 정확하게 말하자면, 이곳은 사회적인 것이 의지의 형성[과정] 및 형성성(formativity)으로써 정신적인 것을 연루시키는 장소인 것이다.

주체의 사회적 규제가 규제에 대한 정념적 애착을 강제한다는 일반적 주장, 이 같은 의지의 형성이 부분적으로 억압의 행위를 통해서 발생한다는 주장에 대해 생각해 보도록 하자. 사회적 규제는 단순히 내부화되는 것이라고, 즉 외부로부터 분리되어 정신 속으로 들어가는 것이라고 주장하고 싶은 유혹에 이끌리기도 하지만, 실제로 문제는 더 복잡하고, 더 은밀하다. 그 이유는 내부와 외부를 구분하는 경계는 사실 그것이 설치되는 과정에서 생기는 것이기 때문이다. 조금 더 정확하게 말하자면 내부와 외부의 경계는 주체의 규제를 통해서 나타나는 것이기 때문이다. 억압이란 예속화에 대한 정념적 애착이 행하는 행위로 자신에게 등을 돌리는 행위이다. 어떻게 해서 의지는 이런 돌아섬을 행하라는 유혹에 넘어가게 되는 것일까? 이러한 전환을 정신이 내면적으로 자신에게서 몸을 돌리는 행위로 볼 수 있는가? 만일 그렇다면 왜 정신은 자신에게 등을 돌리고 자신을 공격하는 육체의 형상으로 나타나는 것일까? 정신적인 것의 형상화가 변함없이 육체적인 것과 교차배열 관계 속에 얽히는 식으로 육체적인 것과 정신적인 것은 서로 접합되는 것일까? 분명히 문제가 되는 논점은 규제 권력이 부가하는 외적 요구와 규제 권력의 이차적 효과라 할 수 있는 내부로의 되튐 사이에 형성되는 관계 그 이상의 것, 그리고 이 관계와는 다른 그 무엇이다. 예속화에 대한 정념적인 애착이 주체의 개념 속에 전제되어 있다면, 주체는 이러한 애착의 예시와 효과로 나타날 수밖에 없다. 나는 처음에는 니체를 고찰하면서, 그리고 그 후에는 프로이트와 관계 속에서, 주체의 출현 구조로서 반성성(reflexivity) 개념이 어떻게 '자신을 공격하는 행위'의 결과일 수 있는지, 즉 '어떻게 반성이 양심'이라는 부적절한 이름을 갖게 되는 반복된 자책(self-beratement)의 결과일 수 있는지 보이고자 한다. 그리고 예속화에 대한 어떤 애착 없이 주체가 생성되지 않는다는 점을 보이고자 한다.

의미심장하게도 니체는 양심에 창조적 혹은 구성적인 힘을 부여한다. 그리고 니체에게 자신을 비난하는 행위는 주체의 가능성일 뿐만 아니라, 허구, 가공, 변형 가능성의 조건이기도 하다. 실제로 니체는 양심의 가책이 영혼을 만든다고, 즉 드넓은 내면적 정신의 공간을 만든다고 말한다. 만일 주체를 어떤 필연적 허구(necessary fiction)로 이해한다면, 이는 도덕에 의해 전제된 최초의 예술적인 성취라고 할 수 있을 것이다. 양심의 가책의 예술적 성취는 주체의 범위를 넘어선다. 실제로 그 업적은 개념적 글쓰기, 우화적 글쓰기, 계보학의 다양한 회귀적 상상을 구성하는 (추측된) 우화 및 신화 등 '모든 상상적인, 그리고 관념적인 현상들'을 포함하게 될 것이다. 이러한 관점에서 니체의 글쓰기가 가능했던 조건은 그것이 설명하려고 했던 양심의 가책이었다고 말할 수 있다.

니체는 이와 같은 형성과정을 설명하기 위해 어떤 내러티브를 제안하지만 그 내러티브는 시작하자마자 오히려 그것이 파헤치려는 양심에 의해 시달리게 될 것이다. 양심이 허구라는 주장은 양심이 임의적이라거나 없어도 된다는 주장과 혼동되어서는 안 된다. 그 반대로 이 허구는 필연적인 허구이다. 이 허구 없이는 문법적 주체도 현상학적인 주체도 존재할 수 없다. 그러나 만일 양심의 허구적 지위가 그 필연성을 몰아내지 않는다면 우리가 어떻게 그 허구의 의미를 이해할 수 있겠는가? 조금 더 정확히 말하자면, 주체가 자신을 공격하는 행위를 통해 출현한다고 말하는 것은 대체 무엇을 의미하는가? 만일 자신을 공격한다고 하는 것이 비유라면, 즉 항상 육체의 운동으로서만 **형상화**되지만 그 누구도 그 행위를 곧이곧대로 행하지 않는 운동이라면, 어디에서 이러한 형상화의 필연성을 찾을 수 있는가? 이 돌아섬의 비유는 마치 육체의 그림자인 것처럼 보인다. 즉 이 비유는 자기 자신을 향한 육체의 폭력을 따라하는 그림자이거나 유령적 형태 또는 언어 형태 속의 육체로서 정신적인 것의 출현을 의미하는 흔적인 것처럼 보인다.

문법적인 관점에서 고려해 보면 자신을 공격하는 주체가 먼저 존재해야만 할 것이다. 그러나 나는 이러한 반성성(reflexivity)의 결과가 아니고서는 주체가 있을 수 없다고 주장하려고 한다. 특히 이 [반성성] 과정이 설명하려고 하는 것이 바로 주체의 형성이라면 어떻게 주체가 이 과정의 양 끝에서 추정될 수 있겠는가?

만일 프로이트에게, 양심이 금지에 대한 정념적 애착이라면, 즉 양심이 자신을 공격하는 형태를 취하는 애착이라면, 자아의 형성은 이러한 특정한 반성 형식의 침전된 결과로 나타나는 것인가? 자아(the ego)라는 명사는 이러한 반성적 운동의 반복된 축적을 물화(reify)하는 동시에 은폐하는 역할을 한다. 이러한 반성은 무엇으로 구성되는 것인가? 대체 누가 누구를 공격한다는 [누가 누구에게서 등을 돌린다는] 것인가? 그리고 "돌아섬"의 행위를 구성하는 것은 무엇인가? [한편에선] 주체를 미리 전제하는 동시에 아직은 구성되지 않은 것으로 가정하고, [다른 한편에서는] 주체를 구성되는 것으로 간주하지만 전제되지는 않는 것으로 간주하는 이러한 논리적 순환성은, 프로이트와 니체가 이러한 반성성을 항상 **비유적**으로만 사용했다는 점을 고려하거나 [그들의 저작에서] 이러한 **비유**가 존재론적 주장으로 이어지지 않았다는 점을 생각한다면, 어느 정도 완화된다고 나는 제안하고 싶다. '그 의지가 자신을 공격하는 것'은 말할 것도 없고, 의지에 대해 말하는 것은 사실 이상한 방식의 말하기라고 할 수 있는데, 그 이유는 이러한 말하기 방식이 어떤 과정을 **형상화**[비유][2)]하고 있기 때문이다. 이 과정은 이 과정 자체의 **형상화**와 분리될 수 없고, 이 **형상화**에 대한 이해 없이는 이해할 수 없는 것이다. 실제로 니체에게, 그러한 **형상화**에 대해 쓰는 것이나 **형상화** 일반에 대해 쓰는 것은 양심의 가책의 결과라고 할 수 있는 '이상적이고 상상적인 현상'의 한 부분이자 구획(parcel)이다. 그러므로 니체가 우리에게 제안하는 이상한 반성의 형상[비유]을 고려할 때에 양심의 가책에 대해 무엇인가 알아내기란 어렵다. 정확히 양심의 가책이란 무엇인가에 대한 답을 찾고자 할 때, 우리는 텍스트에서 양심의 가책을 다루는 바로 그 부분에 이르러, 이른바 양심의 가책의 유혹적인 효과에 사로잡히게 된다. 이[양심의 가책]를 **형상화**의 근거로 신뢰할 수 있다면(그러나 이것이 단지 **비유**figured될 수 있을 뿐이라면, 즉 형상화의 근거로서 **비유**될 수밖에 없다면), 명확한 순서(sequence)를 설립하는 것에 관심을 두는 논리적 관점에서 보면 개탄할 만한 대상인 [위와 같은] **순환성**은 [오히려] 양심의 가책의 **구성적 특징**(constitutive feature)이 된다. 이 조건에서 양심의 가책은 하나의 형상인 동시에 그 형상화 가능성의 조건이다.

---

2) [옮긴이] 이 문단에서 'figure'는 문맥에 따라 '형상'과 '비유'로 다르게 해석하였다. 즉 이 문단에서 '형상'과 '비유'는 모두 'figure'의 번역어이다.

이러한 설명 방식의 명백한 순환성은 관련된 이론적 곤란들에서 다시 나타난다. 의지가 자기 자신을 공격하도록 만드는 유인은 무엇인가? 외부의 힘이나 법의 압력 또는 처벌에 대한 걱정이나 처벌에 대한 기억이 가하는 압력 때문에 의지는 자기 자신을 꾸짖는 것일까? 또는 이러한 특정한 형태의 반성성은 일련의 요구가 외부에서 부과되기 전에 발생하는 것일까? 아니면 이런 요구와 공모하면서 생겨나는 것일까?

이 마지막 문제를 명확히 하기 위해, 처벌이 양심에 선행한다는 테제, 양심을 처벌의 (별 문제될 것 없는) 내부화, 즉 처벌에 대한 연상흔적(mnemonic trace)으로 이해해야 한다는 테제에 대해 다시 생각해 보아야 할 필요가 있다. 그 이유는 처벌이 양심에 대해 시간적으로 선행한다고 니체가 그의 저서에서 언급하고 있기는 하지만, 그의 저서에서 이러한 순차적 설명에 의문을 제기하는 대립 의견도 찾아볼 수 있기 때문이다.

니체의 저작에서 의지가 자신에게 등을 돌렸을 때 (자신을 공격할 때) 가장 생산적이라면, 다시 말해, 가장 양심적일 때의 의지가 가장 생산적이라면, 양심의 가혹성이 양심을 구성하는 의지의 강도(strength)와 연관이 있을 것이라고 생각해 볼 수 있다. 유사한 사례를 프로이트에서도 찾아볼 수 있는데, 그에게 양심의 힘은 양심이 금지하는 공격성으로부터 그 자양분을 공급받는다. 이러한 관점에서, 양심의 힘은 받았던 처벌의 강도나 받았던 처벌에 대한 기억의 강도와 상관관계를 형성하고 있는 것이 아니라, 자신의 공격성의 강도와 상관관계를 이루고 있는 것으로 보인다. 이 공격성은 외부로 표출되었던 것이 이제 양심의 가책의 영향 아래 내부로 향하게 된 것이라고 할 수 있다. 이러한 내부로의 분출은 동시에 하나의 가공물인데, 이는 승화(sublimation)의 효과로 생산되거나 가공된 내부화라고 할 수 있다.

이러한 순환성은 처벌의 외부적 또는 역사적 기억과 그 처벌에 대한 연상흔적의 내부화 사이에서 보통 추측할 수 있는 인과적 연결 또는 내부화를 깨뜨리는 것처럼 보인다. 그러나 만일 양심이 이러한 방식으로 자기 자신에게서 유래하는 것이라면, 그리고 외부적인 처벌, 역사적인 처벌에 의해 구성되는 것이 아니라면, 사회적 규제 과정에서 이 기능을 이해할 수 있는 다른 방법이 있을까? 처벌이 나르시스적인 요구를 이용한다는 생각에 의지하지 않고 처벌의 힘을 이해하는 것은 가능할까? 또는 니체적인 맥락 속에서, 처벌이 자기 자신에 대한 의지의 애착(will's attachment to itself)을 이용한다는 생각의 틀을 벗어나서 처벌의 힘을 이해하는 것은 가능한가?

예속화에 대한 정념적인 애착이 있다고 주장하는 것은 우선 어떤 정념이 먼저 있고, 그 정념의 목적이 어떤 대상에 달라붙는 것이라고 전제하는 것이다. [따라서] 니체의 저작으로부터 이러한 1차적 정념(primary passion), 이 의지가 그것이 알려지는 과정인 애착 이전에 존재하는 것인지 아닌지에 대한 질문이나 이 애착이 정념에 선행하는지 아니면 애착이 가정된 후에야 결국 애착이 어떤 정념적 성격을 띠게 되는 것인지에 대한 질문이 출현할 것이다. (아마 변함없이 이 두 경우 모두 맞다고 할 수 있을 텐데, 이들은 통약될 수 없는 일련의 시간적 궤적에 참여한다. 어떤 면에서 이 질문을 프로이트의 라캉적인 재구성과 프로이트의 대상관계의 이론적 재구성 사이의 논쟁으로 읽어 보는 것도 가능할 것이다.)

양심의 가책에 대한 니체의 설명

니체는 『도덕의 계보학』의 두번째 에세이 16절에서 양심의 가책 개념을 도입한다. 양심의 가책 개념과 에세이의 앞부분에서 소개된 양심 개념과의 관계가 처음에는 명확하게 제시되지 않는다. 양심 개념은 약속을 지키도록 양육된 동물이라는 설명을 통해, 그리고 주권적 인간과의 관계 속에서 소개된다.

약속을 하고 그 약속을 지키는 사람은 자신의 내부에 망각에 반하는 기능을 키운 사람, 즉 '기억을 키운 사람'이다. 그리고 이 기억은 의지의 기억(a memory of the will)[3]이 된다. 여기서 니체는 욕망에 의해 능동적으로 유지되는 인상(impression)을 언급하는데, 이 인상이란 잊혀질 수 없는 것으로, 기억되는 과정에서 의지의 장기 지속성(protracted continuity of the will)을 생산한다. 그러나 이 인상이 구체적으로 설명된 것은 아니다. 이 인상은 어디에서 온 것일까? 무엇을 위해 봉사하는 것일까? 니체는 약속을 하는 사람은 '나는… 할 것이다', '나는 이것을 할 것이다'와 같은 원래의 진술이 그 진술이 지정한 행위의 수행으로 이어지는 과정에 어떤 방해물이 끼어드는 것을 그냥 내버려 두지 않을 것이라고 주장했다. 진정으로 약속한 사람은 그가 말한 것을 재연하고 의지한 바를 실행에 옮기기 위해 주권적 힘을 발휘한다. 다시 말해, 진술과 행위 사이에 시간적 분리가 있어 그 사이에 서로 대립하는 다양

---

3) Nietzsche, *On the Genealogy of Morals*, p.58; *Zur Genealogie der Moral*, p.292[니체, 『도덕의 계보학』, 강영계 옮김, 지식을만드는지식, 2008, 50쪽 / 니체, 『도덕의 계보학』, 홍성광 옮김, 연암서가, 2011, 74쪽].

한 환경요소 및 사고가 끼어들 수 있지만 약속하는 존재는 진술과 행위, 이 둘 사이에 연속성을 정립한다. 이러한 상황과 사고에 맞서 의지는 그 자신을 지속적으로 생산하고, 자신의 연속성을 만들어 내기 위해 노동한다. 니체가 설명하는 바에 따르면 이러한 과정 속에서 의지의 지속성은, 즉 "의지의 긴 사슬"은, 그 실행을 복잡하게 만들거나 또는 그 실행에 자격을 부여하려는 다른 모든 것에 대해, 그리고 그것에 맞서, 그 자신의 시간성을 수립한다. 이 약속하는 존재는 시간을 가로질러 자신을 대표하는 존재이고, 그의 말이 시간을 가로질러 지속되는 그런 존재이고, "어떤 사건이 일어나도 그가 한 말을 지킬 만큼 강하기 때문에, 믿을 말만 하는 존재이다"(60/294)[4]. 시간과 동일한, 그리고 그 자신의 시간성을 설립하는 이와 같은 장기적 의지는 양심적 인간(the man of conscience)을 구성한다. (특이하게도, 약속에 의해 가정되는 이런 효과적인 발화행위speech act라는 이상ideal은 니체 자신의 기호 사슬sign chain 개념에 의해 **그 근거가 흔들리는데**, 기호 사슬이란 한 기호가 그 기호가 사용되었던 원래 의도와 다르게 사용되는 것을 의미한다. 기호 사슬의 역사성에 의하면, 원 발화 의도를 넘어서 의미의 증가가 일어나는 여러 역사적 사건들로부터 한 기호의 의미를 보호하는 것은 불가능하기 때문에, 약속을 하는 것은 불가능하다).

이 논의를 이어가는 3절에서 니체는 약속하는 존재로의 인간의 이상화에 대해 다시 고찰하고, 의지를 위해 기억이 어떻게 창조될 수

---

4) [옮긴이] 『도덕의 계보학』, 52쪽. 이하 이 장에서 『도덕의 계보학』 인용 쪽수는 본문 괄호 안에 '영어판 쪽수/독일어판 쪽수' 식으로 표기했다. 국역본 쪽수는 각주에 옮긴이 주로 달아주었으며, 강영계(지만지) 번역본을 기본으로 한다.

있는지 묻는다. 이 문제로 인해 우리는 능동적으로 되살려지고 소생되고, 또 그 소생을 통해 의지의 장기적 지속을 확립하는 '인상'[낙인]의 지위에 대한 질문으로 되돌아가게 된다. "어떤 것이 기억에 남도록 우리는 그 어떤 것을 낙인찍는다. 오직 **고통 주기**를 그치지 않는 것만이 기억에 남는다.(61/295)"5) 그리고 우리는 공포(terror)가 모든 약속에 관여했었다는 것을 알게 된다. 이 공포를 의지가 자신을 규칙적이고 계산 가능한 것으로 만드는 연상기억 장치(mnemonic device)의 역할을 하는 인상[낙인](impression)으로 해석할 수 있을까? 4절에 이르러 니체는 명확하게 양심의 가책에 대한 문제를 제기하지만 양심의 가책이 마치 완전히 양심과 분리되어 있는 것처럼 다룬다. 그는 다음과 같이 묻는다. "그러나 저 또 다른 '음울한 사태', 죄의식, 전체적인 '양심의 가책'(schlechtes Gewissen)은 도대체 어떻게 세상에 나타났는가?" (62/297)6) 그러나 이것은 **다른** 것인가? 의지가 양심의 가책의 논리에 종속되지 않고도 규칙적인 것이 되고 또 약속을 보증할 수 있는 장기적인 연속성이 될 수 있는 방법이 있을까?

빚과 죄의 관계에 대한 유명한 논의가 이 뒤에 이어진다. 어떤 이가 빚을 갚지 못하게 되면, 보상을 위한 욕망이 채권자에게 생겨나고 채무자에게 상해가 가해진다. 따라서 채무자에게 부가되는 이러한 도덕적 책임은 채무자를 벌하는 채권자의 욕망을 합리화한다. 이러한 책임 개념과 더불어 도덕적으로 포화된 전체 정신현상에 대한 논의가 나

---

5) [옮긴이] 『도덕의 계보학』, 54쪽. 영어본의 해석은 다음 문장과 더 유사하다. "만일 무엇인가가 기억에 남으려면, 그것은 기억에 새겨져야 한다. 상처 주기를 멈추지 않는 것만이 남는다."
6) [옮긴이] 『도덕의 계보학』, 57쪽.

타난다. 예컨대 의도(intentionality)나 의지의 다른 판본들(versions)이 출현한다. 하지만 계약 위반이라는 상황만으로는 처벌하려는 욕망을 완전히 설명할 수 없다. 왜 채권자는 상해를 가하는 데서 즐거움을 느끼는가? 채권자가 채무자에게 도덕적인 책임을 묻고 그를 유죄라고 선고하는 도덕화된 행위 속에서 상해가 가해질 때, 즐거움은 어떤 형태를 띠게 되는가? 죄를 [누군가에게] 귀속시킬 때 어떤 낯선 쾌락의 정점이 나타나는가? 어떻게 죄의 귀속이 발생하는가에 대한 설명은 양심의 가책에 대한 설명은 아니다. (물론 양심의 가책은 자기 구속 또는 죄를 자신에게 부가하는 것이라고 할 수 있다.) 양심의 가책은 약속이 깨졌다는 것을 전제하고, 계약의 존재는 약속이 수립되었다는 것을 전제한다. 실제로 채무자는 약속을 지키지 못하고, 그의 의지를 지속시키지 못하고, 행위 속에서 그의 말을 실행하지 못한 사람이다.

그러므로 채무자를 벌하는 것은 약속하는 동물이라는 모델 또는 이상(理想)을 전제한다. 그러나 이 약속하는 동물은 처벌에 의해 생산되는 공포(terror)라는 인상[낙인]이 없다면 존재할 수 없다. 채무자의 처벌은 가해행위에 대한 대응물로 나타나는 것처럼 보인다. 그리고 빚은 가해행위로 나타난다. 그러나 이 반응은 보상을 받아내는 것 이상의 의미를 지니게 된다. 그 이유는 처벌이 즐겁기 때문이며, 상해를 가하는 것이 삶을 향한 유혹으로 이해되기 때문이다(66~67/301~302)[7].

---

7) [옮긴이] 『도덕의 계보학』, 60~62쪽. "전체의 배상 형식의 논리를 밝힌다면 그것은 충분히 낯설다. 등가는 다음과 같은 사실과 함께 주어졌다. 즉 손해에 대해서 직접적으로 얻는 이익 대신에(말하자면 돈이나 땅이나 어떤 종류의 소유물로 배상하는 대신에) 채권자에게는 자신의 힘을 힘 없는 자에게 주저하지 않고 발휘할 수 있는 쾌감이고 '악을 범하는 즐거움을 위하여 악을

만일 이 복잡한 장면이 채권자에게 생기를 불어 넣는 것이라면, 우리는 어떻게 채무자에게 형성되는 양심의 가책을 이해할 수 있을까? 니체는 "처벌은 죄를 지은 사람에게 죄의식을 일깨우는 가치를 가져야 한다. 사람들은 양심의 가책(bad conscience) 또는 양심의 거리낌(sting of conscience)이라고 불리는 실질적인 정신적 반응의 도구(instrumentum)를 처벌에서 찾고자 한다"라고 썼다(81/318[8]).

그러나 니체는 위와 같은 정식화에 거리를 두었는데, 그 이유는 단순히 정신적인 반응뿐만 아니라 정신 그 자체가 처벌의 도구이기 때문이다. 그 대신 본능의 내면화(이는 본능이 즉각적인 행위로 나타나지 않을 때 발생한다)는 영혼(soul)이나 정신(psyche)을 생산하는 것으로 이해된다. 사회의 벽으로부터 가해지는 압력은 영혼의 생산에서 정점이라고 할 수 있는 내재화를 강제한다. 이때 이러한 생산은 근본적이고 예술적인 성취, 즉 어떤 이상의 가공(fabrication of an ideal)으로 이해될 수 있다. 이러한 가공은 현실화[행동화]된 말(the actualized word)이라 할 수 있는 약속을 대체한다. 이 가공은 약속이 깨어졌다는 조건하에 나타나는 것으로 보인다. 그러나 행동(deed)의 실행은 그 행동의

행하는'(de faire le mal pour le plaisir de le faire) 쾌락이고, 폭행의 쾌락이다. … 결국 채권자 또한 한 인간 존재를 '자기 아래에 있는 존재'로 경멸할 수 있다는 우월감을, 아니면 적어도 고유한 형벌권, 형 집행이 이미 '당국'으로 이행되었을 경우 그 인간 존재가 경멸당하고 학대받는 것을 보는 우월감을 일단 맛본다. 말하자면 보상은 잔인성을 지시하고 요구하는 권리의 주장에서 성립한다"(『도덕의 계보학』, 61쪽).

8) [옮긴이] 강영계의 해석본에는 이 부분이 포함되어 있지 않다(강영계의 번역본은 2부 6절에서 15절을 포함하고 있지 않다). 홍성광의 번역본(『도덕의 계보학』, 연암서가, 2011)은 이 부분을 다음과 같이 번역하고 있다. "형벌은 죄지은 사람에게 **죄책감**을 일깨우는 가치를 지녀야 한다. 그래서 사람들은 '양심의 가책'이나 '죄의식'이라 불리는 저 정신적 반응의 본래적인 도구를 형벌에서 찾고 있다"(107쪽).

가공 없이는 존재할 수 없다. 약속의 효과 중 하나는 시간을 가로질러 존재하는 나를 생산하는 것이다. 그러므로 그와 같은 나를 가공하는 것은 약속의 역설적인 결과이다. 나와 나의 행위는 연속적인 것이 된다. 그러나 그 행위는 역설적이게도 그 행위의 연속성을 만들어 내게 된다.

양심의 가책이란 약속을 어기는 행위에 가담하는 내면성(interiority)의 가공이자 의지의 불연속성이다. 그러나 약속을 지키는 '나'는 연속적인 내면성의 가공에 의해 배양된 효과이다. 시간을 가로질러 자신의 말을 지키는 바로 나, 어떤 의지의 기억을 갖고 있는 나, 이미 나를 위해 만들어진 어떤 정신(psyche)을 지닌 나, 이런 내가 없이 약속하는 주체란 가능한 것일까?

니체는 "'양심의 가책의 시작'을 폭력에 의해서 잠재적으로 된[강제적으로 잠재화된] **자유의 본능**(Instinkt der Freiheit)"이라고 묘사했다 (87/325)[9]. 그러나 니체가 묘사한 자신의 감옥에서 자유의 흔적이란 어디에 있는가? 고통을 가하는 행위에서 취하는 즐거움, 즉 도덕의 이름으로, 도덕을 위해 자신에게 고통을 가하는 즐거움 속에서 찾을 수 있는가?[10] 앞에서 채권자에게 부여되었던 이러한 괴롭힘의 즐거움은,

---

9) [옮긴이] 『도덕의 계보학』, 68쪽. 이어지는 부분은 다음과 같다. "뒤로 억눌리고, 뒤로 물러난, 내면으로 갇혀서 끝내는 오직 자기 자신에게만 발산하고 드러나는 이 자유의 본능. 이것은, 오직 이것만이 자신의 시초에 있어서 양심의 가책이다."

10) [옮긴이] "양심의 가책을 만들고 부정적 이상을 구축하는데, 바로 이것이 저 자유의 본능 [니체―힘에의 의지]이다. 단지 이 힘의 폭력적이고 조형적인 본성이 나타내는 재료는 여기에서 바로 인간 자체일 뿐이고, 그의 오래된 동물적인 자기 전체일 뿐이다…. 이 은밀한 자기박해… 자기가 없는 자, 자기 자신을 부정하는 자, 자기 자신을 희생하는 자가 느끼는 쾌감은 처음부터 어떤 종류의 것이었는가. … 이 쾌감은 잔인함에 속한다. … 비로소 양심의 가책은, 비로소

사회 계약의 압력 속에서, 내부화된 즐거움, 자신을 박해하는 기쁨으로 변화한다. 따라서 양심의 가책의 기원은 자신을 박해할 때 취하는 기쁨이라 할 수 있는데, 이때 자신을 학대하는 존재는 학대의 궤도 바깥에 존재하지 않는다. 그러나 처벌의 내부화는 곧 자기 자신(the self)의 생산이며, 즐거움과 자유가 발견되는 곳도 바로 이 생산과정 안이다. 처벌은 자신(the self)을 생산할 뿐만 아니라 이 처벌의 생산성은 의지의 자유와 즐거움을 위한 장소, 의지의 가공 활동을 위한 장소가 된다.

예술적 기교의 특이한 변형(deformation)으로서 (물론 이 변형을 기교의 1차적 형성과 구분하기란 어렵다) 자기의식은 행위로 자기 자신을 표현하는 것이 막혔을 때 의지가 취하는 형식이라고 할 수 있다. 그러나 본능 또는 의지가 행동 속에서 자신을 표현하거나 발산하는 (discharge) 모델이 어떤 의미에서든 양심의 가책에 의한 자기방해적 표현보다 앞설 수 있는 것인가? 처음부터 양심의 가책을 가정하지 않는 약속의 모델은 있을 수 있는가? [『도덕의 계보학』의] 앞부분[11]에서는 귀족에게 있어 작품은 "본능적인 형식 창조와 형식 표현"이며 귀족은 "존재하는 예술가 중에서 가장 비자발적이며 가장 무의식적인 예술가들"이라고 묘사한 바 있다(86/325)[12]. 영혼은 정확히 어떤 폭력적인 예술이 그 자신을 대상으로 삼을 때 생산하는 것이다. 영혼, 정신(the

---

자기학대로 향하는 의지는 비이기적인 것의 가치에 대한 전제를 제공한다"(『도덕의 계보학』, 68~69쪽).

11) [옮긴이]『도덕의 계보학』, 67쪽. "그들, 이 천부적으로 조직하는 자들은 죄가 무엇인지, 고려가 무엇인지 알지 못한다. 그들 안에서는 저 무서운 예술가-이기주의가 지배한다. … 그들에게서 '양심의 가책'이 발생하지 않았다는 것은 처음부터 자명하다."

12)『도덕의 계보학』, 67쪽.

psyche)은 이러한 반성적 움직임 이전에는 존재하지 않는다. 그러나 반성적으로 자신에게 등을 돌리는 의지는 그 과정에서 정신적 삶의 은유학(metaphorics)을 생산한다.

우리가 자신에게 형태를 부여하는 것의 효과로 영혼을 이해한다면, 그리고 그 형태가 영혼과 동등한 형태를 띠고 있다면, 형태의 자기부여(self-imposition of form) 없이, 즉 자기 자신에 대한 도덕적 노동 없이, 시간을 가로질러 자신을 대표하는 '나', 지속적 의지 같은 것은 존재하지 않을 것이다. 니체는 이처럼 근본적으로 예술적인 형태의 양심의 가책의 생산, 즉 의지로부터 '형태'를 생산하고 또 의지의 '형태'를 생산하는 것이 "모든 이상적이고 상상적인 사건들의 [고유한] 모태"(87/326)[13]라고 묘사한다. 양심의 가책은 가공되어진다. 그러나 양심은 또한 모든 이상과 상상적인 사건[현상]들을 가공해 내는 것으로 인정받는다. 그렇다면 이제 예술적 기교가 양심의 가책에 선행하는 것인지 아니면 예술적 기교가 양심의 가책의 결과인지 묻는다면 그에 답할 방법이 있는가? 이 주체와 모든 기예의 비유적 토대인 (상상과 개념적 삶을 포함하여) '자신에 등을 돌리는 행위' 이전에 존재하는 어떤 것을 가정할 수 있는가?

만일 양심의 가책이 창조적이고 이상적인 현상을 만들어 낸다면, 니체의 유명한 계보학적 용어들 중에서 궁극적으로 양심의 가책에 귀속되지 않는 것을 생각하는 것은 어렵다. 실제로 양심의 가책의 계보학을 제시하려는 그의 시도는, 죄의식의 형성을 설명하기 위해 사용하

---

13) [옮긴이] 『도덕의 계보학』, 69쪽.

는 용어가 그 형성과정 자체의 효과로 판명될 때, 좌초하는 것처럼 보인다. 예를 들어 다른 곳에서 그는 의지 개념을 개념적으로 주어진 것으로 수용하는 것을 거부한 바 있다. 『선악을 넘어서』에서 니체는 "내가 보기에 의지[willing]란 단지 한 낱말에 불과한 것이지만 무엇보다도 **복합적인 것**"[14)]이라고 썼다. 의지(willing)가 철학적 개념의 지위에 오르고 나면 그것은 필연적으로 가상의 일종(a kind of fiction)이 된다. 이와 같은 점은 분명히 '본능' 개념에도 적용할 수 있을 것이고, 그뿐만 아니라 의지로부터 어떤 것이 도출되는 과정이나 다른 것으로부터 의지가 도출되는 과정을 연대기적으로나 순차적으로 설명하려는 노력에도 적용할 수 있을 것이다. 우리는 "원인과 결과를 단지 순수 개념, 말하자면 이해를 쉽게 하고 의사소통을 원활하게 하기 위해 만들어 낸 [관]습적인 허구로서 받아들여야지 사실의 규명에 사용해서는 안 된다."[15)] 니체는 『도덕의 계보학』에서 개념화는 어떤 탈출의 약속(as the promise of a certain escape)으로서 고문의 계보학으로부터 출현한다고 반복해서 말하고 있다. [즉] 그는 개념들은 고문으로부터 해방을 얻기 위한 노력이라고 쓴다. 『도덕의 계보학』에 제시된 개념적 장치는 이와 같은 묘사에 연루되는 것일까? 니체의 텍스트도 결국 자신의 생명을 양심의 가책에 빚지고 있지만 양심의 가책으로 인한 고문으로부터

---

14) Friedrich Nietzsche, *Beyond Good and Evil*, trans. Walter Kaufmann, New York: Random House, 1966, p.25; *Jenseits von Gut und Böse*, in Nietzsche, *Sämtliche Werke: Kritische Studienausgabe in 15 Einzelbänden*, ed. Giorgio Colli and Mazzino Montinary, vol.5, p.32[『선악을 넘어서』, 김훈 옮김, 청하, 1982, 41쪽].

15) Nietzsche, *Beyond Good and Evil*, p.29; *Jenseits von Gut und Böse*, p.36[『선악을 넘어서』, 44~45쪽].

벗어나려는 노력이란 말인가?

　　모든 상상적 현상이 이와 같이 폭력적인 내면화의 결과라면, 계보학적인 설명은 이런 현상들 중에 하나, 즉 계보학이 말하고자 했던 내러티브의 내러티브적 효과라고 할 수 있다. 내러티브의 가면을 벗기는 행위는 불가피하게 다시 가면을 씌우는 행위이다. 실제로 힘의 금지(the inhibition of strength)에 대립시켰던 [바로] 이런 창조성은 근본적으로 그 금지에 의존하고 있다. 이러한 의미에서 억압은 약속하는 존재와 (계보학과 같은 개념적 허구를 포함한) 허구의 작가 모두를 보증하거나 또는 보장하는 것처럼 보인다. 약속에 귀속된 의지의 통일성은 그 자체로 억압과 망각의 **효과**이다. 이는 억압에 선행하지만 억압에 의해 다시 나타나지 못하게 될 만족을 기억하지 못하는 것의 **효과**인 것이다.

프로이트, 나르시시즘, 그리고 규제

이 마지막 절에서 나는 사회적 규제의 문제로 돌아가고자 한다. 그러나 정신에 작용하는 사회적 규제가 아니라, 정신과 욕망의 형성에 공모하는 사회적 규제에 대해 논할 것이다. 이를 위해 나는 프로이트로 우회할 것을 제안한다. 그리고 그 과정에서 양심에 대한 프로이트의 논의에 니체적인 울림이 있다는 것이 곧 명확해질 것이다.

　　억압의 우선성을 가정하는 순간 우리의 논의는 즉시 프로이트에게로 연결되고 그 과정에서 처벌의 문제를 양심과 사회적 예속화와의 관계 속에서 재고할 필요성을 느끼게 된다. 만일 이러한 예속화가 기계적인 것이 아니며 또 단순한 내부화의 효과가 아니라고 한다면, 어떻게 사회적 규제와 자기 예속화의 담론을 분리하지 않으면서 예속화 과정에 정신적인 것이 개입하는 과정을 이해할 수 있을까? 나르시스적인 처벌 애착을 배양하는 것이 어떻게 사회적 규제의 힘이 (그 발생과 관계가 없는[무차별적인]) 자기반성에의 나르시스적인 요구를 이용할 때 사용하는 수단이 될 수 있을까?

나는 이 같은 나르시시즘의 함의가 이미 니체의 저작에서도 작동하고 있다고 생각한다. 무에의 의지로 이해되는 금욕적 이상은 모든 고행(suffering)을 죄로 해석하는 한 방법이다. 죄가 인간 욕구의 특정한 대상을 부정하는 방식으로 작동하는 것이지만, 그것이 욕구하는 인간으로서의 성격을 없애 버리지는 못한다. 죄의 명령에 따르면, 인간은 단지 무엇인가를 원하기만 하면 된다. 그리고 그가 무엇을, 왜, 어떻게 원하는지는 문제가 되지 않는다. 의지 그 자체가 구원을 받은 것이다.(162/411)[16]

프로이트는 그의 신경증 분석에서 이와는 다르게 신경증 분석에서 리비도의 만족을 방해하는 것을 목표로 삼는 금지에 대한 정념적 애착으로 나르시시즘을 이해한다. 그러한 방해가 억압을 구성하는 곳

---

16) [옮긴이] 『도덕의 계보학』, 113쪽. '금욕적 이상은 인류에게 하나의 의미를 제공했다. 금욕적 이상은 지금까지 유일한 의미였다. 어떤 의미는 … 아무 의미도 없는 것보다는 낫다. 금욕적 이상은 모든 점에서 볼 때, 지금까지 존재했던 최상의 '어쩔 수 없이'(faute de mieux)였다. … 모든 것에도 불구하고 인간은 해석에 의해서 구원을 받았고 의미를 가졌으며, 그는 그 이후로 더 이상 바람에 날리는 나뭇잎 같은 것이 아니었고 불합리나 '무의미'의 놀이 공과 같은 것은 아니었다. 인간은 이제부터 어떤 것을 바랄 수 있었다. … 어디로, 무엇 때문에, 무엇을 가지고 인간이 바랐는지는 중요하지 않다. 의지 자체가 구출되었다.'

에서 억압은 자신이 방해하려 했던 리비도에 의해 유지된다. 신경증에서 육체적 충동의 윤리적인 규제는 그 충동 자체의 초점이자 목표가 된다. 우리는 여기서 반성적 예속 구조를 형성하는 예속화로의 애착을 이해하게 된다. 의도된 것은 아니지만 부정되는 충동은 바로 그 부정 활동에 의해 **보존된다.**

리비도가 법의 검열을 거쳐 그 법을 유지하는 정동(affect)으로 다시 출현하는 과정을 묘사할 때, 프로이트에게서 니체의 울림을 찾아볼 수 있다. 리비도의 억압은 항상 리비도적으로 투자된 억압으로 이해된다. 그러므로 리비도는 억압과정에서 절대적으로 부정되는 것이 아니라, 오히려 [그 과정에서] 자신을 예속화하는 도구가 된다. 억압적인 법은 그것이 억압하고자 하는 리비도 외부에 있는 것이 아니다. 오히려 억압적 법은 억압이 리비도적인 행위가 되는 한에서 억압한다. 더욱이 도덕적 금지, 특히 그의 육체에 등을 돌리는 금지는, 그 금지가 구속하려 하는 육체적 활동에 의해 유지된다.

욕망하고자 하는 욕망은 정확히, 지속적으로 욕망할 수 있는 것이 가능한 한에서, 욕망을 폐제하는 것을 욕망하려는 의향(willingness)이다. 욕망을 위한 욕망은 사회적 규제의 과정에서 착취된다. 그 이유는 스스로 사회적으로 인정받기 위한 조건(terms)이 곧 규제를 받으며 사회적인 실존을 얻기 위한 조건과 같은 것이라면 존재를 확증한다는 것은 곧 자신의 종속에 굴복하는 것과 같은 것이기 때문이다. 이는 유감스러운 구속(sorry bind)이라고 할 수 있다. 그 자신이 의도한 것은 아니지만 정확히 어떻게 이러한 애착에 대한 나르시스적인 애착이 사회적 규제의 우울증에 의해 이용되는지에 대한 고찰이 프로이트가 제시한 동성애의 억압, 양심 및 시민성에 대한 고찰들 속에 명확히 제시되어 있다. 「편집증의 메커니즘」에서 프로이트는 동성애적 욕동의 억압을 사회적 감정의 생성과 연관시킨다. 이 글의 마지막 부분에서 그는 동성애적 욕동이 사회적 본능을 구성하도록 돕고, 그러므로 우정과 동료애에, 단체정신(esprit de corps)에, 나아가서 인류애 일반에 에로스적인 요소를 첨가한다고 언급한 바 있다[17]. 또 「나르시시즘에 대하여」의 마지막 부분을 사회적 감정의 발생 논리를 구체화하고 있는 것으로 해석할 수도 있다. 그는 여기서 자아이상이 사회적 측면을 지니고 있다고 쓴다. "자아이상은 바로 한 가족의 공통이상이기도 하고 한 계급이나 민족의 공통이상이기도 한 것이다. 자아이상은 한 개인의 나르시시즘적 리비도를 구속할 뿐만 아니라 상당한 양의 동성애적 리비도도 구속한다. 이런 식으로 동성애적 리비도는 다시 자아로 귀속된다. 그런데 이런 이상을 실현시키지 못한 결과로 생겨난 불만족은 동성애적 리비도를 방출시키며, 그렇게 방출된 리비도는 죄의식(사회적 불안)으로 전환된다."[18] 부모의 처벌에 대한 두려움이 동료의 사랑을 잃는 것에 대한 두려움으로 일반화될 때, 동성애가 죄의식으로 전화하고, 그로 인해 동성애가 사회적 감정의 토대로 전화한다. 편집증은 이와 같은 사랑이 항상 일관되게 철회되는 것으로 (재)상상되는 방

---

17) Sigmund Freud, 'On the Mechanism of Paranoia', third section of "Psycho-Analytic Notes on an Autobiographical Account of a Case of Paranoia(Dementia Paranoides)," *The Standard Edition of the Complete Psychological Works of Sigmund Freud*, ed. and trans. James Strachey, 24 vols., London: Hogarth, 1953~74, vol.12, p.31.

18) Sigmund Freud, "On Narcissism: An Introduction," *Standard Edition*, vol.14, pp.73~104[『정신분석학의 근본 개념』, 41~85쪽].

식이라고 할 수 있다. 그리고 역설적이지만, 승화나 동성애의 내향화 (introversion)를 유발했던 것은 바로 그 사랑을 잃는 것에 대한 두려움이었다. 그러나 실제로 이 승화는 보이는 것처럼 도구적인 것은 아니다. 그 이유는 동료의 사랑을 얻기 위해 동성애를 부정하는 것이 아니라, 그런 부정을 **통해서만**, 동성애가 성취되고 또 억제될 수 있기 때문이다.

프로이트의 저작에서 이와 같은 논의가 더욱 명확해지는 곳은 양심의 구성을 다루고 있는 『문명 속의 불만』인데, 이 저작에 의하면 양심에 의해 규정되고 접합되는 것으로 일컬어지는 동성애의 금지가 오히려 [그 반대로] 양심을 하나의 정신 현상으로 근거 짓고 구성한다. 욕망의 금지는 자신에게 등을 돌리는 욕망이고, 이 자신에게 등을 돌리는 행위는 바로 그 시작, 즉 '양심'이라는 용어를 통해 실체를 갖게 되는 행위가 된다. 『문명 속의 불만』에서 프로이트는 우선 양심(보다 정확히 말하면, 나중에 양심으로 변모하는 불안)이 실제로 본능의 포기의 원인이지만, 후에 그 관계가 역전된다고 썼다.[19] 모든 본능의 포기는 양심의 역동적인 근원이 되었고, 새로운 포기는 모두 양심의 엄격함과 편협함을 증가시킨다.[20]

---

19) [옮긴이] 프로이트는 죄책감의 근원으로 ①권위자에 대한 두려움과 ②초자아에 대한 두려움이라고 설명한다. 처음에는 "권위자에게 공격당할지도 모른다는 두려움 때문에 본능을 자제"하지만 이후 "내면 권위자가 확립되고, 내면 권위자에 대한 두려움, 즉 양심의 가책 … 때문에 인간은 본능을 자제한다." 버틀러는 여기서 두번째 요소에 주목하고 있다. 하지만 프로이트가 초자아 형성에 타고난 기질적 요소와 현실적 환경의 영향이 함께 작용한다고 지적하고 있다는 점에도 주목할 필요가 있다(『문명 속의 불만』, 311쪽).
20) Freud, *Civilization and Its Discontents*, p.84.

프로이트에 의하면, 양심의 순환적 경로를 특징짓는 자기부가적 명령은 이제 원래 그 명령이 금지하려고 했던 것을 즐길 수 있는 장소가 되기 때문에 추구되고 응용된다. 다시 말하면, 금지는 법의 비난 아래서 본능을 다시 되살리는 기회가 된다. 금지는 금지된 욕망을 재생산하고, 금지가 초래하는 포기를 통해 더욱 강화된다. 금지된 욕망의 사후 세계는 금지를 통해 발생한다. 그러므로 금지란 욕망을 지탱할 뿐 아니라, 금지가 포기하라고 강요했던 욕망에 의해 지탱된다. 욕망은 절대 포기되지 않으며, 그 포기의 구조 속에서 확립된다.

이 예는 시작할 때 다루었던 비유(trope)의 문제로 우리를 되돌려 놓는다. 자신을 향해 되튀는 육체나 자신의 욕망에 대해 생각하면서 자신을 향해 되돌아가는 육체처럼 자신에게 등을 돌리는 양심의 모습이 바로 그것인데, 이때 육체에게 있어 육체의 욕망은 되튐의 자세(posture of recoil)[21]로 징후화된다. 따라서 양심은 자기 자신을 대상으로 삼는 육체의 모습으로 형상화[비유]되거나, 또는 영원한 부정적 나르시시즘의 모습이나 나르시스적으로 조장된 자기 책망으로 (따라서 나르시스적인 단계로 잘못 동일시된) 강제된 육체의 모습을 한 것으로 형상화된다.

이제 이 장을 마치며 미군 내에서 동성애를 규제하려는 노력이 어떻게 남성적 주체를 규정하는 역할을 하는지 살펴보도록 하자. 남성적 주체는 발화행위를 통해 **포기**를 드러내면서 그의 정체성을 축성한다.

---

21) [옮긴이] 외부의 대상을 지배하거나 통제하는 욕망이 아니라 이제 자신(자신의 육체)을 통제하려는 욕망이 그 예라고 할 수 있다. 욕망은 사회적인 것을 매개로 자신의 육체를 향한다(육체를 향해 되튄다).

예컨대, '나는 동성애자이다'라고 말하는 것은 그것이 약속인 한에서 그리고 '나는 행할 마음은 없다'라는 것을 함의하는 한에서 별 문제를 일으키지 않는다. 이는 약속을 통해 동성애성의 규제에 응하는 것이라고 할 수 있는데, 이때 동성애성은 육체가 자신의 포기를 발화하는 순환적 자세 안에서 그리고 이러한 순환적 자세를 통해 억압되고 유지된다. 그러나 이러한 수행적 발화는 그것이 강제된 것일지라도 역경에 부딪히게 된다. 다른 식으로 표현하자면 이러한 수행적 발화는 단지 문장의 반만을 암송하며 약속을 변형시키고, 침묵을 지키며 저항으로써 고백을 재형성한다. 이 저항은 이 저항이 강제되는 권력에서 나오는 것이고 또 그 권력에 반하는 것이다. 이러한 규제권력의 단락(short-circuit)은 덜 규칙적인 자유를 향한 탈윤리적(postmoral) 제스처의 가능성을 구성한다. 이는 계율화하기 어려운 가치들의 집합이라는 관점에서 도덕의 가치에 의문을 제기하는 탈윤리적 제스처의 가능성이라고 할 수 있다.

3장 _ 예속화, 저항, 재의미화

프로이트와 푸코 사이에서

> 본질적으로 나의 문제는 우리가 자신을 죄수로 파악하게 되는 함축적 체
> 계에 대한 정의의 문제이다. 즉 내가 이해하고자 하는 체계는 우리가 알지
> 못하고 실천하는 한계와 배제의 체계인 것이다. [이러한 논의를 통해] 나
> 는 문화적 무의식을 명백히 드러내고자 한다.—푸코,「배제의 의식(儀式)」
> (Rituals of Exclusion)

『감시와 처벌』에서 푸코가 죄수의 주체화 양식이라고 묘사한 역설적
인 특징에 대해 생각해 보자. '주체화'(subjectivation)라는 용어는 그
자체로 역설적인 함의를 담고 있다. 'Assujetissment'은 '주체로 되기'
와 '예속화(subjection) 과정'을 모두 지칭한다. 즉 어떤 권력에 예속되
어야만 개인은 자율성의 형상을 가질 수 있게 된다. [이때] 예속화란 발
본적인 의존성(radical dependency)을 함의한다.『감시와 처벌』에서
죄수는 죄와 위반의 기호, 금지의 체현물이자 정상화 의식(儀式)[의례儀
禮]에 대한 제재(sanctions)로서 나타나지만 또한 법적 주체의 담론적
매트릭스 속에서 그 틀이 만들어지고 형성되는 것으로 이해된다. 담론
이 육체를 '형성한다'는 주장은 그리 단순한 주장이 아니다. 무엇보다
도 '형성'(forming)이 '원인'(causing)이나 '결정'(determination)과 어
떻게 다른 것인지 설명해야만 한다. 하물며 육체가 담론에 의해 구성
된다고 하는 개념(notion)이 순수하고 단순하지 않다는 것 또한 두말
할 필요 없다.[1]

푸코는 어떤 기관이 이미 존재하는 한 개인을 종속화 대상으로 삼

는 것과 같은 방식으로 죄수가 외부의 권력관계에 의해 규제되는 것은 아니라고 설명한다. 오히려 그와는 반대로 개인은 담론적으로 구성되는 정체성을 매개로 죄수로 형성되거나 정식화된다. 말 그대로 예속화란 주체의 **구성과정**이자 주체가 정식화되거나 생산되는 규제원리라고 할 수 있다. 그러한 예속화란 지배의 형식으로서 개인에게(act on) 일방적으로 작용하지만, 또한 주체를 **작동시키거나** 형성하는 권력의 일종이다. 그러므로 예속화란 단순히 주체의 지배나 그 생산을 의미하는 것이 아니라 생산과정에서의 제약을 지칭한다. 이 제한이 없다면 주체는 생겨날 수 없다. 이 제한과정이 곧 [주체의] 생산과정인 것이다. 비록 푸코가 종종 역사적인 **법** 권력(주어진 주체에 작용하고, 규제하는 권력)이 생산적 힘, 즉 주체를 생산할 수 있는 권력의 힘에 **선행**한다고 주장했지만, 이와 같은 죄수의 논의를 보면, 생산된 주체와 규제되거나 예속된 주체가 하나라는 점, 강제적 생산이 자기 자신의 규제 형식이라는 점이 명확해진다.

푸코는 감옥이라는 외부 기관(exterior institution)이 의미하는 예속화는 죄수의 신체로의 침입 및 죄수 신체의 관리 없이 작용하지 않을 것이라는 이유를 들며 감옥의 억압적인 제한으로부터 죄수를 해방시키자고 하는 자유주의적 전통에 속한 자들에게 경고를 보낸다. 신체의 관리 및 신체로의 침입이란 푸코가 감옥의 의미실천들(signifying practices)에 의한 완전한 신체 장악 및 신체 침입이라고 묘사한 것이

---

1) 이후의 논의는 내 책 *Bodies that Matter: On the Discursive Limits of "Sex"*(New York: Routledge, 1993)의 1장을 차용하고 확장하는 것이다(pp.33~36)[『의미를 체현하는 육체』, 김윤상 옮김, 인간사랑, 2003, 75~80쪽]

다. 다시 말해 이는 시찰, 고백, 신체 운동 및 제스처의 규준화와 정상화, 신체의 훈육체제들을 의미하는데, 페미니스트들은 젠더의 생산을 정교화할 때 이 같은 푸코의 논의를 참조하게 되었다.[2] 감옥은 죄수의 신체에 작동한다고 말할 수 있다. 하지만 그것은 죄수가 어떤 이상, 행동규준, 복종의 모델에 접근하도록 강제하는 한에서 그렇게 작동한다. 이러한 과정을 통해서 죄수의 개인성이 일관성을 띠게 되고, 총체화되고, 감옥의 담론적·개념적 소유 안으로 들어가게 된다. 푸코가 주장하듯이, 이것은 또한 "그[죄수가] 스스로 예속화의 원칙이 되어 가는" 과정이라고 할 수 있다.[3] 이렇게 죄수에게 주입된 규범적 이상은 일종의 정신적 정체성(psychic identity)으로 푸코는 앞으로 이를 '영혼'이라 부르게 된다. 영혼이 투옥효과(imprisoning effect)이기 때문에 푸코는 죄수가 감옥에 의한 공간적인 속박보다 더 근본적인 방식으로 예속되어 있다고 주장한다. 실제로 이어지는 논의에서 영혼은 일종의 공간적인 포획으로, 즉 죄수 육체에 외현적 형식 또는 규제 원칙을 제공하는 감옥으로 그려진다. 이는 "우리들이 말하고 있는 그 인간, 우리가 해방시키려는 그 인간의 모습이야말로 이미 그 자체로 그 인간보다 더 깊은 곳에서 행해지는 예속화의 효과이다…. 영혼은 육체의 감옥이다" (30)[4]라는 푸코의 정식화에서 더욱 명확해진다. 여기서 푸코가 죄수의

---

2) Sandra Bartky, *Femininity and Domination,* New York: Routledge, 1990.

3) Foucault, *Discipline and Punish: The Birth of Prison*, p.203; *Surveiller et punir: Nassance de la prison*, p.202[『감시와 처벌』, 314쪽. "권력의 효과와 강제력은 말하자면 다른 쪽으로 … 옮겨가게 되었다 … 그는 권력관계를 내면화하여 1인 2역을 하는 셈이다. 그는 스스로의 예속화의 원칙이 된다"].

4) [옮긴이] 괄호 안은 『감시와 처벌』 영어판의 쪽수이다. 국역본 해석은 다음과 같다. "사람들이

주체화를 구체화하고 있기는 하지만, 그는 또한 육체의 주체화를 이론화하기 위해 감옥이라는 비유(figure)를 특권화해 사용하고 있는 것처럼 보인다. 주체화 과정, 정체성의 담론적 형성을 접합하는 과정에서 푸코가 특권적으로 사용하고 있는 투옥과 침입이라는 은유를 우리는 어떻게 이해해야 할까? 만일 개인에게 철저히 침투하고 개인을 총체화하고 또 개인이 일관성을 띠도록 만드는 규제 원리를 제공하고 강화하는 방법을 통해 담론이 정체성을 생산하는 것이라면 모든 '정체성'은 총체화의 역할을 수행하는 한에서 정확히 "육체를 감금하는 영혼"으로서 작동한다고 볼 수 있을 것이다. 어떤 의미에서 영혼이 죄수 그 자신보다 '더욱더 심오하다'고 할 수 있는가? 이것은 영혼이 자신[영혼]에게 생명을 불어넣는 육체에 앞서 이미 존재한다는 것을 의미하는가? 푸코의 권력 이론의 맥락에서 이와 같은 주장을 어떻게 이해해야 하는가?

직접 답을 제시하기보다 명확한 해명을 위해 푸코가 감금의 이론틀로서 접합한 '영혼'을 정신분석학의 정신(psyche) 개념과 대치시켜 보는 것이 좋을 것이다.[5] [정신분석학적] 정신[개념]에서 주체의 이상(ideal)은 자아이상(ego-ideal)과 조응하는데, 이때 초자아가 자아를 측정하기 위해 사용하는 것이 이른바 자아이상이다. 라캉은 상징계 내

말하고 있는 인간, 그리고 사람들이 해방시키려고 노력하고 있는 그 인간의 모습이야말로 이미 그 자체에서 그 인간보다도 더 깊은 곳에서 행해지는 [예속화(assujettissement)의] 효과인 것이다. … 영혼의 … 신체의 감옥이다"(『감시와 처벌』, 62쪽).
5) 무의식을 포함하는 정신(the psyche) 개념과 무의식의 배제에 의해 그 형성이 조건지어지는 주체를 구분하는 것은 중요하다.

'주체'의 위치[자리]라는 관점에서, 즉 언어 및 인지 가능한 문화적 도식 안에 주체를 배치하는 규범이라는 관점에서 이러한 이상을 재기술하였다. 이와 같은 가능성을 지닌 인지 가능한 존재가 생산될 때는, 즉 주체가 생산될 때는, 항상 일정한 대가가 치러져야 하는데, 그 대가란 주체가 만들어지는 과정에서 저항하는 요소는 무엇이든지 간에 무의식적인 것으로 남아야 한다는 것이다. 그러므로 무의식을 포함하는 정신(psyche)은 주체와 아주 많이 다른 것이다. 정신은 정확히 일관된 정체성 속에 머물러야 하며 일관된 주체가 되어야 한다는 담론적인 요구의 감금효과를 초과하는 그 무엇이다. 정신은 푸코가 정상화 담론의 효과라고 생각했던 규칙화(regularization)에 저항하는 어떤 것이다. 이러한 담론들은 육체를 영혼 속에 가두고, 그 이상적인 틀 안에서 육체에 생명을 불어 넣거나 육체를 봉쇄하며, 또 그렇게 하는 한에서 정신 개념을 외부에서 틀을 만들고 정상화하는 이상(ideal)의 작용으로 환원한다고 말할 수 있을 것이다.[6] 이러한 푸코적인 움직임은 라캉적 상징계의 일방적인 효과를 수용하는 것처럼 정신을 다루고 있다. 육체를 감금하는 외부의 틀로서 영혼의 전위는, 육체의 내재성을 훈육 권력의 일방적인 효과를 받아들이는 유순한 표면으로 만들면서 육체의 내부

---

6) 어떻게 규범이 주체화(subjectivate)를 위해 작동하는지 그리고 특히 규범이 어떻게 타동적 행위로 이해될 수 있는지에 대한 풍성하고 확장된 논의는 Pierre Macherey, "Towards a Natural History of Norms" in Timothy J. Armstrong, trans. and ed., *Michel Foucault and Psychoanalysis*, pp.58~63. 라캉에 대한 푸코의 간접적인 언급은 같은 책에 실린 Jacques-Alain Miller의 글 "Michel Foucault and Psychoanalysis"(pp.58~63)를 참조. 윤리적 요구와 윤리적 요구가 소구되는 주체성 사이의 동학의 문제는 매우 유용한 푸코와 라캉의 비교연구인 John Rajchman, *Truth and Eros: Foucault, Lacan, and the Question of Ethics*(London: Routledge, 2010)를 참조.

(내면성)를 비워 낸다.

　　나는 지금 정신분석학적인 푸코 비판으로 어느 정도 이동해 가고
있는데, 그 이유는 내가 생각하기에 제한이나 금지의 구성적·발생적
효과에 대한 정신분석학적인 설명 없이 주체화(subjectivation)나 스
스로 자신의 예속화(subjection) 원칙이 되어 가는 과정을 설명하는 것
이 (후자의 경우 특히 더) 불가능하기 때문이다. 더욱이 역설적으로 [주
체의 형성을] 가능하게 하는 근본제약(grounding constraint)에 대한 이
해 없이 주체의 형성을 완전하게 설명하는 것은 (심지어는 설명을 시도
하는 것조차) 불가능하기 때문이다. 그러나 나는 이러한 비판을 정교
화하는 과정에서 무의식을 필연적인 저항으로 정의하는 낭만주의적
인 무의식 개념을 면밀히 검토할 것이다. 그리고 이러한 비판은 푸코
적 관점의 재출현을 정신분석학의 틀 안에 초래하게 될 것이다. 푸코
의 저작 속에 나타난 억압된 정신분석학이라는 문제는——이 장의 앞
에서 인용된 '문화적 무의식'에 대한 제사(題辭)에서 푸코가 제기한 문
제—— 저항을 어디에 위치시킬 것이며 또 저항을 어떻게 설명할 것인
가의 문제로 바꾸어 보다 정교하게 읽어 볼 수 있다. 훈육적 주체형성
에 대한 저항 또는 그 안에서의 저항은 어디에서 발생하는 것일까? 정
신분석학적으로 풍요로운 개념인 정신을 감금효과로 환원하는 것은
정상화 및 주체형성에 대한 저항의 가능성, 정확하게 정신과 주체의
공약불가능성(incommensurability)으로부터 출현하는 저항의 가능성
을 지워 버리는가? 그러한 저항을 어떻게 이해해야 하는 것일까? 이와
같은 이해는 정신분석학에 대한 비판적 재사고를 의미하는가?

　　앞으로 이어질 논의에서 나는 두 개의 질문을 다루려고 한다. 그

하나는 푸코와 관련된 것이고 다른 하나는 (프로이트와 라캉 모두에게 다양하게 적용될 수 있는) 정신분석학과 관련된 것이다.[7] 첫째, 만일 푸코가 정신을 정상화를 위해 작용하는 감금효과로 이해했다면, 그는 어떻게 정상화에 대한 정신적 저항을 설명할 수 있는가? 둘째, 정신분석학 지지자가 정상화에 대한 저항이 무의식의 작용이라고 주장할 때, 이런 정신적 저항에 대한 확신은 단지 교묘한 속임수에 불과한 것이 아닌가? 조금 더 정확히 말하자면, 정신분석학이 주장하는 저항은 사회적·담론적으로 생산된 것인가 아니면 사회적·담론적 생산 그 자체의 토대를 해치는 저항인가? 무의식은 언제나 항상 정상화에 저항한다는 주장, 즉 문명의 명령에 순응하는 모든 의식은 대가를 치러야 한다는 주장, 또 그렇기 때문에 아직 이용되지 않고 사회화되지 않은 잔여물이 생산되고, [그 잔여물이] 법을 준수하는 주체의 출현과 경쟁한다는 주장에 대해 생각해 보자. 이러한 정신적 잔여물은 정상화의 한계를 의미한다. 이러한 입장은 저항이 담론적 요구 조건, 정상화가 발생하는 훈육적 명령 등을 수정하고 재접합할 수 있도록 힘을 행사할 수 있음을 함의하는 것은 아니다. 온순한 육체를 생산하라는 명령을 방해하는 것이 그 명령을 뒤흔들거나, 주체를 구성하는 조건을 바꾸는 것과 똑같다고 할 수는 없다. 만일 무의식을 저항으로 정의한다면, 또는 보다 일반적으로 정신을 저항으로 정의한다면, '예속화에 대한 무의식적인 애착'을 어떻게 이해할 수 있을까? 예속에 대한 무의식적인

---

7) 이는 정신분석학이 이 두 인물에 의해 대표될 수 있음을 의미하는 것은 아니다. 그러나 이 책에서는 이 두 인물에 초점을 맞출 것이다.

애착은 주체가 그러한 것처럼 무의식도 더 이상 정상화 담론으로부터 자유롭지 않음을 의미한다. 만일 무의식이 주어진 규범적 명령에서 도망칠 수 있다면, 무의식은 다른 어떤 명령에 애착을 형성할까? 우리가 보통 주체의 언어에 비해 무의식이 문화적 기표들에 널리 퍼져 있는 권력관계에 의해 덜 구조화되어 있다고 생각하는 이유는 무엇일까? 우리가 만일 무의식의 차원에서 예속화에 대한 애착을 찾을 수 있다면, 그로부터 어떤 형태의 저항을 끌어낼 수 있을까?

만일 정상화 명령에 대한 무의식적 저항으로 인해 주체를 완전히 구성하려고 하는 명령이 실패할 수밖에 없는 것이라면, 그러한 저항은 주체형성에 대한 지배적인 명령이나 호명을 수정하고 확장하는 방식으로 작동할 수 있을까? 저항이 만일 기존의 틀을 흔들기는 하지만 주체가 구성되고 또 바로 그 주체의 형성과정에서 예속화가 자리 잡게 되는 조건들(라캉의 언어로 표현하자면 상징적 조건들)을 재접합하는 데에는 힘을 발휘하지 못한다면, 우리는 그 저항을 어떻게 이해해야 할까? 이러한 저항은 훈육적 방법을 통해 주체를 생산하려는 그 어떤 노력도 완전할 수 없다는 것을 드러내 보이고 있다. 하지만 이는 또한 생산적 권력의 지배적 조건을 재접합하지 못한 채로 머물러 있다.

그러나 정신분석학에 대한 심문을 계속 이어나가기 전에 여기서 잠시 신체라는 푸코의 문제의식으로 되돌아가 보도록 하자. 훈육 체제에서 생산된 신체들에겐 왜 그리고 어떻게 해서 저항이 부인되는가? 이 훈육적 생산이란 개념은 무엇이며, 그것은 푸코가 예상한 것만큼 효과적으로 작동하는가? 『성의 역사』 1권 마지막 장에서 푸코는 신체에서 가장 물질적이고 생명에 중요한 요소들이 투자되는 방식을 연구하는 '몸의 역사'(history of bodies)의 필요성을 **강조한 바 있다.**[8] 이 정식화에서, 그는 권력은 신체에(act on) 작용할 뿐 아니라 신체 안에서도 (act in) 작용한다고 주장한다. 즉 권력은 주체의 경계를 생산할 뿐만 아니라 그 주체의 내부에도 스며들어 있는 것이다. 이 마지막 정식에 따르면 권력이 침투하기 이전에 존재하는 신체에 어떤 '내부'가 존재한다. 그러나 영혼의 근본적인 외면성을 고려할 때 우리는 어떻게 푸코의 내면성을 이해할 수 있을까?[9] 그 내면성은 영혼이 아닐 것이며 정신(psyche)도 아닐 텐데 그렇다면 이 내면성은 도대체 무엇이란 말인가? 사회화의 요구에는 순응할 준비가 되어 있는 그런 순수 가단성[순응성malleability]의 공간인가? 이 내면성을 단순히 육체라고 부를 수 있을까? 이는 푸코가 영혼이 외부 형식이고 육체는 내부 공간이라고 부를 만한 그러한 역설적인 공간에 다다른 것일까?

푸코가 종종 권력관계를 통하지 않고 생산되는 육체의 가능성을 반박하기를 원하기는 했지만 그의 설명은 때때로 자신의 투자 장소(site)로 간주하는 권력관계와 존재론적으로 구분되는 물질성을 띠고 있는 것으로 육체를 다룰 것을 요구한다.[10] 겉으로 보기에 '장소'라

---

8) Michel Foucault, *The History of Sexuality, Volume 1: An Introduction*, tr. Robert Hurley, New York: Random House, 1978, p.152; *Histoire de la sexualité: La volonte de savoir*, Paris: Gallimard, 1978, p.200[『성의 역사 1』, 이규현 옮김, 나남, 2004, 169~170쪽].

9) 찰스 테일러가 푸코에게 아우구스트적인 내재성(inwardness)이 있는가 물었는데, 이는 위 질문을 다른 방식으로 제기한 것으로 볼 수 있다. 찰스 테일러의 글 "Foucault on Freedom and Truth," in David Couzens Hoy, ed., *Foucault: A Critical Reader*, New York: Blackwell, 1986, p.99를 볼 것. 윌리엄 코널리(William Connolly) 또한 그의 책 *The Augustinian Imperative*(Newbury Park, Calif.: Sage Press, 1993)에서 이 문제를 흥미롭게 다루었다.

10) 나의 글 "Foucault and the Paradox of Bodily Inscriptions," *Journal of Philosophy* 86, no.11(November 1989), pp.257~279 참조.

는 용어는 실로 어떤 보증도 없이 나타난다. 장소로서 육체와 그 장소가 수용하거나 담지하고 있다고 일컬어지는 투자의 관계는 어떤 것일까? '장소'라는 용어는 "어떻게 투자가 그 구절[투자와 육체의 관계를 나타내는 구절]이 당연하게 육체의 '장소'로 여기는 것을 정립하고, 그 윤곽을 정하고 또 그것을 혼란스럽게 하는가"라는 질문을 굴절시키면서(다시 말해, '장소'라는 용어는 라캉의 '거울 단계' 프로젝트를 굴절시키는가?) 투자와의 관계 속에서 육체를 안정시키는 것은 아닌가? 무엇이 투자를 구성하고, 이를 구성하는 권력이란 무엇일까? 이는 시각화 기능을 지니고 있는가? 그리고 프로이트의 '육체적 자아(bodily ego)의 생산'[이라는 개념]을 투자의 투영적(projected) 양식이나 공간적 양식(modality)으로 이해할 수 있을까?[11] 육체의 장소는 어느 정도 투영적 불안정성(projected instability)을 통해 안정되는 것일까? 투영적 불안정성은 푸코가 잘 묘사할 수는 없었던 것이지만, 이를 매개로 그를 상상적 기능으로서 자아라는 문제들과 연관시켜 볼 수도 있을 것이다.

『감시와 처벌』은 물질성과 투자의 관계에 대해 다른 구성을 제시한다. 여기서 영혼은 육체가 양성되고 구성되는 권력의 도구로 여겨진다. 어떤 의미에서 영혼은 육체를 생산하고 현실화하는(actualize) 권력준거적 도식(power-laden schema)으로 작동한다. 우리는 영혼에 대한 푸코의 논의가 영혼을 육체의 물질(body's matter)의 형식 및 원리로 이해하는 아리스토텔레스적인 정식화를 함축적으로 재가공하고

---

11) 육체적 에고에 대한 프로이트의 논의를 참조하라. "The Ego and the Id," *The Standard Edition*, vol.19, p.26, and in Margaret Whitford, *Luce Irigaray: Philosophy in the Feminine*, London: Routledge, 1991, pp.53~74.

있다고 이해할 수도 있다.[12] 『감시와 처벌』에서 푸코는 영혼은 육체가 훈련되고 양성되고 투자되는 기준으로서 규범적·정상적 이상이 된다고 주장한다. 이것이 바로 육체가 물질화되는 역사적으로 구체적인 상상적 이상(imaginary ideal, idéal speculatif)이라고 할 수 있다.

이와 같은 예속화 또는 'assujetissement'은 단순한 종속(subordination)에 그치는 것이 아니라 주체를 확보·유지·설치하는 과정, 즉 주체화(subjectivation)의 과정이기도 하다. 영혼은 [죄수에게][13] 존재를 부여한다. 아리스토텔레스의 방법과 다르지 않은 방식으로 권력의 도구인 영혼은 육체를 형성하고, 그 틀을 만들고, 육체를 새긴다. 그리고 육체를 새기는 과정에서 존재가 생성된다. 이러한 정식화에서 권력의 바깥에 존재하는 육체란 존재하지 않는데, 그 이유는 육체의 물질성(실제로 물질성 그 자체)은 권력의 투자와의 직접적인 관계에 의해, 그리고 그 관계 안에서 생산되기 때문이다. 권력의 벡터이자 도구인 한에서(dans la mésure ou) 감옥의 물질성이 수립될 수 있다고 푸코는 쓴다.[14] 그러므로 감옥은 권력이 투자되는 한에서만 물질화될 수 있다. 문

---

12) 아리스토텔레스를 재가공하는 푸코의 논의에 대한 자세한 설명은 *Bodies that Matter*에 실린 나의 글 "Bodies that Matter"를 참조(pp.32~36). [옮긴이] 『의미를 체현하는 육체』, 74~80쪽. 아리스토텔레스의 물질과 형상 개념에 대해서는 프랑수아즈 발리바르 외, 『물질이란 무엇인가』, 박수현 옮김, 알마, 2009, pp.29~34를 참조. 버틀러는 형상과 물질이 이분법적으로 분리불가능하다는 아리스토텔레스의 논의와 푸코의 권력과 저항의 관계의 유사성을 지적하고 있는 것으로 보인다.

13) [옮긴이] [ ]는 원문에 의함.

14) "중요한 것은 감옥의 공간이 아주 불결하건 아주 위생적이건, 아주 형편없는 곳이건 아주 완벽한 곳이건, 그런 내용에서가 아니라, 감옥이 권력의 도구이자 매개체인 한에서의 감옥의 물질성이라는 문제이다."(*Discipline and Punish*, p.30; *Surveiller et punir*, p.35 [『감시와 처벌』, 63쪽]).

법에 맞춰 정확하게 표현하자면, 감옥의 물질화(materialization)에 앞서 존재하는 감옥이란 존재하지 않으며, 감옥의 물질화는 권력관계의 부여와 그 외연(外延)을 공유(coextensive, [同然])한다. 그리고 물질성이란 이러한 투자의 효과이자 가늠자라고 할 수 있다. 감옥은 권력관계의 영역에서만 존재할 수 있다. 더 구체적으로 권력관계에 의해 포화될 때, 그리고 그러한 포화가 감옥을 구성할 때 감옥은 존재하게 된다. 여기서 (죄수와 그리고 감옥의) 육체는 투자가 계속해서 표식을 남기고 그에 기초해 의미를 만들고 스며드는 정지된 표면이나 장소와 같은 독립적인 물질성이 아니라, 물질화와 수여(investiture)가 외연을 공유하는(coextensive) 그런 육체를 의미한다.

『감시와 처벌』에서 영혼이 육체의 틀을 만드는 것으로 이해되고 있기는 하지만, 푸코는 주체의 생산이 어느 정도는 육체의 종속과 파괴를 통해 발생한다는 점도 암시하고 있다. 「니체, 계보학, 역사」에서 푸코는 육체의 파괴를 통해서만 '분열된 통일성'으로서의 주체가 나타날 수 있다고 언급한다. "육체란 (언어에 의해 추적되고, 관념에 의해 용해되는) 사건들의 각인된 표면이자 (실체적인 통일성이라는 환상을 지닌) 분열된 자아의 장소(locus)이며 영속적으로 분해되는 덩어리(volume)이다."[15] 이 주체는 육체의 희생을 대가로 출현하는 것이므로 육체의 소멸과 역관계적 조건 속에서 주체가 출현한다고 할 수 있다. 주체는 효과적으로 육체의 자리를 대신할 뿐만 아니라 감금된 육체에

---

15) Foucault, "Nietzsche, Genealogy, History," in *The Foucault Reader*. ed. Paul Rainbow(New York: Pantheon, 1984) 참조.

틀을 부여하며 그 육체를 형성하는 영혼으로 작동한다. 여기서 이와 같은 외재적 영혼의 틀짓기와 형성 기능은 몸에 반해서 작동한다. 실제로 이러한 과정을 치환과 대체 작용의 결과로 발생하는 육체의 승화로 이해할 수도 있을 것이다.

결국 나는 푸코의 육체 개념을 재기술하는 과정에서 승화라고 하는 정신분석학적 언어를 사용하기에 이르렀다. 그리고 이왕 이 문제를 다루게 됨 김에 나는 예속화와 저항이라는 주제로 되돌아가기 위해 한 가지 질문을 던지고자 한다. 분열된(dissociated) 자아가 나타남에 따라 육체가 종속되거나 혹은 다소 파괴된다면, 그리고 이 같은 출현이 육체의 승화로 읽혀지고, 또 자아가 육체의 유령적 형태로 읽혀진다면, 승화과정 속에서 보존되지 않는 육체의 일부분이 있다고 말할 수 있을까? 즉 승화되지 않고 남아 있는 육체가 있을까?

나는 주체에게 이와 같은 육체의 잔여가, 항상은 아니지만, 일종의 구성적 상실(constitutive loss) 속에서 이미 파괴되어진 채로 살아남아 있다고 제안하고자 한다. 육체는 어떤 구성이 일어나는 장소(site)가 아니다. 육체는 주체가 형성되는 사건(occasion) 위의 파괴이다. 이러한 주체의 구성은 육체의 틀짓기이자 육체의 종속이고 동시에 육체의 규제이다. 이러한 과정은 파괴가 정상화 속에서 보존되는 (육체가 유지되고 방부처리된다는 의미에서의 보존) 양식이라고 할 수 있다.

만일 육체가 분리되고 승화된 상태의 주체를 구성할 뿐만 아니라 승화의 노력을 넘어서고 저항하는 것이라면, 우리는 이른바 주체의 생존을 위해 억압받고 부정되는 육체를 어떻게 이해해야 할까? 어떤 이는 육체가 정규화가 불가능한 야생으로 되돌아갈 것이라고 예상하기도 한다. 물론 이와 같은 것이 일어나는 순간을 푸코에게서도 찾아볼 수 있다. 푸코에게 전복이나 저항의 가능성은 종종 ⓐ주체화 과정이 그 과정을 일으키는 **정상화**를 넘어설 때, 예를 들어 '역담론'(reverse discourse)이 일어날 때나 ⓑ다른 담론 영역들과 수렴할 때 나타난다. 후자의 경우 의도하지 않은 채로 생산된 담론적 복합성이 정상화의 목적론적 의도를 약화시킨다.[16] 그러므로 저항은 권력의 효과이자 권력의 일부로서, 즉 권력의 자기 전복으로 나타난다.

저항의 이론화 과정에서 정신분석학과 관련된 문제가 하나 발생하는데 함축적으로 말하자면 그것은 주체화의 한계라는 문제이다. 푸코에게 예속화를 통해 생산되는 주체는 한 순간에 그 전체가 생산되는 것이 아니다. 오히려 주체는 (계속해서 새롭게 생산된다는 것과는 다른 의미에서) 생산되는 과정 중에 있다고 말해야 할 것이다. 즉 주체는 반복적으로 생산된다. 분열된 통일성이라 할 수 있는 주체를 공고히 하지 않고 오히려 정상화의 힘의 토대를 흔드는 효과를 증식시키는 것이 바로 이러한 반복 가능성이다. 주체의 이름을 부르는 것에 그치지 않고 주체를 형성하고 주체의 틀을 규정하는 용어(예를 들어 푸코의 동성애)는 주체를 생성하는 정상화 체제에 반하여 역담론을 발생시키게(mobilize) 된다. 물론 이것은 순수한 반대가 아닌데, 그 이유는 동일한 '동성애'가 먼저 이성애의 정상화를 위해 배치되고 난 후 이어서 탈-병리화(depathologization)를 위해 배치될 것이기 때문이다. 이 용어

---

16) Zakia Pathak and Rajeswari Sunder Rajan, "Shahbano," in Judith Butler and Joan Scott, eds., *Feminists Theorize the Political*, New York: Routledge, 1992, pp. 257~279.

는 전자가 후자를 의미하게 될 위험을 지니고 있다. 그러나 단순히 동성애라는 용어를 말함으로써 이성애적 규범화를 초월(transcend)할 수 있다거나 또는 그렇게 말하는 것이 이성애적 정상화[규범화]를 초월하는 도구가 될 수 있다고 생각하는 것은 오산이다.

재정상화(renormalization)의 위험은 항상 존재한다. 어떤 사람이 도전적인 외향성(outness)[17]을 가지고 그/그녀의 동성애를 선언하고 나서 듣는 반응이 "아, 맞아. 너는 그래. 단지 **그럴 뿐이야**"인 경우를 한번 가정해 보자. 당신이 무엇을 말하든 간에 그것은 공공연하게든 미묘하게든 당신의 본질적인 동성애성을 표현하는 것으로 읽혀질 것이다(게이이든, 레즈비언이든 또는 아군이든 적군이든지 간에 사람들에게 '공공연한'out 동성애자로 받아들여지는 일이 얼마나 지치는 일인지를 과소평가해서는 안 된다). 여기서 푸코는 재의미화(resignification) 가능성에 대해, 즉 니체가 『도덕의 계보학』에서 '기호 사슬'(sign chain)이라고 불렀던 것을 정치적으로 동원할 수 있는 가능성에 대해 인용하고 **재작업**해 나간다. 니체는 원래 의도되었던 주어진 기호의 사용법과 실제로 쓰이고 있는 그 기호의 사용법 간에는 아주 큰 차이가 있다고 주장했다. 이러한 시간적 격차는 의미의 역전 가능성을 생산할 뿐만 아니라 이전에 그 용어가 매여 있었던 가능성을 넘어서는 의미화의 가능성이 시작될 수 있도록 길을 튼다.

---

17) [옮긴이] 'outness'는 자신의 동성애성을 공개적으로 드러내는 정도를 지칭한다. 특히 여성 동성애자를 나타날 때 많이 쓰인다고 한다. Lynne Pearlman의 1989년 글 "Theorizing Lesbian Oppression and the Politics of Outness in the Case of Waterman v. National Life Assurance"을 통해 대중화된 단어라고 알려져 있다.

푸코적 주체는 절대로 예속화 과정에서 완전히 구성되지 않는다. 푸코의 주체는 예속화 과정에서 반복적으로 구성된다. 의도된 바는 아니지만 예속화가 자신의 권능적 힘을 끌어내는 곳이 바로 이와 같이 자신의 기원에 반복적으로 반대하는 반복의 가능성이라고 할 수 있다. 그러나 우리는 정신분석학적 관점에서 구성적 권력 또는 주체화적 권력에 대한 저항 가능성이 담론 '안'에 있는 것이나 담론'에 관한' 것으로부터 파생되는 것은 아닌지 물어볼 필요가 있다. 담론이 '말해질 수 있는 영역'(the domain of the speakable)을 구성하지만 또한 구성적 외부(constitutive outside)인 '말해질 수 없는 영역'(the unspeakable)과 '의미될 수 없는 영역'(the unsignifiable)의 생산을 통해 담론 자체의 경계[한계]가 그어지는 과정을 어떻게 이해할 수 있을까?

라캉적 관점에서 이 문제에 접근한다면 우리는 아마도 정신(psyche)의 효과가 의미되어질 수 있는 것 안에서 이미 소진된 것은 아닌지 묻거나 또는 의미화하는 육체(signifying body) 위에 그리고 그것에 반해 판독에 저항하는 정신의 영역이 정말 있기는 한 것인지 묻게 될 것이다. 정신분석학에 따라 주체가 바로 그 주체가 나오는 정신(psyche)과 같지 않다면, 그리고 푸코에 따라 주체가 그 주체가 나오는 육체와 같지 않다면 아마도 푸코에게서 육체는 정신(psyche)을 대체하게 될 것이다. 다시 말해, 정상화의 명령을 초과하고 또 그것을 당황하게 만드는 것으로서 육체가 정신을 대체할 것이다. 이것은 순수하고 단순한 육체인가? 아니면 이 '육체'는 감금효과로 비유된 영혼과 대립하는 것은 아니지만 영혼과는 확연히 다른 것이라고 할 수 있는 정신의 어떤 작용을 표상하고 있는가? 아마도 푸코 자신은 그가 사용하고 있는 용어로는 정교화할 수 없는 정신적 의미(psychic meaning)를 육체에 투자했다(invest)고 할 수 있을 것이다. 푸코적 이론과 정신분석학적 이론에서 주체의 훈육적 생산으로서 주체화가 붕괴한다면, 어떤 방식으로 붕괴할 것인가? 어디에서부터 실패하기 시작할 것이며, 그 결과는 어떨 것일까?

이제 소리쳐 불러지고 호칭이 주어지고 이름이 지어지는 과정에서 주체가 구성된다고 가정하는 알튀세르의 호명(interpellation) 개념에 대해 생각해 보자.[18] 호명에 관한 대부분의 논의에서 알튀세르는 (상징적 명령이라고도 부를 수 있는) 이 사회적 요구가 실제로 그것이 명명하는 주체를 생산한다고 생각하는 듯하다. 그는 거리에서 '이봐, 거기' 하고 외치는 경찰관의 예를 제시하며 대상을 부르고 대상의 자리를 정하는 이러한 부름이 [실은] 매우 중요하게도 그 대상을 구성한다고 결론짓는다. 이 장면은 분명히 훈육적인 장면이라고 할 수 있다. 경찰의 외침은 사람을 다시 불러들여 줄 세우려는 노력이다. 그러나 이를 라캉적인 용어로 해석한다면, 상징적 구성의 부름이라고 할 수 있을 것이다. 알튀세르 자신도 주장하듯이 이러한 수행적인(performative) 이름 부르기는 수취인이라는 존재를 만들어 내려고 시도할 뿐이고 [이 수취인으로서 존재에게는] 항상 오인(misrecognition)의 위험이 도사리고 있다. 만일 어떤 이가 이러한 주체를 생산하는 노

---

18) Louis Althusser, "Ideology and Ideological State Apparatuses(Notes Towards an Investigation)," *Lenin and Philosophy and Other Essays*, trans. Ben Brewster, New York: Monthly Review Press, 1971, pp.170~77[『레닌과 철학』, 이진수 옮김, 백의 1991, 135~192쪽]

력을 오인한다면 생산[과정] 그 자체가 흔들리기 시작할 것이다. 부름을 받는 사람이 듣지 못하거나 그 부름을 오해할 수도 있고 다른 방향으로 돌아보거나 다른 이름에 답할 수도 있으며, 그런 식으로 불리지 않았다고 주장을 할 수도 있다. 실제로 알튀세르는 상상의 영역(the domain of the imaginary)[19]이 정확히 오인을 가능하게 만드는 영역에 의해 경계 지어진다고 설명했다. 이름이 불리고, 나는 그것이 내 이름이라는 확신을 가진다. 그러나 사실 그것은 나의 이름이 아니다. 어떤 이름이 불리고 나는 나의 이름이 지금 불리고 있다고 확신한다. 그러나 이것은 누군가의 알아들을 수 없는 말이었다. 심지어는 이것이 누군가의 기침소리이거나, 더 심하게 말하면, 잠시 인간의 소리처럼 들렸던 라디에이터 소리였을 수도 있다. 또는 나는 내가 무엇인가를 위반했다는 사실을 아무도 모른다고 확신한다. 그리고 지금 불리고 있는 이름이 나의 이름이 아니라고 그것은 행인의 기침소리이거나 난방기의 소리라고 생각한다. 하지만 실제로 그 이름은 나의 이름이었고 나는 지금 이 순간 그 이름이 부여하고 있는 주체 안에서 나 자신을 인식하지 못한다.[20]

---

19) [옮긴이] 이곳에서는 'the imaginary'을 '상상계'로 번역한다. 하지만 이 번역어가 지닌 난점에 대해 언급할 필요는 있을 것이다. '상상'이라는 용어는 문화적 맥락에서 볼 때 주체의 능동성, 문화적·예술적 상상력 등을 함의하는 경향이 있어 구조적 경향성과의 관계를 사고하는 버틀러나 푸코의 문제틀과 잘 어울리지 않는 경향이 있다. 따라서 '상상'보다는 '가상'(假想)이 더 적합한 번역어일 수 있다. 가상의 공포, 가상의 사랑, 가상의 적과 같이 허구에 그치지 않고 실질적인 효과를 나타내는 상황을 지칭할 때 가상이라는 표현을 쓰기도 한다. 하지만 가상에는 내포된 거짓(假)이라는 의미 또한 알튀세르나 버틀러가 의도하는 것에서 일정 부분 벗어난다고 할 수 있다. 이런 약점들을 고려할 때, 이 책에서는 기존에 통용되는 '상상(계)'라는 번역어를 그대로 사용하고자 한다.
20) 알튀세르의 문제틀을 페미니즘적으로 이용하는 매우 뛰어난 저서인 Denise Riley, "Am

이름이 고유한 이름으로서가 아니라 사회적인 범주[21]로 사용될 때, 즉 분산되고, 갈등적인 방식으로 호명될 수 있는 기표로 사용될 때 나타나는 호명과 오인의 동학적 힘에 대해서 생각해 보자. 여성이나, 유대인, 또는 퀴어나 흑인, 치카나(멕시코계 여성을 이르는 속어)로 불릴 때, 이는 그 부름이 발생하는 맥락에 따라서(여기서 맥락이란 기호의 유효한 역사성과 공간성이라고 할 수 있다), 긍정적인 것으로 들릴 수도 (해독될 수도) 있고 모욕적인 것으로 들릴 수도 (해독될 수도) 있다. 이름이 불릴 때 우리는 종종 대답을 해야 할까 말아야 할까 어떻게 대답해야 할까 주저하게 된다. 그 이유는 이 질문의 논점이 다음과 질문들과 관련되기 때문이다. 이름에 수행되는 임시적인 총체화는 정치적으로 무엇인가를 가능하게 하는 힘인가 아니면 마비시키는 힘인가, 특정한 부름(hailing)이 실행하는 정체성의 총체적 환원의 폐제, 이 총체적 환원의 폭력은 정치적으로 전략적인 것인가 아니면 퇴행적인가, 아니면 활동을 마비시키고 퇴행적이기는 해도 무엇인가를 가능하게 하는 것인가?

라캉을 알튀세르적인 방식으로 이용하는 것은 상상계(the imaginary)의 기능 속에 내재하는 영속적인 오인의 가능성, 다시 말해, 상징적 요구(호명되고 있는 이름)와 그 요구가 전유되는 방식의 불안정성·

I That Name?: Feminism and the Category of 'Women' in History(Minneapolis: University of Minnesota University Press, 1988) 참조.

21) 고유명사의 사회적 호명에 대해서는 다음을 참조. Slavoj Žižek, _The Sublime Object of Ideology_, London: Verso, 1989, pp.87~102[『이데올로기라는 숭고한 대상』, 이수련 옮김, 인간사랑, 2001, 155~180쪽].

예측불가능성 사이의 통약불가능성에 중점을 두며 이용하는 것이다. 호명된 이름이 그 이름이 지칭하는 정체성을 성취하고자 한다면 그것은 가상의 영역에서 탈선된 수행적 과정(performative process)으로서 시작된다. 그 이유는 상상계(the imaginary)가 분명히 법에 사로잡혀 있고 법에 의해 구조화되어 있지만 그 법에 즉각적으로 순응하지는 않기 때문이다. 라캉주의자에게 상상계는 담론적인 것의 불가능성, 다시 말해, 상징적 정체성의 구성 불가능성을 의미한다. 정체성은 절대로 상징계에 의해 총체화될 수 없는데, 그 이유는 상징계가 정리(명령)하는 데 실패한 것이 혼란의 형태로 상상계에 출현하기 때문이다. 이때 상상계는 정체성이 반박되는 영역이다.

그러므로 재클린 로즈는 라캉주의적인 맥락에서 일관되고 완전하게 성별화된 정체성을 구성하려는 상상계의 노력을 방해하는 것으로 무의식을 정식화한다. 즉 무의식이란 언어 안에서 상상계의 작동을 특징짓는 미끄러짐(slips)과 틈(gaps) 등에 의해 지시되는 것이다. 나는 여기서 정신분석학에서 주어진 사회 현실의 형식에 반한 저항의 원칙을 찾으려고 하는 우리 같은 사람들에게 큰 도움을 줄 수 있는 구절을 인용하고자 한다.

무의식은 계속해서 정체성의 '실패'를 드러낸다. 정신적 삶(psychic life)에 연속성이란 없기 때문에 성적인 정체성의 안정성 또한 있을 수 없다. 여성에게 (또는 남성에게) 단순하게 성취되는 자리란 없다. 정신분석학은 이런 '실패'를 무능함의 특별한 사례나 규범으로부터 벗어난 개별적 사례로 보지도 않는다. '실패'란 적응 과정에서 마주치게 되는 어떤 후회의 순간도 아니고, 정상성(normality)을 키워 가는 과정의 일부분도 아니다. … '실패'란 끝없이 반복되는 것이고, 우리의 개인적 역사에서 순간순간 되살아나는 것이다. 실패는 징후의 형태로서뿐만 아니라 꿈으로, 말실수로, 규범의 주변부(sideline)로 밀리게 되는 성적 쾌락의 형태로 나타난다. … 정신적 삶의 심장부에는 정체성에 대한 저항이 자리하고 있다.[22]

『감시와 처벌』에서 푸코는 상징적 요구의 효과, 즉 자신이 명명하는 주체를 구성할 수 있는[23] 상징적 요구의 수행적 능력을 가정한다. 그러나『성의 역사』1권은 '단일한 저항의 장소(locus)'(이 장소는 그 범위 안에 아마도 정신, 가상적인 것, 또는 무의식을 포함하고 있을 것이다)를 부정하는 동시에 권력 그 자체에 의해 가능한 다수의 저항 가능성을 긍정적으로 인정하고 있다. 푸코에게 저항은 다른 영역(가상적인 것)의 법 **바깥**이나 법의 구성적 권력을 벗어나는 영역에 있을 수 없다.

위대한 거부를 위한 단일한 장소, 저항의 영혼, 모든 반란의 근원, 혁명의 순수한 법칙과 같은 것은 존재하지 않는다. 대신에 저항의 다원성이 있고, 각각의 저항은 모두 특별한 사례이다. 가능하거나, 필연적이거나, 일어날 것 같지 않은 저항들이 있고, 또 이와는 다르게 자생적이고, 야만적이고, 고독하고, 걷잡을 수 없고, 폭력적인 저항들, 절충하기 쉽고,

---

22) Jacqueline Rose, *Sexuality in the Field of Vision*, London: Verso, 1987, pp.90~91.
23) [옮긴이] "명명하는 대상을 주체로 구성할 수 있는"으로 이해해도 될 것으로 보인다.

이익에 기반을 두거나 또는 희생적인 저항들이 있다. 사실상 이러한 저항들은 권력관계의 전략적 영역에서만 존재할 수 있다. 그러나 이는 저항들이 기본적인 지배에 대해 결국은 항상 수동적이고 영원히 패배할 수밖에 없는 [권력의] 이면을 형성하는 반응이나 반발에 불과함을 의미하는 것은 아니다.[24]

권력에 대한 이 마지막 캐리커처는 분명히 마르쿠제를 염두에 두고 쓰인 것이겠지만 정신(psyche)의 수준에서 실패를 낳지만 절대로 정신적(psychic) 저항에 의해 치환되거나 재정식화되지 않는 라캉적 법의 효과를 생각나게 한다. 가상적인 것은 상징적 법의 효능을 방해하지만 자신의 재정식화를 요구하거나 실행하는 과정에서 법에 등을 돌릴 수가 없다. 이러한 의미에서 정신적 저항은 법의 효과를 방해하지만 법이나 그 법의 효과의 방향을 바꿀 수가 없다. 따라서 저항은 저항하고 있는 법을 바꿀만한 실질적인 힘이 없는 영역(domain)에 자리하게 된다. 그러므로 정신적 저항은 앞선 상징적 형태로서 법의 지속을 가정하고 있으며 바로 그러한 의미에서 법의 현상 유지(status quo)에 공헌한다. 이와 같은 의미에서 저항은 영원히 패배할 수밖에 없는 운명에 처한 것처럼 보인다.

이와는 반대로 푸코는 저항을 그 저항이 맞서고 있는 바로 그 권력의 효과로 정식화한다. 법에 의해 **구성되는** 존재인 동시에 법에 대한 **저항의 효과로서의** 존재, 이러한 존재의 이중적 가능성에 대한 [푸코의]

---

24) Foucault, *History of Sexuality, Volume 1*, pp.95~96 [『성의 역사1』, 115~116쪽].

주장은 라캉적 틀과 단절한다. 그 이유는 라캉이 사회적 권력을 상징적 영역으로 제한하고 저항을 가상의 영역으로 내보낼 때 푸코는 상징적인 것을 권력관계로 개조하고 저항을 권력의 효과로 이해하기 때문이다. 푸코의 개념은 사법적인 것으로 여겨지는 (그리고 권력에 의해 종속되는 주체를 가정하는) 법에 대한 담론으로부터 생산적·규제적·경쟁적인(contestatory) 관계의 영역인 권력에 대한 담론으로 이동을 개시한다. 푸코에게 상징적인 것은 자신의 전복 가능성을 생산하는데 이러한 전복은 상징적 호명의 예기치 않은 효과이다.

　'상징적인 것'이라는 개념은 푸코가 주장하는 권력 벡터의 다양성을 다루지 못하는데, 그 이유는 푸코에게 권력이란 반복된 규범의 가공이나 호명의 요구에 의해 존재하는 것이지만 또한 동시에 구성적이고, 생산적이며, 유순하고, 증식을 잘하고, 갈등적인 것이기 때문이다. 더욱이 법의 재의미화 과정에서 법은 원래 의도에 반대하고 또 그 의도를 넘어서는 것으로 변형된다. 이러한 의미에서 푸코의 훈육 담론은 일방적으로 주체를 구성하는 것이 아니다. 만일 훈육 담론이 주체를 생산한다면 그것은 **동시에** 주체의 탈구성(de-constitution) 조건도 함께 구성한다고 해야 할 것이다. 생성된 주체가 생성되었다는 이유만으로 한 자리에 고정되는 것이 아니기 때문에 호명 효과의 수행적 요구를 통해 생성되는 것은 주체를 훨씬 넘어서는 것이라고 할 수 있고, 주체는 추가적인 작업 기회(occasion)가 된다. 실로 나는 주체가 주체로서 자신을 반복하고 재접합해야만 주체로 남아 있을 수 있다는 점, 그리고 일관성을 갖기 위해서 주체가 반복에 의존해야 하는데, 이러한 반복이 주체의 불완전한 특징, 비일관성을 구성하게 된다는 점을 덧붙이고 싶다. 이리하여 이러한 반복(repetition)은, 보다 낳은 표현을 찾자면, 이러한 되풀이(iterability)는 전복의 비장소(non-place), 즉 규범성의 방향을 되돌려, 주체화 규범을 재기입할 수 있는 가능성이 된다.

여성들의 수행(performances)의 무대화 및 호명(address) 양식에 따른 '여성'과 '여성'의 전도, 병리화 및 논쟁 양식들에 따른 '퀴어'(queer)와 '퀴어'의 전도에 대해서 생각해 보자. 이 두 예는 보수적 용법과 진보적 용법 사이의 대립과 관련되기보다는 전복적인 재영토화(reterritorialization)를 실행하기 위해서 보수적인 것을 요구하고 반복하는 진보적인 용법과 관련이 있다. 푸코에게 훈육장치들은 주체를 생산한다. 그러나 훈육장치들은 그 생산의 결과로 그 장치를 전복할 수 있는 조건들을 담론 안에 불러들이게 된다. 다시 말하자면 법은 그 자신에게 등을 돌리고 자신이 불어넣은 의도를 거스르는 동시에 확산시키는 그 자신의 판본들을 생성하게 된다. 그렇다면 우리가 어떻게 우리를 작동시키고 있는 권력관계를 작동시킬 수 있는가, 그리고 어떤 방향으로 움직일 수 있는가 등의 전략적 문제가 푸코의 틀 안에 대두한다.

훗날 대담에서 푸코는 동시대적 정치 배열 속에서 정체성들은 오로지 독자적이고 상처 입은 정체성에 기초해서만 권리의 주장 및 자격의 요구가 이루어질 수 있다고 가정하는 자유주의 국가의 일정한 요구 사항들과 관계를 이루며 형성된다고 설명한다. 정체성이 구체적으로 되면 될수록 그 구체성에 의해 정체성은 더욱 총체화된다. 실제로 우리는 이러한 동시대적인 현상을 사법적인 장치가 가능한 정치 주체의 영역(the field of possible political subjects)을 만들어 내는 운동으로 이해해 볼 수 있을 것이다. 푸코에게 훈육적 국가장치란 개인의 총체화적 생산(totalizing production)을 통해 작동하는 것이기 때문에, 그리고 이 개인의 총체화는 (개인들을 국가의 주체로 변형시키면서) 국가의 사법권(jurisdiction)을 확장시키기 때문에 푸코는 사법적 법의 감옥을 넘어서 주체성을 재구성할 것을 요구한다. 이러한 의미에서 우리가 정체성의 정치학(identity politics)이라고 부르는 것은 (원고로서 그들의 지위를 구성하는 특수성에 의해 총체화된) 주체들에게 인정과 권리를 배분하는 국가에 의해 생산된다. 이른바 이러한 배열의 전복을 요구할 때 푸코는 숨겨지거나 억압된 주체성의 해방을 요구하는 것이 아니라 오히려 사법적(juridical) 주체의 역사적 헤게모니 안에서 그리고 그것에 반해서 형성되는 근본적인 주체성의 재구성을 요구하는 것이라고 할 수 있다.

아마도 오늘날의 목표는 현재 우리의 모습을 발견하는 것이 아니라 오히려 현재의 모습에 반대하는 것이라고 할 수 있다. 우리는 현대 정치 구조들을 개별화하고 동시에 총체화하는 정치적 '이중 제약'(double bind)을 제거하기 위해 우리가 어떤 모습이어야 하는지 생각하고 구축해 나가야 한다. … 결론은 오늘날의 정치적·윤리적·사회적·철학적 문제는 국가와 국가기관으로부터 우리 자신을 해방시키는 것이 아니라 국가 및 국가와 연결된 개인화(individualization) 유형(type)으로부터 우리 자신을 해방시켜야 한다는 것이다. 수세기 동안 우리에게 부가되었던 이와 같은 개인성을 거부하면서 우리는 새로운 형태의 개인성을 활성화시켜야 한다.[25]

위의 분석에서 두 종류의 질문이 생겨난다. 첫째,『감시와 처벌』은 훈육적 권력이 저항이 불가능한 온순한 육체를 결정하는 것처럼 제시하는 데 반해 어째서 푸코는『성의 역사』에서 훈육적 성 권력과 관련해서 저항을 정식화하고 있는가?『성의 역사』가 저항의 가능성을 조건 짓는 권력에 대한 성(sexuality)의 관계에 대해서 다룬다면『감시와 처벌』에서는 권력과 육체에 대한 논의에서 성을 전혀 고려하고 있지 않은데 여기에는 어떤 이유가 있는 것인가?『성의 역사』에서 법 자체가 성애적 투자 및 흥분의 대상이 되어 감에 따라 억압적 법 기능의 토대가 흔들리는 점에 주목해 보자. 훈육적 장치는 **성적 자극(incitement for sexuality)**의 기회가 되면서 그 자체가 성애화되고 또 그 과정에서 자신의 억압적 목적을 취소시키기 때문에 결국 성을 억압하는 데 실패한다.

둘째, 전이 가능한(transferrable) 성적 투자(sexual investments)의 특징을 염두에 두면서 푸코가 열어 놓은 가능성을 규정하는 조건이 무엇인지 의문을 던질 수 있다. 즉 무엇이 근대 국가의 훈육적 장치와 상관된 유형의 개인성을 거부할 가능성을 규정하는지 의문을 던질 수 있다. 그리고 사법적 법(juridical law)을 재공고화하는 국가와 결합된 종류의 개인성(state-linked individuality)에 대한 애착을 어떻게 설명할 수 있을까? 정체성의 생산과 총체화를 시도하는 훈육장치는 어느 정도로 정념적 애착(passionate attachment)의 변치 않는 대상이 되는

---

25) Foucault, "The Subject and Power," *Michel Foucault: Beyond Structuralism and Hermeneutics*, ed. Hubert L. Dreyfus and Paul Rabinow, Chicago: Chicago University Press, 1982, p.212.

가? 우리는 이미 우리 자신이 된 정체성을 쉽게 던져 버릴 수 없다. 그리고 그러한 정체성을 거부하자는 푸코의 요구는 분명히 저항에 봉착하게 될 것이다. 만일 사회적인 것에 선행하거나 사회적인 것을 넘어선다고 일컬어지는 정신적 영역 안에서 이론적으로 저항의 원천을 거부할 수 있다면,[26] (그리고 거부할 수 있어야만 하는데) 우리는 과연 길들여지거나 정규화되지 않는 방식으로 **사회적인 것의 관점**에서 정신적 저항을 재정식화할 수 있을까? (사회적인 것은 항상 '주어진 것', '정상화 가능한 것'과 동일시되어야만 하는가?) 특히 주체의 훈육적 생산이라는 문제뿐만 아니라 **예속화에 대한 애착을 훈육적으로 배양**하는 문제를 어떻게 이해해야 하는가?

이러한 가정은 마조히즘의 문제(주체형성 과정에서의 마조히즘의 문제)를 제기한다. 그러나 이 가정은 '애착'이나 '투자'(investment)의 지위와 관련된 질문에 답을 제시하지는 못한다. 여기서 바로 애착이 그 애착을 '갖게 되는' 주체보다 앞서 존재하게 되는 문법적인 문제가 발생한다. 그러나 일상적인 문법 요건을 유예시키고, 애착이 주체의 형성에 앞서며 주체의 형성을 규정하는 방식을 사고할 수 있는 용어의 전도에 대해 생각해 보는 것이 매우 중요하다(거울 단계에서 리비도의 시각화, 이름의 담론적 기능으로서 그 투영된 이미지를 시간을 가로질러 유지하는 것). 그렇다면 이것은 주체에 앞서 존재하고 또 주체로부터 분리된 채로 존재하는 투자 또는 리비도의 존재론인가? 또는 이와 같은

---

26) 정신적인 것(the psychic)과 사회적인 것을 같은 것으로 혼동하는 것에 대한 정신분석학적 경고는 Victor Burgin, James Donald, and Cora Kaplan, eds., *Formations of Fantasy* (London: Methuen, 1986) 참조.

투자는 모두 애초부터 (가상적인 것의 영역에서) 자아로 안정되어 있는 어떤 반성성과 밀접한 관계가 있는 것인가? 만일 자아가 동일화들로 구성되고 동일화가 욕망의 해소(resolution)라면, 자아는 욕망의 잔여물이자 프로이트가 『자아와 이드』에서 주장했듯이 애착과 상실의 계보를 따르는 합체(incorporation) 과정의 효과이다.

프로이트의 시각에서 볼 때, 양심의 형성은 반성성 속에서 주체에게 근거를 부여하는 금지에의 애착(attachment to prohibition)을 규정한다. 윤리적 법의 압력을 받으며 반성의 능력을 지닌 주체가 출현하는 것이다. 다시 말하자면, 자신에게 근거를 부여하는 그 금지로 인해서 그/그녀는 자신의 기원으로부터 무한히 멀리 떨어져 있고, 그렇기 때문에 자신을 대상화하고 자신에 대해 오해하는 주체가 출현한다. 금지를 통해 분리가 강제된다는 조건 아래에서만 주체가 출현하는데, 이 주체는 (금지에 복종하지만, 동시에 그 금지를 성애화하는) 금지에의 애착을 통해 형성된다. 그리고 이러한 금지는 더욱 매혹적인 것이 되는데 그 이유는 바로 이 금지가 정신병(psychosis)으로 주체가 해체되는 것을 막아주는 나르시스적인 회로(circuit)와 연결되어 있기 때문이다.[27]

---

27) 위에 '애착'과 '투자'라는 용어는 현상학적인 의미에서 '지향적'(intentional)이라는 의미로 이해될 수 있다. 다시 말해 언제나 대상을 취하는 리비도적 움직임이나 궤도로 이 두 용어를 이해할 수 있을 것이다. 차후에 대상을 택하는 자유롭게 부유하는 그런 애착은 없다. 애착은 항상 어떤 대상에 대한 애착이다. 애착이 이루어진 대상이 항상 애착 그 자체를 변경시키기 마련인 것이다. 애착의 전이는 애착이 이루어진 대상이 변화할 수 있지만 애착은 지속되고 항상 어떤 대상을 취할 것이라고 가정한다. (항상 어떤 예방에 묶인) 이러한 구속(binding) 행위는 애착의 구성적 행위이다. 이 애착 개념은 (생물학적인 것을 심각하게 여기는 노력들과 구분되는) 비생물학적인 관점에서 욕동(drive)을 설명하고자 하는 시도와 유사한 것처럼 보인다. 여기서 우리는 *Masochism: An Interpretation of Goldness and Cruelty*(New York: Braziller, 1971; *Présentation de Sacher-Masoch*, Paris: Minuit, 1967)에 제시된 질 들뢰즈

푸코에게 주체는 권력 체제에 의해 형성되고, 또 성(sexuality)과 함께 투자된다. 그러나 만일 바로 그 주체형성 과정이 성(sexuality)을 사전에 미리 방지할 것을 요구한다면, 즉 어떤 욕망을 금지하지만 그 자체가 욕망의 초점이 되는 금지가 요구된다면, 주체는 성의 금지를 통해 형성되는 것이다. 이때 이러한 금지는 성을 (그리고 그 성을 담지하고 있는 주체를) 형성하는 금지이다. 이러한 시각은 정신분석학이 욕망에 대한 법의 외재성을 가정한다고 생각하는 푸코적 통념을 논박하는데, 그 이유는 법이 금지하는 바로 그 욕망을 형성하고 유지하는 법이 없다면 욕망이 존재하지 않는다고 정신분석학이 주장하기 때문이다. 실제로 금지는 이상한 형태로 [욕망을] 보존하는데, 이 방법은 성애를 폐지하지만 결국 성애를 강제함으로써만 작동하는 법을 성애화한다. 이러한 의미에서 '성적 정체성'이란 생산적인 형언모순이라고 할 수 있다. 그 이유는 정체성이 담지하고 있는 성(sexuality)의 어떤 영역이 금지되면서 그 정체성이 형성되기 때문이고, 성은 정체성에 묶일 때 항상 자신을 깎아 내리기 때문이다.

정체성의 기표가 구조적으로 미리 결정되는 것은 아니기 때문에 이러한 상황을 꼭 정적인(static) 모순이라고 말할 수는 없다. 푸코가

의 욕동의 독법에 의지할 수 있을 것이다[『매저키즘』, 이강훈 옮김, 인간사랑, 2007]. 이 저작에서 들뢰즈는 욕동을 조정(措定) 또는 평가의 압출(壓出)성(pulsionality)으로 제시한다. '욕동'은 문화적 접합과 분리될 수 없는 것이 된다. "우리는 이중의 설명 단계를 도입할 필요가 있다고 생각한다. 한편에는 항상성과 보존을 위한 유기체의 예비단계가 있고, 다른 한편에는 유아가 즉시 그리고 완전히 빠져들게 되는 성인의 문화적 세계가 있다. *Jean Laplanche: Seduction, Translation, Drives*, ed. John Fletcher and Martin Stanton, London: Institute of Contemporary Arts, 1992, p.187.

만일 어떤 기호가 원래 의도되었던 바와 다르게 선택되거나 사용될 수 있다고 주장할 수 있었다면, 그는 아마 아주 독한 용어들도 소유될 수 있다고, 다시 말해, 가장 모욕적인 호명도 급진적인 재점유와 재의미화의 장소가 될 수 있을 것이라고 생각했을 것이다. 그러나 무엇이 우리로 하여금 담론적 모욕의 자리를 차지할 수 있도록 만드는가? 어떻게 우리는 이와 같은 모욕적 담론 영역 및 그 모욕에 의해 생명을 부여받고(animated) 또 그에 의해 동원될(mobilized) 수 있을까? 이 과정에서 이 담론에 대한 우리의 애착은 우리가 그 담론을 재의미화하는 조건이 된다. 모욕적인 이름에 의해 호명될 때, 나는 사회적인 존재가 된다. 그리고 내가 나의 존재에 대한 불가피한 애착을 가지고 있기 때문에, 그리고 존재를 부여하는 용어를 나르시시즘이 통제하고 있기 때문에, 그리고 나를 모욕하는 언어가 나를 사회적으로 구성하기 때문에, 나는 그 언어를 포용하기에 이른다. 몇몇 정체성의 정치학(identity politics)에서 나타나는 자기식민화(self-colonizing)의 궤적은 이러한 모욕적인 언어의 역설적인 수용의 징후들이라고 할 수 있다. 더욱 역설적인 예를 들자면 모욕적인 언어를 차지할 때에만 (모욕적인 언어에 의해 점령될 때만) 나는 나를 구성하는 권력을 내가 반대하는 권력으로 개조하며 모욕적 언어에 저항하고 반대할 수 있다. 예속화에 반하는 어떤 동원(mobilization)도 결국 예속화를 자신의 자원으로 삼을 것이라는 점에서, 그리고 모욕적인 호명에 대한 애착은 필연적으로 소외된 나르시시즘을 거쳐 이 호명의 재의미화가 가능해지는 조건이 될 것이라는 점에서 정신분석학을 위한 자리가 마련된다. 이와 같은 무의식은 권력의 바깥에 있는 무의식이 아니라 (외상적 및 생산적 반복 가능성 속에 깃들어 있는) 권력 그 자체의 무의식과 유사한 것이 될 것이다.

　만일 우리가 호명을 정체성을 부여하는 것으로 이해한다면, 이와 같은 모욕적인 호명은 모욕을 통해 정체성을 구성하게 될 것이다. 그러나 이는 계속 정체성으로서 남아 있을 수 있는 한에서 그 정체성이 항상 그리고 영원히 그 모욕에 뿌리를 내리고 있을 것이라고 말하는 것과 같은 것은 아니다. 이는 재의미화의 가능성들이 주체형성 및 재형성이 성공하는 데 반드시 필요한 예속화의 정념적 애착을 재가공하고 흔들어 댈 것임을 의미한다.

4장 _ "양심은 우리 모두를 주체로 만든다"[1)]
알튀세르의 예속화

알튀세르의 호명(interpellation) 원칙은 언어[작용]의 결과로 생성되지만 항상 그 조건 안에 머무르는 주체를 설명할 수 있는 방법을 제시하면서 현대의 주체형성 논쟁의 틀에 지속적인 영향을 끼치고 있다. 호명 이론은 마치 한 사회적 장면을 무대 위에 극화하고 있는 듯한데, 이 장면에서, 한 주체가 불리고 그 주체는 그 부름에 뒤돌아서며 [결국] 그 또는 그녀를 부르는 그 용어[조건]를 받아들이게 된다. 이는 의심의 여지없이 처벌적이며 동시에 환원적인 장면이라고 할 수 있는데, 그 이유는 이러한 부름이 '법' 집행관의 부름이기 때문이고, 또 이 집행관이 독자적이고 말을 하는 것으로 제시되기 때문이다. 분명히 우리는 이와 같은 부름(call)이 개별적으로 그리고 함축적이고 비언어적 방식으로 이미 도착했다고 주장하거나 또는 이러한 장면이 알튀세르가 생각한 것처럼 이원적이지 않을 것이라고 주장하며 호명에 반대할 수

---

1) [옮긴이] 셰익스피어의 『햄릿』에 제시된 대사 "양심은 우리 모두를 겁쟁이로 만든다" (conscience doth make cowards of us all)를 패러디하고 있다.

도 있을 것이다. 그러나 이미 이러한 반대 상황에 대한 연습(rehearsal)
을 거치며 원리로서 '호명'은 비판을 견디고 살아남았다. 만일 우리
가 이 호명 장면을 하나의 예이자 우화로 이해한다면, 그 유효성을 미
리 가정할 필요는 없다. 실제로, 호명이 벤야민적 의미에서 우화적
인 것이라면 그 우화에 의해 표현된 과정은 정확히 서술(narration)
에 저항하는 어떤 것이자 사건을 이야기로 표현할 수 있는 가능성
(narrativizability)을 넘어서는 것이다.[2] 이러한 관점에서 호명은 사
건(event)이 아니라 **부름을 극화**[무대화]하는 방식(way of staging the
call)이라고 할 수 있다. 이와 같이 극화된 부름은 설명 과정 또는 **표상**
(darstellung) 과정에서 원래의 의미를 벗어나게 된다. 또한 이러한 부
름 자체는 법과 자신을 나란히 놓으려는 요구, 돌아섬(법을 마주하기 위
한 돌아섬, 법을 위한 얼굴을 찾기 위한 돌아섬?), 죄의식을 통한 자기 귀
속의 언어("나 여기 있어요")로의 진입 등으로 비유될 수 있다.

왜 주체형성은 오직 죄의식을 수용하는 경우에만 나타나는가? 죄
의식에 자신을 귀속시키지 않고서는, 순응요구를 받아들이고 법에 종
속되지 않고서는 '나'란 존재는 자신에게 자리를 찾아 줄 수 없고 말
속에서 자신을 알릴 수도 없다. 부름에 답하며 돌아서는 사람은 돌아
서라는 요구에 답하는 것이 아니다. 이 돌아섬은 이른바 법의 목소리
와 법에 의해 부름을 받은 사람의 순응성(responsiveness)에 의해 동
시에 규정되는 행위이다. 돌아섬은 이상한 종류의 (이상한 '중간태'의

---

2) Walter Benjamin, *On the Origins of German Tragic Drama,* trans. Peter Osborne,
   Cambridge: MIT Press, 1987[『독일 비애극의 원천』, 김유동·최성만 옮김, 한길사, 2009].

형식을 띠고 발생하는) 타협점(middle ground)으로 어느 한 요소에 의해 일방적으로 철저하게 결정되는 것이 아니라 법과 수취인 양자에 의해 결정된다.[3] 부름이 없다면 돌아섬도 없는 것이지만 돌아서고자 하는 마음이 없다면 돌아서는 행위는 아예 일어나지 않을 것이다. 그러나 이 이름 부르기는 언제 그리고 어디서 정체성을 향한 기대의 움직임(anticipatory move towards identity)이라 할 수 있는 돌아섬을 불러일으킬 수 있을까? 어떻게 그리고 왜 주체는 죄의식의 자기귀속을 통해 정체성을 얻을 수 있을 것이라고 예상하면서 돌아서게 되는가? 어떤 관계가 이 둘을 함께 묶길래, 주체는 돌아서야 하는 것을 알고, 또이 돌아섬을 통해 무엇인가 얻을 것이 있다는 것을 안단 말인가? 우리는 어떻게 주체형성에 앞서 돌아섬이 있을 수 있다고 가정할 수 있는가? 즉 그것이 없다면 주체도 출현할 수 없는 이 돌아섬과 법의 선행적 공모(prior complicity)를 어떻게 이해해야 하는가? 법을 향한 돌아섬이란 곧 자신으로부터의 등돌림, 양심의 운동을 구성하는 자신으로부터의 등돌림이다. 그러나 어떻게 양심이라는 반사신경이 법의 비판적 심문을 마비시키는 동시에 주체화의 조건으로서 법에 대한 주체의 무비판적 태도를 형상화할 수 있을까? 부름을 받은 이는 누가 말하고 있는지 비판적 질문을 제기하기에 앞서 먼저 돌아서도록 강제된다. 왜내가 돌아서야 하는가? 왜 나는 나를 부르고 있는 이 용어들을 받아들여야 하는가?

이는 법에 대한 개방성 및 취약성이 법에 대한 비판적 이해가능성

---

3) 이 논점을 알려준 헤이든 화이트(Hayden White)에게 감사드린다.

에 앞서 존재함을 의미하는데, 이는 정체성을 추출해 낼 수 있다는 기대 속에서 법을 향해 돌아서는 행위 속에서 예증된다. 실제로 법은 법에 접근할 수 있는 가능성을 얻기 이전에 이미 위반되었고 죄는 죄에 대해 깨닫기 전에 이미 존재한다. 이러한 맥락에서 죄는 이상하게도 항상 무고하다. 그러므로 법을 비판적인 관점에서 바라볼 가능성은 법에 대한 선행적 욕망(prior desire)이나 법과의 정념적 공모로 이해할 수 있는 것들에 의해 제한되는데, 이러한 것들이 없다면 그 어떤 주체도 존재할 수 없다. '내'가 나의 비판을 시작하기 위해서는 '나' 그 자체가 내 존재를 가능하게 하기 위한 나의 공모적 욕망에 의존해야 한다는 점이 이해되어야 한다. 비판을 행하는 사람이 자신이 행하는 비판에 의해 자신도 파헤쳐진다는 점을 받아들일 수 없다면, 법에 대한 비판적 고찰을 통해 양심의 힘을 풀어 헤치는 것은 불가능할 것이다.

법을 향한 돌아섬이 반드시 부름에 의해서만 이루어지는 것은 아니라는 것을 기억해야만 한다. 이 돌아섬은 논리적이지 않은 방식으로 강제적인데, 그 이유는 그것이 정체성을 약속해 주기 때문이다. 만일 법이 자기 동일적인 주체의 이름으로 말한다면(알튀세르는 유대 신의 말 "나는 곧 나이니라"라는 구절을 인용하였다), 양심은 도대체 어떻게 자아(self)에게 자기 자신과의 동일성을 전달하거나 회복시켜 줄 수 있을까? 다시 말해, 양심은 어떻게 "나, 여기 있어"라는 언어적 통합의 전제조건이 되는 자기-정체성(self-identity)에 대한 가정을 자아에게 전달하거나 회복시켜 줄 수 있을까?

그러나 우리는 어떻게 죄의 인정에 선행하고 그 죄를 예상하는 그 (죄를 향하고 자아에 맞선) 돌아섬, 주체화(subjectivation)를 규정하면서도 그 주체화에서 벗어나는 돌아섬 안에 주체화의 취약성 (vulnerability)을 배치할 수 있을까? 이러한 '돌아섬'은 어떻게 알튀세르가 가공했던 것보다 덜 양심적인 양심을 형상화할 수 있는가? 호명의 장면을 신성화하는 알튀세르의 호명 이론은 어떻게 '나쁜' 주체가 될 가능성을 희박하게 하고 또 그 출현을 보다 덜 선동적으로 만들 수 있는가?

호명 원리는 양심의 우선성과 가공되지 않은 어떤 양심의 원리를 가정하는 것처럼 보이는데, 이는 마치 니체가 『도덕의 계보학』[4]에서 묘사한 자기 자신에게 등 돌리기와 유사한 양식이다. 정체성을 얻기 위해 기꺼이 죄를 인정할 준비를 하고 있는 이러한 태도는 신으로부터 유래하고 법의 필요성에 호소하면서 정체성을 지명하는 부름과 연결되어 있다. 이 부름은 정체성의 부여를 통해 법이 달래 주는 원죄와 같이 매우 종교적인 시나리오라 할 수 있다. 어떻게 이러한 호명의 종교적 형상화(figuration)가 법의 작동과정에 어떤 비판적인 것이 개입할 가능성을, 즉 그것이 없다면 더 이상 법도 진행될 수 없는 주체의 되돌림(undoing of the subject)을, 미리 제한할 수 있는가?

---

4) 니체는 『도덕의 계보학』에서 양심과 양심의 가책을 구분하고, 양심을 약속하는 능력과 연결하고 양심의 가책을 내부화 및 부채의 문제와 연결한다. 약속하는 존재는 정상적으로 되면서, 즉 법을 내면화하면서(보다 정확히 표현하자면, "법을 의지 안으로 불태워 넣으면서") 그/그녀의 미래를 대표한다는 점이 점차로 명확해지기 때문에 이 구분은 유지될 수 없는 것으로 보인다. 제2논문 16절에 소개된 내부화(internalization)는 의지(본능)에 반한 의지(본능)의 돌아섬과 관련된다. 15절에서 니체는 양심의 가책의 구성과정에서 자신에 반해 돌아서는 것으로서 자유를 도입한다. "폭력에 의해서 잠재적으로 된 자유의 본능… 뒤로 억눌리고, 뒤로 물러난, 내면으로 갇혀서 끝내는 자기 자신에게만 발산하고 드러나는 이 자유의 본능, 이것은, 오직 이것만이 자신의 시초에 있어서 양심의 가책이다"(Nietzsche, *On the Genealogy of Morals*, p.87[『도덕의 계보학』, 68쪽]).

「이데올로기와 이데올로기적 국가장치」[5]에서 알튀세르가 양심을 언급하고 있다는 점은 그간 크게 주목을 받지 못하였는데 이 용어는 이데올로기의 힘을 설명하기 위해 예로 든 종교적 권위와 함께 이데올로기 이론이 복합적인 신학적 메타포에 의해 지탱되고 있음을 보여 준다. 비록 알튀세르가 분명히 '교회'를 이데올로기적 호명의 단순한 예로 제시하고 있지만 종교적 권위의 은유학(metaphorics) 없이 이데올로기라는 용어를 사고하는 것은 불가능한 것처럼 보인다. 「이데올로기와 이데올로기적 국가장치」 논문의 마지막 부분은 '예: 기독교의 종교 이데올로기'라는 표제를 가지고 있는데 이 부분은 이 논문의 앞부분에서 종교 조직들이 가졌던 본보기로서의 지위를 더욱 분명히 한다. 이 논의는 다음과 같은 예들을 포함하고 있다. 이데올로기의 추정적(putative) "영원성", "이데올로기의 자명함"과 (우리가 그 안에서 생활하고, 움직이고, 우리의 존재를 갖게 된다고 말할 수 있는) 사도 바울의 "로고스" 개념의 유비, 무릎 꿇는 자세가 시간이 흐르면서 믿음을 낳게 되는 의식(儀式, rituals)의 심급으로서 파스칼의 기도, 즉 제도적으로 재생산된 이데올로기의 조건으로서 믿음 그 자체로서 파스칼의 기도, '가족', '교회', '학교', '국가' 등의 신격화된 활용(capitalization) 등이 바로 그것이다.

---

5) Althusser, "Ideology and Ideological State Apparatuses(Notes Towards an Investigation)," pp.127~188; "Ideologie et appareils ideologiques d'etat," *Positions*, Paris: Editions Sociales, 1976, pp.67~126[「이데올로기와 이데올로기적 국가기구」, 『레닌과 철학』, 135~192쪽]. [옮긴이] 국역본은 '이데올로기와 이데올로기적 국가기구'로 번역하고 있지만 '국가장치'라는 말이 더 적합하다고 판단하여 본문에서는 '국가장치'를 번역어로 사용한다. 국역본 정보는 해당하는 부분의 쪽수만 표기하고 번역은 옮긴이가 변형하여 제시했다.

비록 이 논문의 마지막 절은 종교적 권위의 예를 설명하고 또 그것을 노출시키려고 하지만 그러한 노출이 이데올로기의 힘의 뇌관을 제거할 만한 힘을 가지고 있지는 않다. 알튀세르도 인정하고 있듯이 알튀세르 자신의 글도 그 글이 주제로 다루고 있는[6] 내용[호명]을 변함없이 시행한다. 그러므로 알튀세르의 글도 이러한 접합(articulation)을 통해 이데올로기로부터의 계몽적 탈출을 보장해 줄 수는 없다. 주체를 구성하는 이데올로기의 힘을 예시하기 위해 알튀세르는 명명하고 그 명명을 통해 주체를 출현시키는 신성한 목소리의 예에 의존한다. 알튀세르는 사회적 이데올로기가 유비적인 방식으로 작동한다고 주장하면서 의도하지는 않았지만 사회적 호명(social interpellation)을 수행적 신성함(the divine performative)에 흡수시켜 버렸다. 따라서 이데올로기의 예는 이데올로기 그 자체를 사고하기 위한 패러다임이라는 [이론적] 지위를 얻게 되는데 이 패러다임에서는 종교적인 은유를 통하여 이데올로기의 불가피한 구조가 텍스트적으로 정립된다. 이데올로기의 목소리가 가진 권위, 즉 호명의 목소리는 거부가 거의 불가능한 목소리로 형상화된다. 알튀세르의 이론에서 호명의 힘은 이데올로기가 표면적으로 예증되는 예들로부터 유도되는

---

6) 알튀세르는 자신의 글이 그가 설명하는 이데올로기적 호명의 한 판본일 수 있음을 보이고 있다. "이러한 글을 쓰는 사람이나 이 글을 읽는 사람이나 모두가 주체, 따라서 관념적 주체([동어반복적인] 명제)라는 걸 깨달을 필요가 있다. 다시 말해, 내가 '인간이란 원래 관념적 동물'이라고 말했을 때 바로 그 의미에서 이 글의 저자나 독자 모두 이데올로기 속에서 '무의식적으로' 혹은 '있는 그대로' 살아가고 있음을 깨닫는 게 필요하다는 말이다"(171/110[175]). 여기서 알튀세르는 목소리의 권위적 능력을 가정하고, 이데올로기적인 한에서 그의 글은, 마치 목소리가 그런 것처럼 독자에게 다가선다고 주장한다.

데, 베드로를 (그리고 모세를) 부르는 신의 목소리나 국가 권위의 대표로 추정되는 목소리('이봐 거기'라고 외치며 거리의 행인을 부르는 경찰관의 목소리) 속에 나타나는 종교적 목소리의 세속화가 바로 그러한 예들이다.

다시 말해서, 이름 부르는 행위의 신성한 힘이 주체의 이데올로기적 구성을 설명하는 호명 이론의 구조를 규정한다. 세례는 주체가 언어적 수단에 의해 사회적 존재로 강제되는 과정을 설명하기 위한 예라고 할 수 있다. 신은 베드로의 이름을 부르고 이러한 접근은 신을 베드로의 존재의 기원으로 수립한다.[7] 이 [베드로라는] 이름은 그 이름을 부르는 이[신]의 이름의 함축적이고 지속적인 현존에 의해 베드로[라는 사람]에게 영원히 붙어 있게 된다. 그러나 알튀세르가 제시한 사례의 조건 안에서 사고할 때 수취하는 사람 편에 어떤 자발성이나 예상적[선행적](anticipatory) 욕망이 없다면 이러한 이름 부르기는 성공할 수 없다. 이름 부르는 행위가 누군가에게 다가가는 행위인 한, 접근이 있기 전에 수취인이 있어야 한다. 그러나 이러한 접근이 실은 그것이 이름 부르고 있는 존재를 창조하는 어떤 이름이라는 점을 고려한다면 '베드로'라는 이름 없이는 '베드로'라는 존재도 있을 수 없는 것처럼 보인다.

실제로 '베드로'는 존재를 언어적으로 보장해 주는 이름이 없다면 존재할 수 없다. 이 같은 의미에서 주체형성의 선행적 조건이자 본질적인 조건으로서 권위적인 호명에 응답하는 어떤 자발성이 있어야 한

---

7) Althusser, "Ideology and Idoelogical State Apparatuses", p.177.

다. 이러한 자발성은 사람들이 이른바 대답을 하기 전에 이미 그 부름의 목소리와 관계하고 있으며 나중에 굴복하게 될 권위에 의한 활성적 오인(animating misrecognition)이라는 조건 속에 이미 연루되어 있음을 암시한다. 또는 이 존재는 뒤돌아서기 전에 이미 항복하고 있었으며 뒤돌아서는 것은 단지 종속 과정의 불가피한 표식에 불과하다고 말할 수 있을 것이다. 이 종속 과정에서 존재는 가능한 수취인으로서 언어 안에 자리 잡은 주체로 정립된다. 이러한 맥락에서 경찰관 장면은 때늦은 장면이자 재이중화된(redoubled) 장면이라 할 수 있는데 이 경찰관 장면은 이 같은 장면에는 어울리지[적합하지] 않는 [주체의] 근거를 부여하는 종속과정[근거 부여적 종속](founding submission)을 더욱 분명하게 만든다. 만일 이러한 종속 과정이 주체에게 존재를 부여하는 것이라면 이 종속의 이야기를 전달하고자 하는 내러티브는 허구적 효과를 설명하기 위해 문법을 이용하면서 진행할 수밖에 없다. 주체가 어떻게 생성하게 되는가를 설명하는 이 내러티브는 주체의 생성을 설명하기에 앞서 문법적 '주체[주어]'를 먼저 가정해야 한다. 그러나 주체를 근거 짓는 종속 과정이지만 아직 주체로 결정되기 전에 나타나는 이러한 종속 과정은 내러티브로 표현될 수 없는 주체의 전사(pre-history)라고 할 수 있는데, 이는 주체형성 과정의 내러티브 자체에 의문을 던지는 패러독스이기도 하다. 이러한 종속 과정의 결과물 이외의 것으로서 주체가 존재할 수 없다면 이러한 과정을 설명하는 내러티브는 그릇된 시간성을 요구하게 될 것이다. 그 이유는 이 같은 내러티브의 문법이 예속 과정을 겪는 주체 없는 예속화 과정은 있을 수 없다고 가정하고 있기 때문이다.

주체의 근거가 되는 이와 같은 종속화는 어떠한 심리적인 동기보다 앞서 나타나는 그러한 굴복일까? 행인이 법에 반응하는 장면에서 작동하고 있는 심리적 기질(disposition)을 어떻게 이해할 수 있을까? 무엇이 그러한 반응을 규정하고 그러한 반응에 형태를 부여하는가? 왜 거리의 행인은 '이봐 거기'라는 부름에 돌아서면서 답하는가? 뒤에서 들리는 소리를 듣고 그 목소리 방향으로 얼굴을 돌리는 것의 의미는 무엇인가? 법의 목소리에 몸을 돌리는 행위는 권위의 얼굴이 바라보는 대상이 되려는 욕구이자 권위의 얼굴을 바라보려는 욕구라고 할 수 있을 텐데 이런 청각적 장면의 시각적 연출은 (거울 단계, 또는 보다 정확히 표현하자면, "청각적 거울"이라 할 수 있을 것이다[8]) 어떤 오해를 허용하고 그 오해가 없다면 사회적 주체는 성취될 수 없다. 알튀세르에 의하면 이러한 주체화는 잘못된 그리고 잠정적인 총체화로서 일종의 오인(misrecognition)이다. 무엇이 이와 같은 법으로의 욕망을 촉진하는가? 또는 무엇이 종속을 주체화의 대가로 정립하는 질책에 담겨진 오인으로의 유혹을 촉진하는가? 이러한 설명은 죄의식을 가지고 법을 수용할 때만 사회적 존재 또는 주체로서 존재가 성취될 수 있음을 의미한다. 이와 같은 법 수용에서 죄는 법의 개입을 보장하고 나

---

8) Kaja Silverman, *The Acoustic Mirror: The Female Voice in Psychoanalysis and Cinema*, Bloomington: Indiana University Press, 1988. 실버먼은 항상 독자의 시선을 벗어나는 영화에서의 '보이스오버'(voice-over)의 이데올로기적 차원에 주목한다(p.49). 실버먼은 또한 영화적 음성 표현(presentation)에서 인지되는 목소리는 물질적인 목소리일 뿐만 아니라 거부된 남성적 주체의 목소리의 차원임을 분명히 한다(pp.80~81). 실버먼의 분석은 돌아서는 주체가 이미 그가 반응하고 있는 목소리에 대해 알고 있다는 점에서 이데올로기의 '목소리' 문제를 밝히고 있다. 그의 분석은 양심의 '목소리'와 법의 '목소리' 사이에 줄일 수 없는 모호성이 있음을 암시한다.

아가 주체의 존재로서의 연속성을 보장한다. 만일 주체가 법의 관점에서 그/그녀의 존재를 보장할 수 있다면 법은 주체화를 위한 예속화를 필요로 한다. 그리고 도착적이기는 하지만 존재는 자기 자신의 존재를 지속적으로 보장하기 위해 (항상 그리고 이미) 법에 굴복할 것이다. 이와 같은 법에의 굴복은 지속적 존재유지를 향한 나르시스적인 애착(narcissistic attachment)의 강제적 결과로 해석될 수 있을 것이다.

알튀세르는 그가 그의 아내 엘렌을 살해한 이야기에서 명확하지만 신뢰할 수 있는 방식으로 죄라는 문제를 다루고 있다. 그는 이 내러티브를 통해 그 자신을 법 앞에 세우기 위해 경찰을 부르며 거리를 달려갔던 상황을 기술하며 「이데올로기와 이데올로기적 국가장치」에 제시된 경찰 장면과는 반대의 상황을 제시한다.[9] 이 같은 경찰호출은 「이데올로기와 이데올로기적 국가장치」가 명확히 주제화하지 않았지만 어느 정도는 가정하고 있었던 부름의 특이한 전도를 설명하고 있다. 여기서 나는 그의 자전적 이야기에 의존하지 않으면서 거리의 행인이 경찰의 부름에 답하는 것이 아니라 오히려 경찰을 부르는 장면이 지닌 이론적 중요성, 즉 경찰 장면의 전도가 지닌 이론적 중요성에 대해 조금 더 밝혀 보고자 한다. 「이데올로기와 이데올로기적 국가장치」에서 주체형성 과정을 설명할 때 죄와 양심은 생명을 불어넣는 질책(animating reprimand)이라 할 수 있는 이데올로기적 요구와 은밀히 관계하면서 작동한다. 이 장에서는 어떻게 호명이 본질적으로 종교적

---

9) Louis Althusser *L'avenir dure longtemps, suive les faits*, Paris: Éditions STOCK/IMEC, 1992. 1부 참조.

인 예를 통해 형상화되는지를 보이기 위해 알튀세르의 「이데올로기와 이데올로기적 국가장치」를 다시 읽을 것이다. 종교적 권위의 범례적인 지위는 주체형성의 가능성이 종교적인 예 안에서 비난과 뗄 수 없는 관계에 있는 '인정에 대한 정념적 추구'에 의존하게 되는 방식의 역설을 강조한다.

동일한 질문을 다른 방식으로 제시해 볼 수도 있을 것이다. 알튀세르의 텍스트가 설명하려는 대상인 '양심'과 텍스트는 어떤 방식으로 서로 연루되어 있는가? 징후적 독해를 강제하는 이러한 이론적 모델의 지속성(persistence)은 어느 정도 징후적인가? 『자본을 읽자』의 도입부[10] 논문에서 알튀세르는 모든 텍스트에는 이론이 가시적으로 만든 세계와 함께 보이지 않는 영역도 나타나므로 텍스트를 읽을 때 이 "비가시적 영역"도 읽을 수 있어야 한다고 주장했다.[11] 장 마리 뱅상은 최근 알튀세르의 '징후적 독해' 개념을 고려하면서 텍스트가 흥미로운 이유는 "그것이 논의를 전개하는 엄격한 방식 때문에, 즉 논리적으로 구성되어 있기 때문에 흥미롭다기보다는 텍스트의 질서를 파괴하는 것, 그 질서를 약화시키는 것들로 인해 더욱 흥미롭다"라고 언급한 바 있다.[12] 알튀세르나 뱅상 모두 어떤 은유의 범례적 지위가 엄격한 논의를 약화시키는 징후적 독해로 작용할 수 있다는 사실을 고려하

---

10) [옮긴이] 1부 '『자본』에서 마르크스의 철학으로'를 의미한다.

11) Louis Althusser and Étienne Balibar, *Reading Capital*, trans. Ben Brewster, London: Verso, 1970, p.26; *Lire le Capital*, Paris: Francois Maspero, 1968.

12) Jean-Marie Vincent, "La lecture sympomale chez Althusser," in Future Antérieur, ed., *Sur Althusser: Passages*, Paris: Éditions L'Harmattan, 1993, p.97[버틀러의 해석].

지는 않았다. 그러나 알튀세르의 텍스트에서 중심적 위치를 차지하고 있는 양심과 법의 목소리라는 종교적 수사의 문제를 다시 고려해 보면 최근의 문학 연구에서 은유 독해와 이데올로기 독해 사이의 불필요한 긴장이 왜 일어나게 되었는지 물을 수 있게 된다. 알튀세르의 종교적인 유비가 단순한 예시에 불과한 것이라면 이 유비는 하나의 교육적 표현으로 텍스트 자체의 엄격한 주장으로부터 어느 정도 분리될 수 있게 된다. 그러나 종교적인 권위의 목소리가 지닌 수행적인 힘은 호명 이론을 위한 범례가 되고 또 그 수행적 힘은 이 예를 통해 신성한 이름 부르기의 추정적 힘을 주체를 사회적 존재로 호명하는 사회적인 권위로 확장한다. 나는 어떻게 비유적인 것들이 엄격한 개념화를 분열시키는지 보이는 과정에서 알튀세르 텍스트의 '진실'을 찾을 수 있다고 주장하려는 것이 아니다. 이와 같은 접근법은 비유를 본질적으로 분열적인 것으로 그리며 낭만적으로 묘사하게 된다. 하지만 비유는 개념적인 요구를 증가시키고 강화할 수 있다. 이러한 관심은 보다 구체적인 텍스트적 의도를 가지고 있는데 그 의도는 어떻게 비유(figures) ── 예와 유비 ──가 종교적 권위의 이데올로기적 신성화 과정(이때 텍스트는 그 권위를 재연reenact할 때에만 이 이데올로기적 신성화를 드러낼 수 있다)에 텍스트를 연루시키면서 개념화를 통지하고(inform) 확장하는지 보이는 것이다.

알튀세르에게 이데올로기의 유효성은 부분적으로 **양심**의 구성에 달려 있고 이때 양심이라는 개념은 말해질 수 있는 것에 제한을 가하는 것, 더 일반적으로 말하자면, 표상될 수 있는 것에 제한을 가하는 것으로 이해할 수 있다. 만일 이와 같은 관계를 이미 주어진 반성성

(pre-given reflexivity)으로 해석한다면, 다시 말해, 이미 만들어진 주체가 자기 자신에게 등을 돌리는 행위로 이해한다면, 양심은 자기제한(self-restriction)으로 개념화될 수 없다. 그 대신에 양심은 주체가 형성될 수 있는 가능성의 조건을 구성하는 일종의 돌아섬(반성성)을 지칭한다. 반성성은 이와 같은 양심의 순간을 통해서, 그리고 법을 향한 돌아섬과 동시적이라고 할 수 있는 자신에게 등을 돌리는 행위를 통해서 구성된다. 이러한 자기제한은 외부의 법을 내부화하지 않는다. 내부화 모델은 '내부'와 '외부'의 경계가 이미 형성되었다는 사실을 당연하게 받아들인다. 이와는 달리 이 자기제한은 주체에 앞서 있다. 이 자기제한은 법을 예상하며 실행되는, 그리고 법에 의해 규정되는 주체의 취역적·반성적 돌아섬을 구성하고, 따라서 법에 대한 예단적 사전 지식을 가지고 있는 주체의 돌아섬을 구성한다. 양심은 시민-주체(citizen-subject)의 생산과 규제에 있어 근본적인데 그 이유는 양심이 개인을 돌아서게 하고 그/그녀를 책망의 주체화 양식(subjectivating reprimand)에 이용될 수 있도록 만들기 때문이다. 그러나 법은 이 책망을 재이중화(redouble)한다. 누군가에게 등을 돌리는 행위는 누군가를 향해 몸을 돌리는 행위이다. 어느 하나를 다른 하나로 환원하지 않으면서 어떻게 이런 돌아섬을 함께 사고할 수 있을까?

[알튀세르의 「이데올로기와 이데올로기적 국가장치」 논문에는] 경찰이나 교회의 권위가 알튀세르적인 장면에 도착하기 전에 라캉적인 관점에서 말(speech)의 가능성과 연결된 금지(prohibition)에 대해 언급하는 부분이 있다. 거기서 알튀세르는 의식의 출현 ──양심의 출현("la conscience civique et professionelle") ──의 문제를 '적합하게 말

하기'(bien parler)라는 문제와 연결시킨다.[13] '적합하게 말한다는 것'은 기술을 습득하는 과정의 이데올로기적 심급인 것처럼 보이는데 이 과정은 주체의 형성 과정에서 중심적이다. 노동력(labor power)의 '다양한 기술들'이 재생산되어야만 하는데, 점차로 이러한 재생산은 회사 바깥에서 그리고 **학교** 안에서 이루어지게 된다. 즉 이 재생산은 생산과정의 외부와 교육제도 안에서 이루어진다. [이 과정에서] 무엇보다도 먼저 습득해야 할 기술은 **말하기 기술**(skills of speech)이다. 글의 뒷부분에서 호명의 유효성 및 성공여부를 판명하는 데 중심적인 것으로 거론되는 양심이 최초로 언급되는 부분은 기술(mastery) 획득 및 "적합하게 말하는 법"의 습득을 논하는 부분과 연결되어 있다. 주체의 재생산은 언어적 기술의 재생산을 통해 발생하는데, 이는 이른바 "노동분업의 모든 행위자들이" 지켜야 할 규칙과 태도를 구성하는 과정이기도 하다. 이러한 의미에서 적합한 말에 관한 규칙은 **존경**이 표현되고 유보되는 과정에 대한 규칙이라고 할 수 있다. 노동자들은 적합하게 말하는 법에 대한 가르침을 받고, 관리자들은 "옳은 방식으로"(bien commander) 노동자에게 말하는 법을 배운다(131~132/72).

사람들은 보통 언어기술이 숙달하는 것(mastered), 또는 숙달할 수 있는 것(masterable)이라고 말하고는 한다. 그러나 알튀세르에 의하면 이러한 숙달([정복], mastery)은 복종(submission)의 일종이기

---

13) Althusser, "Ideology and the Ideological State Apparatuses", p.132; "Ideologie et appareils ideologiques d'etat", p.72. [옮긴이] 『레닌과 철학』, 140쪽. 이하 이 장에서 「이데올로기와 이데올로기적 국가장치」의 인용 쪽수는 본문 괄호 안에 '영어판 쪽수/프랑스어판 쪽수' 식으로 표기했다.

도 하다. "노동력의 재생산은 기술(노동자)의 재생산뿐만 아니라 동시에 기존 질서가 제시하는 규칙에의 복종(soumission a l'ideologie dominante)을 재생산해야 할 것을 요구한다"(132/72)[14]. 이 같은 지배 이데올로기의 규칙으로의 복종에 관한 문제는 다음 문단에서 **예속화**의 문제틀로 연결되는데, 이 문제틀은 이중의 의미를 짊어지게 된다. 즉 예속화란 규칙에의 굴복을 의미할 뿐만 아니라 그 복종과정을 통해 사회성(sociality)의 틀 안에 구성된다는 것을 의미한다는 점에서 이중의 의미를 지니게 된다.

알튀세르는 "학교는 지배 **이데올로기로의 예속화**(l'assjetissement à l'idéologie dominante)나(ou/or) 실천의 숙달을 보장하는 형태 속에서… 방법적 지식(know-how)을 가르친다"라고 썼다(133/73)[15]. 이 정식화 중간에 나오는 **이접** 접속사 '또는'(or)의 논리적 효과에 대해서 생각해 보도록 하자. 즉 "지배 이데올로기로의 예속화나"라는 표현과 이와는 다르지만 동등한 용어로 표현된 "이 실천의 숙달"(강조는 나$_{Butler}$의 것임)이라는 표현에 대해 살펴보자. 실천을 더 숙달하면 할수록 더 완전한 예속화가 성취된다. 굴복(submission)과 숙달(mastery)은 동시에 발생하는데 이 역설적인 동시성은 예속화의 양가성(ambivalence)을 구성한다. 복종이란 외부에서 부가되는 지배적 질서에 순응하는 것이고 통제력과 숙달을 상실하는 것이라고 예상해 볼 수도 있겠지만 역설적이게도 복종은 숙달에 의해 표시된다. 알튀세르가 정확하고 역설

---

14) 『레닌과 철학』, 140쪽.
15) 『레닌과 철학』, 140쪽.

적인 방식으로 복종을 숙달의 일종으로 재규정할 때 숙달/복종의 이항적 틀은 힘을 잃게 된다. 이러한 시각에서 복종이나 정복은 모두 **주체에 의해 수행되는 것이 아니다**. 숙달로 체험된 복종과 복종으로 체험된 숙달의 동시성은 주체 출현 가능성의 조건이다.

　여기서 복종에 앞서 그 어떤 주체도 존재할 수 없다는 문법적 문제가 이와 같은 이론화가 지닌 개념적 문제를 부각시킨다. 요컨대 문법적인 관점에서 '알아야 할 사항'이 하나 있는데, 그것은 바로 주체가 되기 위해 이러한 복종 과정을 거치는 것은 과연 **누구인가이다**[16]. 알튀세르는 이러한 문법적 요구를 충족시키기 위해 잠정적으로 플레이스홀더(place holder)[17]로서 개인이라는 용어를 도입한다. 그러나 이와 같은 문법적 요구에 궁극적으로 들어맞는 주체는 정적인(static) 문법적 주체가 아닐 것이다. 주체의 문법은 우리가 기술하려고 하는 과정의 결과로서 출현한다. 우리가 이른바 주체의 문법적 시간 속에 사로잡혀 있기 때문에 (예를 들어, "우리는 지금 그 과정에 대한 설명description을 시도하고 있는 중이다", "우리는 사로 잡혀 있다") 질문 과정에서 주체의 구성을 전제하지 않고 주체 구성의 계보학을 추구하는 것은 사실상 불가능하다.

　어떻게 주체에 앞서 주체의 구성을 설명할 수 있을까? 알튀세르는 사회관계의 재생산을 언급하면서 「이데올로기와 이데올로기적 국가장치」 논문을 시작한다. 그는 사회적 관계의 구체적 예로 사회적 기

---

16) [옮긴이] 어떤 주체가 먼저 존재해야만 이런 과정에 개입할 것이 아닌가? 즉 알튀세르의 주체 이론에서는 주체에 앞선 주체라는 논점이 등장한다.

17) [옮긴이] 이 책의 서론 각주 19번 참조.

술의 재생산을 언급한다. 그리고 나서 그는 회사에서 재생산되는 기술과 교육과정에서 재생산되는 기술을 구분한다. 주체는 후자와 관련하면서 형성된다. 이러한 의미에서 이 생산관계의 재생산은 이 과정에서 생산되는 주체에 선행한다. 그러나 엄밀히 말하면 이 둘은 상대방이 없으면 사고될 수 없을 것이다.

사회관계의 재생산과 기술의 재생산은 예속의 재생산이다. 그러나 여기서 노동의 재생산은 중심적인 문제가 아니다. 여기서 중요한 재생산은 주체에 적합한 재생산이며 언어 및 양심 형성과의 관계 속에서 발생하는 재생산이다. 알튀세르에게 양심적으로 업무를 수행한다는 것은 이른바 그 임무를 계속해서 수행하는 것, 그 기술을 재생산하고 또 그 기술을 재생산하는 과정에서 기술을 숙달하게 되는 것을 의미한다. 알튀세르는 "양심적으로"라는 말에 인용 부호를 붙이면서 노동이 도덕화되는(moralized) 과정을 부각시켰다. 불어 's'acquitter'가 지닌 도덕적 의미는 그것이 영어 'to perform', '수행하다'로 번역되는 과정에서 사라져 버렸다. 만일 일련의 기술을 습득하는 것을 **자신의 죄를 사하는 행위**로 이해할 수 있다면 방법적 지식(savoir-faire[know how])[18]의 습득은 어떤 혐의(accusation)에 대하여 자신을 방어하는 행위라 할 수 있다. 말 그대로 이는 피고소인의 무죄 선언이다. "양심적으로" 처신한다는 것은 노동을 순수한 고백(순수함의 자백)으로 파악하는 것이자 유죄를 주장하며 자백을 강요하는 요구에 맞서 (노동

---

18) [옮긴이] 프랑스어의 'savoir-faire'는 영어 'know-how'와 유사한 의미를 지닌다. 하지만 'know-how'가 기술적 측면이나 방법적 측면을 더 많이 내포하는 반면 'savor-faire'는 사회적 관습의 의미도 내포한다고 한다.

을) 죄 없음의 표식 또는 증거로 파악하는 것이다.

그렇다면 지배 이데올로기의 규칙으로의 '복종'이란 혐의에 맞서 무죄를 증명해야 할 필요성에 대한 복종이라고 할 수 있다. 이와 같은 복종은 증거요구에의 복종이자 그 증명의 실행이며 심문하는 법에 응하는 과정 안에서 그리고 그 과정을 통해 주체의 지위를 획득하는 것이다. 그러므로 주체가 되는 것은 죄를 지었다고 추정된 후 심판을 거쳐 무죄를 선고 받는 것이라고 할 수 있다. 이러한 무죄 선언은 단일한 행위가 아니라 계속 재생산되는 어떤 상태이기 때문에 '주체'가 되는 것은 죄를 지었다는 혐의로부터 자신을 사면하는 지속적인 과정 속에 있다는 것을 의미한다. 이는 합법성의 상징이 되는 것이고 평판이 좋은 시민이 되는 것이다. 그러나 이 시민에게 이와 같은 합법적인 지위는 매우 미약한 것이다. 그리고 이 시민은 또한 좋은 평판을 받지 못하는 것과 유죄로 판명되어 밖으로 내던져지는 것이 무엇을 의미하는지 잘 알고 있다. 그러나 죄가 주체를 규정하기 때문에 이 죄는 주체가 구성되는 과정인 법으로의 종속 과정의 전사(pre-history)를 구성한다고 할 수 있다. 여기서 우리는 알튀세르의 텍스트가 '나쁜 주체'를 거의 언급하고 있지 않은 이유가 실은 나쁜 주체라는 용어가 모순어법에 가깝기 때문은 아닌지 추측해 볼 수 있을 것이다. '나쁘다'는 것은 아직 주체로 되지 못했다는 것을 의미하고 유죄 주장으로부터 자기 자신을 사면하지 못했음을 의미한다.[19]

---

19) 이 논점과 관련해 막스 베버의 『프로테스탄트 윤리와 자본주의 정신』을 알튀세르와 비교하는 것도 가능할 것이다. 알튀세르의 경우 프로테스탄트라기보다는 가톨릭적이기는 하지만, 양자 모두에게서 노동은 기독교적 윤리에 의해 효과적으로 보장되고 있다.

이러한 수행(performance)이 단순히 기술(skills)과 **조화로운 관계를 이루고 있는** 것만은 아닌데 그 이유는 이와 같은 수행이 없다면 주체도 존재하지 않기 때문이다. 기술을 수행하는 것은 주체가 사회적 존재로 보장 받을 수 있도록 작업하는 것이다. 죄가 있고 나서 기술을 얻을 수 있는 반복적인 실천이 있다. 그리고 그런 후에야 사회적인 것 안에 주체로서 문법의 자리가 마련[가정]된다.

주체가 일련의 기술에 따라 수행한다고 말하는 것은 이른바 문법을 그대로 받아들이는 것이다. 일련의 기술을 배워야 할 주체가 있고 그 주체는 이 기술을 배우는 데 성공할 수도 있고 실패할 수도 있다. 이때 우리는 이 기술을 습득했다고(master) 말하거나 혹은 그러지 못했다고 말한다. 일련의 기술을 습득하는 것은 단순히 기술을 받아들이는 것이 아니라 그 자신의 행동 안에서 그리고 자신의 행동으로서 그것들을 재생산하는 것이다. 이는 단순히 규칙에 따라 행동하는 것이 아니라 행동과정에서 규칙을 체현시키는 것이고 체화된 행동의 의식 속에서 그 규칙들을 재생산하는 것이다.[20)]

---

20) 피에르 부르디외는 『실천의 논리』(*Logic of Practice*)에서 아비투스(habitus) 개념을 가공하는데, 이 저작에서 그는 기존 문화가 그 '자명함' 속에서 신념을 생산하고 유지하는 일상의 의례들을 분석한다. 그는 육체의 자리, 육체의 제스처 및 육체의 문체론(stylistics), 실천적인 의미 재구성의 장소로서 무의식적인 '앎'(knowingness)을 강조하는데, 이들이 없다면 사회적 현실은 구성될 수 없다. 부르디외 아비투스 개념을 알튀세르의 이데올로기 개념의 재구성으로 보는 것도 가능할 것이다. 이데올로기가 주체의 '자명함'을 구성하지만 그 자명함이 장치(dispositif)의 효과라고 쓴 반면, 부르디외의 저작에서는 같은 용어가 아비투스가 신념들을 발생시키는 방식을 묘사하기 위해 등장한다. 부르디외에게 장치들(dispositions)은 발생적이고 이항 가능하다. 알튀세르의 「이데올로기와 이데올로기적 국가장치」 논문에서 후자의 재전유가 어떻게 시작되는지 참조. "어떤 사람이 신 혹은 의미 혹은 정의 등의 존재를 믿는다. (모든 이에게, 즉 이데올로기를 정의에 의해 영적으로 타고난 관념으로 귀결시키고 있는 이데올로기에 대한 관념적 표현 속에서 살고 있는 모든 이에게) 이러한 믿음은 당사자 개인의 관념

무엇이 이러한 재생산을 야기하는가? 재생산을 야기하는 것은 분명 규범의 기계적인 전유도 아니고 자발적인 전유도 아닐 것이다. 이는 또한 단순한 행동주의도 아니고 의도적인 계획도 아닐 것이다. 재생산이 주체의 생산에 선행하는 한에서 그것은 의식의 질서와 관련된 것도 아니다. 그리고 이 비자발적인 강제는 기계적으로 유도된 효과가 아니다. 의례(ritual) 개념에 따르면 그것은 수행되는 것이다. 의례 개념은 수행(performance)의 반복 속에서 믿음이 생성되고 그 믿음은 그 후 계속되는 작업을 통해 행동 속에 통합된다는 것을 암시한다. 그러나 모든 수행에는 "자신을 면소시키려는" 강박감(compulsion)이 내재해 있다. 따라서 어떤 불안과 비난을 받을 때에만 분명해지고 생명력을 갖게 되는 앎(knowingness)이 모든 수행에 앞서 존재한다.

　　이러한 의례적(ritual) 반복의 정신적(psychic) 차원을 그 의례에 생명을 불어넣고 또 다시 불어넣는(animating and reanimating) 행동(actions)과 분리하는 것이 가능한 것일까? 의례 개념은 믿음과 실천을 분리할 수 없는 것으로 만든다. 그러나 슬로베니아의 비평가인 믈라덴 돌라르(Mladen Dolar)는 알튀세르가 정신(the psyche)을 분리된 차원으로 설명하는 데 실패했다고 주장한다. 돌라르는 알튀세르와 라캉의 필연적인 상호보완성을 주장하는 지젝과 아주 유사하게 라캉으로의

으로부터, 즉 자신의 믿음에 대한 관념이 내포된 의식의 소유자인 주체로서의 자신으로부터 비롯된다. 이런 식으로, 다시 말해 이처럼 구축된 전적으로 관념적인 '개념상의' 장치(의식을 타고난 주체, 주체는 이 의식 속에서 자신이 믿고 있는 관념들을 자유롭게 형성하거나 자유롭게 인식한다)에 의해 관련된 주체의 (구체적인) 태도가 자연스럽게 뒤따른다"(Althusser, "Ideology and the Ideological State Apparatuses", p.167[『레닌과 철학』, 171쪽]).

복귀를 제안한다.[21] 사회적 실천으로부터 정신을 분리할 수 있다는 주장은 알튀세르의 [이데올로기] 이론에서 종교적 은유학[의 역할]을 강화한다. 다시 말해, 정신과 사회적 실천의 분리는 정신을 영혼의 관념성과 크게 다르지 않은 의미를 지닌 순수한 관념성에 비유하게 된다. 나는 여기서 주체성의 추정적 관념성과 정신적 현실을 포함해 이데올로기가 확장된 물질성 영역의 일부라는 알튀세르적인 주장 사이에서 나타나는 갈등을 살펴보기 위해 돌라르의 알튀세르 독해를 참조하고자 한다.

돌라르의 논문 「호명을 넘어서」[22]는 알튀세르가 라캉의 상상 이론을 자주 이용하지만 정신분석학이 지닌 분열적인(disruptive) 잠재력을 잘 이해하지 못하고 있다고 지적한다. 특히 그는 알튀세르는 주체화가 불가능한 영역을 지칭하는 개념으로서 '실재계'(the real)라는 개념의 잠재력을 파악하지 못하고 있다고 지적한다. 돌라르는 "단순히 말하자면, 성공적으로 주체의 영역에 진입하지 못하는 개인적인 부분, 즉 주체가 구성된 후에 주체에게 유령처럼 출몰하는 '전-이데올로기적'이고 '전주체적'인 제1질료(material prima)가 있다"(75)라고 쓰고 있다. 여기서 "제1질료"라는 단어의 사용은 매우 중요한데 그 이유는 이 구절을 가지고 돌라르가 알튀세르가 제시하는 물질성에 대한 사회적 설명에 대항하고 있기 때문이다. 실제로 이 "제1질료"는 절대로

---

21) Slavoj Žižek, *The Sublime Object of Ideology,* London: Verso, 1980, pp.1~2.
22) Mladen Dolar, "Beyond Interpellation," *Qui Parle* 6, no.2(Spring~Summer 1993), pp.73~96. 영어본은 원본인 "Jenseits der Anrufung"(in Slavoj Žižek, ed., *Gestalten der Autoritt*, Vienna: Hora Verlag, 1991)의 수정본이다.

알튀세르적인 의미로 **물질화되지** 않는다. 즉 이는 실천, 의례, 사회적 관계로 나타나지 않는다. 사회적인 것(the social)의 관점에서 볼 때 이 "제1질료"는 근본적으로 비물질적이다. 그러므로 돌라르는 알튀세르가 근본적으로 비물질적인 것으로 남아 있는 주체성, 금지되어서 물질성의 영역에 나타날 수 없는 주체성의 영역을 무시하고 있다고 비판한다. 돌라르에 의하면 호명은 주체형성을 불완전하게 설명할 수 있을 뿐이다. "알튀세르에게 주체는 이데올로기의 작동을 가능하게 만들어주는 것이다. 정신분석학에서 주체는 이데올로기가 실패한 곳에서 출현한다… 호명의 관점에서는 주체화 과정 이후 남는 잔여가 보이지 않는다." "호명은 이 잔여물을 피하는 방식이다"라고 그는 쓰고 있다. 돌라르의 핵심적인 논점은 소통이 가능한 말과 사회적 유대로 이해할 수 있는 ① '상징계 영역'과 존재론적으로 사회적인 것(the social)과는 구분되면서 사회적인 것은 설명할 수 없는 잔여로 정의할 수 있는 ② '정신(the psychic)의 영역'[23]의 구분을 강화해야 할 필요성이 있다는 것이다.

　돌라르는 물질성과 내재성을 구분한 후, 느슨한 방식으로 이 구분을 국가장치의 물질성과 주체성의 추정적 관념성을 나누는 알튀세르적인 구분과 나란히 놓는다. 강한 데카르트적인 반향을 띤 정식화에서 돌라르는 내재성의 개념을 통해 주체성을 정의하고 외부성의 영역(즉 주체에 외부적인 영역)을 물질적인 것으로 식별한다. 그는 주체성이 내면과 관념성에 있다면, 물질성은 이를 상쇄하는 외부 세계, 즉 그 반대

---

23) [옮긴이] 번호와 따옴표는 이해를 돕기 위해 옮긴이가 첨가한 것임.

에 속한다고 가정한다.

이렇게 안과 바깥을 구분하는 방식을 알튀세르의 이론적 특징을 규정하는 방식으로서 보거나 또는 그에 대한 외적 보충물로 보는 것은 이상한 면이 없지 않다. 결국 알튀세르의 가장 궁극적인 공헌은 전통적으로 마르크스주의가 가정하고 있는 물질적 토대와 관념적·이데올로기적 상부구조의 구분의 이분법의 근거를 허문 것이라고 할 수 있다. 그는 이데올로기적인 것의 물질성을 주장하면서 그렇게 할 수 있었다. "이데올로기는 장치 속에, 실천 또는 실천들 속에 존재한다. 그 존재는 **물질적**이다."[24]

주체의 구성이 제의례(rituals)를 통해 발생하는 한, 그리고 제의례들이 '주체의 관념'을 물질화하는 한, 주체의 구성은 **물질적**이다. '주체성'이라고 불리는 것, 즉 주체에 의해 체험되는 가상적 경험으로 이해되는 것은 주체들이 구성되는 물질적 의례들로부터 파생된다. 파스칼의 신자는 믿음을 불러내는 몸짓을 반복하면서 한 번 이상 무릎 꿇는다. 조금 더 광범위하게 말하자면, 주체가 구성되는 "이데올로기적 의식(rituals)"을 이해하는 것은 이데올로기 개념에서 매우 중요하다. 만일 믿음이 기도하는 자세로부터 생겨나고 자세가 믿음을 규정하고 반복하는 것이라면, 어떻게 믿음이 그 안에서 계속적으로 반복되고 재설정되고 있는 의례적 실천과 관념화 작용(ideation)을 따로 분리해 낼 수 있을까?

---

24) Althusser, "Ideology and the Ideological State Apparatuses," p.166; "Ideologie et appareils ideologiques d'etat," p.104[『레닌과 철학』, p.170].

주체의 문제가 주체성의 문제와 같은 것이 아님에도 불구하고 돌라르의 논문은 어떻게 이 두 문제가 함께 사고될 수 있는지 명확하게 설명하고 있지 않다. 알튀세르의 이론에서 '주체성' 개념은 주관주의(subjectivism)를 비판할 때를 제외하고 커다란 역할을 하지 못한다. 그리고 알튀세르의 이론에는 주체성 개념이 어떻게 그가 사용하고 있는 언어로 전환될 수 있는지 명확하게 나타나 있지 않다. 아마도 이 문제가 돌라르의 주요한 논점이 될 것인데 그의 주장은 알튀세르의 텍스트에는 주체성 개념을 위한 충분한 자리가 없다는 것이다. 돌라르의 주된 비판적 관심은 알튀세르가 주체화에 만들어지는 '잔여물', 즉 비현상적인 '내부성의 중핵'을 완벽하게 설명하지 못했다는 것을 지적하는 데 있다.[25] 돌라르는 "대상의 내투사"(the introjection of the object)에 의해 내부와 외부의 구분이 만들어질 것이라고 주장할 것이다(79). 그러므로 1차적 대상이 내투사되고 그 내투사는 주체의 가능성의 조건이 된다. 대상의 회복 불가능성이 주체의 조건을 지탱할 뿐만 아니라 주체의 일관성을 해치는 위협이 되기도 한다. '실재계'라는 라캉주의적 개념은 주체의 근본적인 한계일 뿐만 아니라 내투사의 최초 행위로 제시된다.

돌라르의 견해에 따르면, 내부성의 핵이 갖는 관념성(the ideality of this kernel of interiority)은 물질화와 주체화 모두에게 한계를 부여한다. 다시 말해, 그것은 구성적 결여나 상징화할 수 없는 실재계

---

25) Dolar, "Beyond Interpellation," p.76. [옮긴이] 이하 돌라르의 논문 인용쪽수는 본문 괄호 안에 쪽수만을 표기한다.

를 구성한다. 배제되거나 내투사되는 **과정**에서 1차적 대상(primary object)은 상실되는 동시에 관념화된다. 내투사 과정에서 이 대상이 얻은 관념성은 주체성의 근거를 만드는 관념성(founding ideality of subjectivity)을 구성한다. 이러한 시각은 알튀세르가 간파하지 못한 것이다. 그러나 돌라르는 알튀세르의 이론에서 충분히 실현되지 않은 물질성과 관념성의 구분을 알튀세르의 공으로 돌리고 있다.

알튀세르가 생략한 채로 남겨두었지만 그가 제시한 예에 의해 가장 잘 드러나는 것이 바로 주체와 타자, 양자의 출현과정에서 나타나는 한 단계이다. 국가장치(제도, 실천, 의례 등)의 외적 물질성과 이데올로기적 주체성이라는 내부성 사이의 이행을 밝히기 위해 알튀세르는 파스칼에게서 그의 유명한 제언, 즉 신자가 되는 최상의 방법은 종교적 의식을 따르는 것이라는 조언을 빌려온다.(88)

돌라르는 이와 같은 의식을 '의미없는 의례'(senseless rituals)라고 칭하고, 신념(creed)과 의례들이 가정(supposition)의 효과라는 점과 의례가 믿음을 따르지만 믿음의 생산조건은 아니라는 것을 보이기 위해 알튀세르적인 설명을 전도시킨다. 돌라르는 왜 기도를 하는지 그 동기를 잘 설명하지 못하는 알튀세르의 의례적 실천 이론의 무능력을 강조한다. 왜 의례를 따르는가? 왜 그/그녀는 의미 없는 몸짓을 반복하는 데 동의하는가?

알튀세르의 방식으로 돌라르의 질문에 만족할 만한 답을 제시하는 것은 불가능할 것이다. 그러나 돌라르가 제기한 질문들의 근본 전제들을 알튀세르의 설명과 대립시켜 볼 수는 있다. 돌라르는 의례의 수행 이전에 그에 동의하는 주체를 가정하는데, 이는 그가 동기를 설명하기 위해서는 항상 의지를 가진 주체가 먼저 존재해야 한다고 생각하고 있음을 보여 준다. 그러나 이렇게 동의하는 주체는 어떻게 존재하게 되는 것일까? 가정하고 동의하는 주체는 상징계로의 '진입'과 주체가 되는 과정(the becoming of a subject)에 선행하고 또 그것을 규정하는 것처럼 보인다. 여기서 나타나는 논리의 순환성은 명확하다. 그러나 이를 어떻게 이해할 수 있을까? 주체의 구성에 앞서 주체를 제시하지 않은 것은 알튀세르의 실패를 의미하는가? 그의 실패는 이와 같은 내러티브의 문법적 요구 사항이 그 내러티브가 제공하는 주체형성 과정에 대한 설명에 반해서 작동한다는 사실을 보이고 있는가? 글자 그대로 해석하거나 또는 주체의 문법적 요구사항에 존재론적인 지위를 부여하는 것은 곧 문법과 존재론 사이에 어떤 모방관계를 가정하는 것이다. 그런데 라캉적 관점이든 알튀세르적 관점이든 이와 같은 생각은 문법에 대한 기대가 실은 항상 소급적으로 설치되었다는 점을 간과한다. 주체형성의 내러티브를 규정하는 문법은 주체를 위한 문법적 자리가 이미 정해져 있다고 가정한다. 내러티브가 요구하는 문법은 내러티브 자체로부터 유래하는 것인데, 이 점이 매우 중요하다. 그러므로 주체형성에 대한 설명은 이중적 허구로 이 허구는 자기 자신에게서 어긋나면서 서술에 저항하는 것을 반복적으로 징후화한다.

비트겐슈타인은 "우리는 말하고 단어들을 입 밖에 낸다. 그리고 그런 후에야 그 말의 의미를 알 수 있을 뿐이다"라고 썼다. 의미의 예상(anticipation of sense)이 말(speech)이라고 하는 '텅 빈' 의례를 지배하고 의례의 반복성을 보장한다. 이와 같이 이해할 때, 우리는 무릎 꿇기 전에 믿어야 할 필요도 없고, 말하기 전에 그 의미를 알아야 할 필요도 없게 된다. 오히려 그 반대로 이 두 행위는 발화(articulation) 속에서, 그리고 발화를 통해서 의미가 도착할 것이라는 믿음(노에마적인 만족에 대한 보장이 통제할 수 없는 기대) 속에서 행해진다. 만일 가정하고 동의하는 것이 가정과 동의의 언어 바깥에서 사고될 수 없는 것이라면, 그리고 이 언어가 의례적 형태의 침전물(데카르트적 의례)이라면, 우리가 무릎 꿇기로 동의하는 행위는 무릎 꿇는 행위보다 더 의례적이지도 않고, 덜 의례적이지도 않다.

　　돌라르는 이데올로기의 영역을 물질성의 영역에 포함시키는 알튀세르의 물질성 개념의 재정식화가 너무 포괄적이라고 주장하면서, 즉 물질화가 불가능한 관념성을 위한 자리와 주체형성 과정을 출발시키는 잃어버리고 내투사된 대상을 위한 자리를 남겨 두지 않는다고 지적하면서, 자신이 제기한 반대주장의 신학적 성격을 명확히 하고 있다. 그러나 돌라르 자신이 알튀세르의 '물질성' 개념을 어떻게 읽고 있는 것인지, 알튀세르 저작 속의 물질성의 의례적·시간적 차원이 물질성을 경험적으로나 사회적으로 주어진 것으로 환원하는 것을 옹호하는 방식으로 삭제된다고 말하는 것인지 등의 문제가 명확하게 정리되지 않은 채로 남아 있다.

　　또한 이러한 이유로 인해 물질성에 대한 알튀세르의 강렬한 주장이 충분하지 않은 것이다. 여기서 출현하는 큰 타자(the Other), 즉 상징적 질서의 큰 타자는 물질적이지 않다. 그리고 알튀세르는 제도와 실천의 물질성에 대해 말하면서 이 비물질성의 영역을 덮고 있다. 만일 주체성이 어떤 의례를 물질적으로 따르는 것으로부터 유래하는 것이라면 그것은 그 의례들이 상징적 자동기계로 작동할 때에만 가능한 것이다. 다시 말해, 그것은 그 큰 타자에 의해 지탱되는 '비물질적' 논리에 의해 규제될 때만 가능한 것이다. 이 큰 타자는 물질성을 철저히 조사할 때 찾을 수 있는 것이 아니다⋯ 궁극적으로 중요한 것은 그것들이 물질적이라는 것이 아니라, 그것들이 규율(code)과 반복에 의해 규제된다는 것이다.(89)

위의 마지막 부분은 알튀세르 자신의 주장과는 대립하는 것으로 보이는 물질성과 반복의 대립을 정식화하고 있다. 만일 이데올로기가 일련의 실천들로 구성되고 그 실천들이 제의식들에 의해 규제되는 한에서 물질적인 것이라면, 그 물질성은 좁게 정의된 경험주의적인 개념화에 의해 정의되는 것과 유사하게 제의식과 반복에 의해 정의되는 것이다. 더욱이 이데올로기의 의례들은 그것들이 **생산적인** 능력을 획득하는 한에서만 물질적이다. 그리고 알튀세르의 텍스트에서 의례들이 생산하는 것은 바로 주체이다.

돌라르는 의례가 주체를 생산하는 것이 아니라 주체성을 생산하는 것이며 의례들이 상징적이거나 반복적인 논리, 즉 비물질적인 논리에 의해 규제되는 한에서만 주체성을 생산할 수 있다고 설명한다. 돌라르에게 주체성이란 "의례들을 물질적으로 따를 때 발생하는 것"으로, 이때 "발생"(spring up)이 그 자체로 물질적인 것은 아니지만 "따르는"(following) 행위는 물질적인 차원을 갖는다. 주체성은 물질적이고 의례적인 수행(performance)으로부터 비물질적으로 발생한다. 그러나 이러한 과정은 내투사의 관념화 효과를 명문화하고 재연(reenact)하는 어떤 비물질적 논리가 의례적 수행에 선행하고, 또 의례적 실행을 지탱한다는 조건 아래서만 발생한다. 그러나 우리가 어떻게 '의례에 적합한 반복과 '상징적 자동기계'에 적합한 반복을 구분할 수 있을까?

알튀세르가 묘사한 관념의 물질성 및 이데올로기 내 관념적인 것 안에서 이 두 반복을 분리하는 것은 불가능한데, 여기서 이에 대해 생각해 보자.

> 관념의 존재가 최종심급에서 이데올로기적 장치에 의해 정의되는 의례들에 의해 규제되는 실천들의 행위 속에 각인되는 꼭 그만큼, 관념은 (관념적이고 정신적인 존재의 특성을 부여 받으며) 사라져 버린다. 그러므로 (현실적 규정의 질서 속에서 개시된) 다음과 같은 체계에 의해 작동되는 한에서, 주체는 활동한다. 이데올로기는 물질적인 이데올로기 장치 속에 존재하며 물질적 관습에 의해 지배되는 물질적 실천들을 지시한다. 그리고 이러한 실천들은 그의 신념에 따라 의식적으로 행동하는 주체의 물질적 행동 속에 존재한다.[26]

관념은 의례들에 의해 규제되는 실천이라고 할 수 있는 그런 행동들 속에 각인되어 존재한다. 그렇다면 관념들은 다른 방식으로 존재할

---

26) Althusser, "Ideology and the Ideological State Apparatuses", pp.169~170; "Ideologie et appareils ideologiques d'etat", p.109[『레닌과 철학』, p.174].

수 있을까? 그리고 의례 바깥에 관념이 존재할 수 있을까? 물질적인 것을 규제된 반복으로서뿐만 아니라 완전히 의식적으로 행동하는 주체를 생산하는 반복으로 다시 사고한다는 것은 과연 무엇을 의미하는 것일까? 주체의 믿음은 파스칼의 믿음과 다르지 않다. 이 둘은 모두 알튀세르가 '물질성'이라고 부른 반복적인 주술의 결과이다.

돌라르는 알튀세르가 물질성과 상징계(the symbolic)를 구분해야 한다는 것을 생각하지 못했다고 주장한다. 그러나 이와 같은 분할 지도 위에서 '호명'을 어디에 배치할 수 있을까? 호명은 상징계의 목소리인가 또는 국가의 의례화된 목소리인가? 아니면 이 둘은 서로 구분이 불가능하게 되어 버렸는가? 돌라르의 용어를 써서 표현하자면, 만일 상징이 의례 속에서만 그 '존재'를 성취할 수 있다면, (관념성의 다양한 출현 양식 및 반복 양식이라는 문제와는 별개로) 무엇이 상징적 영역의 관념성을 정립할 수 있을까? 의례는 반복을 통해서 발생하고 반복은 물질적인 것의 불연속성, 현상성으로의 환원불가능성 또는 현상성에 대한 물질성을 함의한다. 반복이 발생하는 간격은 엄밀히 말해 **나타나지** 않는다. 이 간격은 이른바 부재인데, 이 부재를 통해서 현상들이 접합된다. 그러나 바로 그러한 이유 때문에 이 비출현(non-appearance) 또는 부재는 '관념성'(ideality)이 아니다. 그 이유는 이 부재가 관념성의 구성적 필연성 및 부재하는 필연성으로 그 접합과정에 묶여 있기 때문이다.

유물론에 대한 신학적 저항은 명확히 라캉의 데카르트적 유산을 방어하는 **돌라르의 저작** 속에, 그리고 영혼의 순수한 관념성에 대한 그의 주장 속에 잘 예시되어 있다.[27] 그러나 신학적인 충동은 **형법의 형태**로 알튀세르 저작의 구조 또한 규정하고 있다. 돌라르는 비록 법이 성공적으로 주체를 규제할지라도 그 법이 사랑의 내부 영역을 건드릴 수 없다고 제안한다. "호명의 메커니즘과 관련해 어떤 잔여물이 있다. 즉 명확하게 자르고 난 후 남는 나머지가 있다. 그리고 이 잔여물은 사랑의 경험을 통해 끄집어 낼 수 있다"(85). 더 나아가 그는 묻는다. "우리가 호명 너머에서 찾을 수 있는 것을 사랑이라 부를 수 있을까?"

돌라르의 언어로 표현하자면, 사랑이란 "강제된 선택"이다. 이는 무릎 꿇고 기도하기로 "동의"한 주체 개념에게서 그가 기대했던 것이 실은 일종의 강제된 선택이었음을 암시한다. 사랑은 호명을 넘어서는데, 그 이유는 바로 사랑이 사랑의 다양한 실천을 규정하는 의례적 법보다 우위에 있는 비물질적인 법(상징계)에 의해 강제되기 때문이다. "여기서 출현하는 큰 타자, 즉 상징적 질서의 타자는 물질적이지 않다. 그리고 알튀세르는 제도와 실천의 물질성에 대해 말하면서 이 비물질성의 영역을 은폐한다." 상실되고 내투사되는 큰 타자, 주체의 비물질적인 조건이 된 큰 타자는 상징계에 고유한 반복, 절대로 완성되지 않고 완성될 수도 없는 단속(斷續)적(punctuated) 복귀의 판타지를 개시한다.

여기서 잠정적으로 주체형성에 대한 정신분석학적인 설명을 수용하고 또 큰 타자와의 금지된 관계를 통하지 않고서는 주체가 형성될 수 없음을 인정하도록 하자. 그리고 또 이 금지된 큰 타자가 시작부터

---

27) Dolar, "Beyond Interpellation", p.78.

주체를 분열시키면서 주체형성의 내투사된 조건으로 다시 출현한다고 가정해 보자. 이를 받아들인다 할지라도, 내투사가 아닌 다른 큰 타자의 상실방식이 있을까? 이 큰 타자를 내투사하는 다양한 방법이 있을까? 이러한 용어들은 문화적으로 가공되고, 제의식화된 것인가? 그리고 그래서 상징적 논리의 어떤 메타-도식도 사회적 기술(記述)의 해석학을 벗어날 수 없는 것인가?

의미심장하게도 돌라르는 사회적 호명이 항상 주체를 완전히 구성하는 데 실패한다고 묘사했지만, 사실 사랑의 강제적 성격에서 그런 '실패'가 작동하고 있는 것처럼 보이지 않는다. 나는 1차적(primary) 내투사가 사랑의 행위인 한에서, 내투사는 한 번만 행해지는 행위가 아니라 반복되는 행위이자 의례적 사건이라고 제안하고자 한다. 그러나 우리로 하여금 '우리는 무릎 꿇고 기도하는 것과 같은 방식으로 사랑에 빠진다' 또는 '우리가 무릎 꿇고 기도하고 있다고 생각할 때 실은 사랑하고 있던 것이었다'와 같은 유비를 사용하지 못하도록 방해하는 것은 대체 무엇일까?

그러나 사랑이 아마도 호명을 '넘어선' 것이라는 돌라르의 제안은 매우 중요하다. 어떻게 법이 정념적 애착의 대상, 이상한 사랑의 장면의 대상이 되는지에 대해 더 잘 이해할 수 있었다면, 알튀세르는 그로부터 큰 득을 얻을 수 있었을 것이다. 그 이유는 거리의 행인으로 하여금 뒤돌아서도록 강제하는 양심 또는 살인자로 하여금 경찰을 찾아 헤매도록 촉구하는 양심을 추동한 것이 실은 의례적인 처벌에 의해서만 충족될 수 있는 법에 대한 사랑인 것처럼 보이기 때문이다. 이 분석을 향해 제스처를 취하면서 알튀세르는 꾸짖음 속에서 얻는 국가의 인정을 정념적으로 추구하는 과정에서 어떻게 주체가 구성되는지 설명하기 시작한다. 주체가 법을 향해 돌아서거나 달려간다는 것은 주체가 법에 대한 정념적인 기대 속에 살고 있음을 의미한다. 이러한 사랑은 호명을 넘어서서 존재하는 것이 아니다. 이 사랑은 오히려 정념적인 원을 형성하는데 이 원 안에서 주체는 그 자신의 상태에 의해 옭매이게 된다.

호명의 실패는 분명 매우 중요한 가치를 가지고 있다. 그러나 사회적인 것(the social)의 영역 바깥에서 사랑의 구조를 복구하는 용어들을 가지고 그 실패를 형상화한다면, 이는 어떤 특정한 형태의 사랑을 영원한 정신적 사실로 물화시킬(reify) 위험을 지니게 된다. 이는 또한 양심에 선행하고 양심을 구성하는 정념, 사랑에 선행하고 사랑을 구성하는 정념, 그리고 명명하고 있는 주체를 완전히 구성하는 데 실패한 호명의 원인이 되는 정념을 설명하지 못한 채로 남겨 두게 된다. 호명이 성공으로부터 '차단'될 때, 그것은 구조적으로 영속적인 금지(폐제)형태에 의해서 차단되는 것이 아니라 인간적인 것의 구성적 영역을 결정할 수 없는 호명의 무능력에 의해서 차단되는 것이다. 만일 양심이 정념적인 애착이 취하는 한 형태라면, 호명의 실패 또한 정확히 호명의 작동을 가능케 하는 정념적인 애착에서 찾아야 한다. 알튀세르를 완벽하게 제약하는 양심의 논리에 따르면, 법에 대한 정념적인 애착이 없다면 주체의 존재는 언어적으로 보장될 수 없다. 이러한 공모성은 법에 대한 비판적 심문의 실행가능성의 조건이 되는 동시에 그 실행가능성을 제약한다. 누구든 자신의 존재를 확보해 주는 용어들을 매우 강하게 비판할 수는 없는 법이다.

그러나 만일 존재의 담론적 가능성이 법의 목소리의 꾸짖음을 넘어선다면, 그것은 자신의 죄를 확인하고 자신의 정체성을 얻기 위해 양심의 길을 떠나야 할 필요성을 줄이게 되지 않을까? 언어적 생존에 대한 우리의 이해가 자신에게서 등을 돌리는 자발성에 의존하게 되는 상황의 조건은 무엇인가? 다시 말해, 인지 가능한 존재를 성취하기 위해 자기부정이 요구되는 상황과 '존재'로서 지위를 얻고 존재를 유지하기 위해서 자기부정적 존재로 실존해야 하는 상황이 성립하기 위한 조건은 무엇일까?

니체적인 관점에서 이와 같은 노예의 도덕은 노예로 "있는[존재하는]" 것이 그렇지 않은 것보다 차라리 낫다고 판단하는 분별 있는 계산에 근거하고 있다고 말할 수 있다. 그러나 비존재에 반해 존재를 선택하도록 하는 강제를 규정하는 조건들은 다른 종류의 반응을 "요구한다". 어떤 조건 아래서 법이 이와 같이 철저한 방식으로 존재의 조건들을 독점하는가? 혹은 이것은 법의 신학적인 환상인가? 우리가 반대하는 법과 우리의 공모성을 부정하지 않으면서 다른 곳에 있거나 다른 방식으로 있을 가능성은 없는가? 그러한 가능성은 다른 형태의 돌아섬을 요구할 것이다. 즉 이는 법에 의해 가능해지지만 정체성의 유혹을 거부하며 그로부터 멀어지는 돌아섬, 자신의 출현조건을 따돌리고 그에 반대할 수 있는 행위성(agency)을 요구할 것이다. 이런 돌아섬은 법이 보이는 것보다 약하다는 것을 드러내기 위해 자발적으로 존재하지 **않을** 수 있는 능력(비판적 탈주체화)을 요구한다. 언어적인 생존은 이 탈주체화된 영역에서 어떤 형태를 취할 수 있을까? 어떻게 우리는 자신의 존재에 대해서 알 수 있을까? 어떤 용어를 통해 존재가 인정되고 또 어떤 용어를 통해 존재가 인정되어질 수 있을까? 이러한 질문들에 대한 답을 이곳에서 찾을 수는 없을 것이다. 그러나 이 질문들은 양심의 문제에 선행하는 질문들을 지시하고 있다. 다시 말해, 이 질문들은 스피노자, 니체, 그리고 최근에 조르조 아감벤 등을 사로잡았던 문제들을 지시하고 있다. 어떻게 우리가 구성적 욕망으로서의 욕망을 이해할 수 있을까? 이러한 문제를 안에 양심과 호명을 재배치하면서 우리는 다음과 같은 질문을 던질 수 있을 것이다. 우리가 사회적 존재의 의미를 유지하기 위해 예속에 굴복하는 과정에서 어떻게 이와 같은 욕망이 단수형으로서 법에 의해서뿐만 아니라 다양한 종류의 법에 의해서 착취될 수 있는가?

아감벤은 특정한 양심의 형식과는 거리를 두며 존재하려는 욕망이라는 관점에서 윤리학을 다시 생각해 볼 수 있는 방향을 제시한다.

> 만일 인류가 이렇거나 저런 실체(substance)여야 하거나 혹은 그런 실체를 가져야만 한다면 또는 이런 또는 저런 운명이어야만 한다면 윤리적인 경험이란 존재하지 않을 것이다…. 그러나 이것은 인간이 아무것도 아니라거나 혹은 무엇인가 될 필요가 없다는 것을 의미하는 것은 아니다. 그리고 이것은 인간이 단순히 무로 위탁되었고 그렇기 때문에 인간이 죽거나 사는 것을 자유롭게 결정할 수 있다거나 자유롭게 운명을 받아들일지 아닐지 결정할 수 있음을 의미하는 것도 아니다. 실제로 인간이라면 갖게 되는 그 무엇이 있고 인간이라면 갖추어야 할 그 무엇인가가 존재한다. 그러나 이것은 본질이 아니며 사물도 아니다. 이는 가능성 또는 잠재성으로서 단순한 자신의 존재 사실이다.[28]

여기서 아감벤이 이러한 가능성은 무엇인가로 자신을 **결정**해야 하지만 그 결정으로 인해 가능성으로서 가능성의 지위가 취소될 수는 없다고 주장하고 있다고 해석해 볼 수 있을 것이다. 또는 우리는 오히려 '존재'를 어떤 특정한 호명에 의해서도 소진되는 않는 잠재성으로 다시 읽어 볼 수 있을 것이다. 이 호명의 실패는 자아동일적인 의미로 존재하는 주체의 능력의 근거를 뒤흔들 수도 있다. 하지만 이는 또한 더욱 개방되고 더욱 윤리적인 종류의 존재, 미래의 존재 혹은 미래를 위한 존재를 향한 길을 터 줄 수도 있을 것이다.

---

28) Giorgio Agamben, *The Coming Community*, trans. Michael Hardt, Minneapolis: University of Minnesota Press, 1993, p.43.

5장 _ 우울증적 젠더/거부된 동일화(identification)

> 슬픔 속에서 세계는 가난해지고 공허해진다. 우울증 속에서 세계는 자아 그 자체이다. ─프로이트, 「애도와 우울증」

> 도대체 (우울증을 겪는 과정에서) 어떻게 우울증 속에서 초자아가 죽음 본능이 모이는 장소가 될 수 있는가? ─프로이트, 『자아와 이드』

젠더를 우울증으로 여기는 것이 처음에는 이상하게 들릴 수도 있을 것이다. 그러나 『자아와 이드』에서 프로이트도 완료되지 않은 애도 과정으로서 우울증이 자아를 형성하는 동일화 과정에서 중심적인 역할을 한다고 지적한다. 실제로 끝나지 않은 애도 과정에서 형성되는 정체성들은 상실한 대상이 자아 안에 그리고 자아로서 합체되고(incorporated) 보존되는 양식이라고 할 수 있다. 이러한 의견과 함께 프로이트가 제시한 다른 의견들도 고려해 보자. "자아는 무엇보다도 먼저 육체적 자아이다."[1] 즉 육체는 단순한 표면이 아니고 표면의 투사(투영)이다. 더욱이 이와 같은 육체적 자아는 젠더화된 형태를 띠

---

* 이 논문은 1993년 3월 뉴욕에서 열린 미국 심리학회 39분과 모임에서 처음 발표되었다. 이 논문은 그 후 애덤 필립스의 논평 및 그에 대한 회신과 함께 *Psychoanalytic Dialogues: A Journal of Relational Perspectives* 5 no.2(1995), 165~194에 실렸다. [옮긴이] 애덤 필립스의 논평과 그에 대한 주디스 버틀러의 회신은 이 장의 부록으로 수록되어 있다.

1) Sigmund Freud, *The Ego and the Id*, in *The Standard Edition of the Complete Psychological Works of Sigmund Freud,* vol. 19, p.16[『정신분석학의 근본 개념』, 365쪽]. [옮긴이] 이하 이 장에서 이 책의 인용쪽수는 본문 괄호 안에 영어판 쪽수를 표기했으며, 국역본의 쪽수는 각주로 표기했다.

게 된다. 따라서 육체적 자아는 또한 젠더적 에고인 것이다. 나는 먼저 자아가 젠더화된 성격을 띠게 되는 과정에서 어떻게 우울증적 동일화 (identification)가 중심적인 역할을 수행하게 되는지 설명하고자 한다. 둘째로, 나는 이 같은 우울증적인 젠더 형성 분석이 동성애적 애착의 상실을 애도하기에 매우 어려운 문화 안에서 사는 것의 어려움을 밝히는 데 어떤 도움을 줄 수 있는지 설명하고자 한다.

『자아와 이드』에서 프로이트는 이전에 「애도와 우울증」에서 제시했던 자신의 사변을 반추하면서 이전 논문들에서는 "상실된 대상이 자아 안에 다시 자리를 잡는다고 생각했었다"라고 말한다. 즉 동일화 (identification)가 대상 집중(cathexis[besetzung])[2]을 대체했던 것이다. 그는 계속해서 다음과 같이 쓰고 있다. "그 당시에 우리는 이 과정의 중요성을 완전히 알지 못했고, 그 병이 얼마나 흔하고 전형적인 것인지 잘 알지 못했다. 그 이래로 우리는 이와 같은 종류의 대체가 자아가 취하는 형태를 결정하는 데 큰 몫을 담당하고 있다는 사실을 알게 되었고 그것이 또한 이른바 성격을 형성하는 데 근본적인 기여를 한다는 사실도 깨닫게 되었다"(28). 동일한 텍스트의 약간 뒷부분에서 그는 논의를 더욱 확장한다. "어떤 사람이 성적 대상을 포기해야 하는 상황이 발생하면 그의 자아에 변화가 뒤따르는 일이 자주 일어나는데, 이것은 우울증에서 나타나듯이 자아 내에 그 대상을 설치하는 것이라고 말할 수 있다"(29). 그는 다음과 같이 추측하며 이 논의를 결론짓는다. "이러한 동일시가 이드가 그 대상을 포기할 수 있는 유일한 조건인

---

2) [옮긴이] '집중' 대신에 '투여'가 번역어로 사용되기도 한다. 『정신분석사전』, 455쪽 참조.

지도 모른다. … 자아의 성격은 포기한 대상 리비도 집중의 침전물이고 따라서 그것은 대상 선택의 역사를 포함하고 있다고 생각하게 하는 것도 그러한 과정을 통해서이다"(29)[3]. 여기서 프로이트가 '자아의 성격'이라고 부른 것은 사랑했지만 상실했던 대상의 침전물인 것처럼 보인다. 말하자면 '자아의 성격'은 해결되지 않은 **슬픔**의 고고학적 잔해인 것처럼 보인다.

여기 제시된 그의 정식에서 가장 인상적인 부분은 아마도 이 정식이 '슬픔을 해소한다는 것이 무엇일까'라는 질문에 대해 프로이트 자신이 「애도와 우울증」에서 취했던 입장을 뒤집는 방식이 될 것이다. 프로이트는 그의 초기 논문들에서 슬픔은 탈집중(de-cathexis) 과정을 통해서 해소된다고 가정했다. 즉 그는 새로운 대상을 찾아가는 것뿐만 아니라 이전 대상에 대한 애착을 버리면서 슬픔이 해소될 수 있다고 가정했다. 그런데 『자아와 이드』에서 그는 우울증적 동일화가 대상을 보내기 위한 **전제조건**이라고 생각할 만한 여지를 남겨 두었다. 이와 같이 주장하면서 그는 "대상을 보낸다"는 말의 의미를 바꾼 것이다. 그 이유는 애착으로부터 완전히 벗어나는 그런 최후의 벗어남이란 있을 수 없기 때문이다. 오히려 동일화로서 애착의 내화/합체(incorporation)[4]가 있을 수 있는데, 이 합체과정에서 동일화는 대상을 보존하는 마술 같고 정신적인(psychic) 형식이 된다. 동일화가 대상의 정신적인 보존이고 그러한 동일화가 자아를 형성하는 것이라면, 상실한 대상은 계속

---

3) [옮긴이] 『정신분석학의 근본 개념』, 368~369쪽
4) [옮긴이] 이 책의 서론 참조.

해서 구성적 동일화의 요소로서 자아에게 유령처럼 출몰하고, 또 자아 안에 머무르게 될 것이다. 이와 같은 의미에서 상실된 대상은 자아 그 자체와 동연적(coextensive)인 것이 된다. 우리는 우울증적 동일화가 자아의 일부로 대상을 **보존**할 수 있는 방법과 그 상실이 완전한 상실이 되지 않도록 피할 수 있는 방법을 제공하기 때문에, 이 동일화가 외부 세계에서의 대상의 상실을 허용할 수 있다고 결론내릴 수도 있을 것이다. 여기서 대상이 떠나도록 내버려둔다는 말이 역설적이기는 하지만 실제로 이는 대상의 완전한 상실을 의미하는 것이 아니고 외부의 대상을 내부로 옮겨오면서 그 지위를 바꾸는 것을 의미한다. 우울증적 내부화라는 조건 아래에서만, 또는 우리에게 더욱 중요한 것인 우울증적 **합체**(incorporation)라는 조건 아래에서만 대상을 포기하는 것이 가능해진다.

우울증에서 상실이 거부된다고 해도 그 때문에 상실이 완전히 사라지는 것은 아니다. 내부화가 정신 속에 상실을 보존한다. 조금 더 정확히 말하면, 상실의 내부화는 거부 메커니즘의 일부분이다. 만일 대상이 외부 세계에 더 이상 존재할 수 없다면 그 대상은 이제 안에 존재해야 할 것이다. 그리고 그와 같은 내면화가 그 상실을 부인하거나 막을 수 있는 방법이 되거나 또는 상실로 인한 고통이나 상실의 인지를 지연시키는 방법이 된다.

젠더적 동일화 과정 또는 젠더 형성에 중심적인 동일화 과정이 우울증적 동일화를 거쳐 생산되는 경로가 존재할까? 프로이트가 『성욕에 관한 세 편의 에세이』에서 힘들고 불확실한 **성취**의 효과로 이해했던 '남성적' 입장 및 '여성적' 입장은 부분적으로는 금지에 의해 정립되는데, 이 금지는 어떤 성적 애착의 상실을 요구할 뿐만 아니라 그 상실이 공언되어서는[알려져서는] 안 되고 또 그에 대해 슬퍼해서도 안 된다고 요구한다. 만일 여성성에 대한 가정과 남성성에 대한 가정이 언제나 미약한 이성애적 특성(heterosexuality)을 성취하면서 진행되는 것이라면, 우리는 이 성취의 힘이 동성애적 애착을 포기하도록 강제한다고 생각해 볼 수 있을 것이다. 또는 더욱 신랄하게 말해, 이 힘이 동성애적 애착을 **선제적으로 예방**한다고도 말할 수 있을 것이다. 즉 이 힘은 슬퍼할 수 없고 체험할 수 없는 정념으로 이해되는 동성애성을 생산하는 폐제인 것이다. 이러한 이성애는 근친상간의 금지를 통해서뿐만 아니라 그것에 앞서 동성애의 금지를 강제하는 과정에서 생산된다. 오이디푸스 콤플렉스는 이성애적 욕망이 이미 **성취된** 것으로 간주하고, 이성애와 동성애의 구분(그러나 결국에 이것은 필연성을 지니지 않은 구분이다)이 이미 이루어졌다고 가정한다. 이러한 맥락에서 근친상간의 금지는 동성애의 금지를 이미 전제하고 있다고 할 수 있다. 그 이유는 그것이 욕망의 이성애화(heterosexualization)를 가정하고 있기 때문이다.

　이러한 견해를 수용하기 위해 우리는 프로이트가 간혹 주장한 것처럼 남성적인 것(masculine)과 여성적인 것(feminine)은 기질이 아니라 실은 이성애성(heterosexuality)을 성취하는 과정에서 나란히 얻어지는 성취물이라고 생각하고 논의를 전개해야 한다. 여기서 프로이트는 이성애적 위치지정을 통해 젠더가 성취·안정되고, 이성애성을 위협하는 요소는 곧 젠더도 위협하게 된다는 문화적 논리를 제시한다. 젠더 구성과정에서 이러한 이성애적 매트릭스의 우세는 프로이트의 텍스트

뿐만 아니라 이 매트릭스를 흡수한 여러 삶의 문화적 형태에서도 나타나는데, 이런 문화적 형태에는 일상적 형태의 젠더 불안이 퍼져 있다. 그러므로 여성에게서 나타나는 동성애적 욕망에 대한 두려움은 그녀가 그녀의 여성성을 잃을 수 있다는 공포, 그녀가 더 이상 적절한 여성이 아니라는 공포, 그녀가 남성은 아니지만 남성과 유사할 수 있다는 공포, 그래서 어떤 면에서는 괴물 같은 것은 아닐까 하는 공포 등을 불러일으킬 수 있다. 남성의 경우, 동성애적 욕망의 두려움은 여성으로 여겨지거나 여성적으로 여겨지는 것에 대한 두려움, 더 이상 적합한 남성이 아니라고 느끼는 두려움, '실패한' 남자라는 두려움, 비천하거나 괴물 같은 존재가 아닐까 하는 두려움 등으로 연결될 수 있다.

나는 현상학적으로 이러한 등식으로 환원되지 않는 다양한 젠더(gender)와 섹슈얼리티(sexuality)의 경험 방식이 존재한다고 생각한다. 즉 확고한 이성애성의 설치를 통해 젠더가 안정화된다고 가정하지 않고 젠더와 성을 경험할 수 있는 다양한 방식 등이 존재한다고 생각한다. 그러나 지금 당장 나는 자아의 젠더적 성격이라고 불리는 것의 형성과정에서 슬퍼하지 않는 상실과 슬퍼할 수 없는 상실을 사고하기 위해서 젠더와 성 사이에서 나타나는 극명하고 과장된 관계에 주목하고자 한다.

젠더가 **적어도 부분적으로는** 동성애적 애착을 거절하면서 취득된다는 것에 대해 생각해 보자. 욕망의 대상으로 어머니를 금지하고 이 금지된 대상을 자아의 일부로 (즉 우울증적 동일화) 설치하는 금지 과정에 예속되면서 여성은 여성이 된다. 그러므로 동일화는 그 안에 금지와 욕망을 동시에 포함하고, 그 과정에서 애도되지 않는 동성애적 집중의 상실을 체현한다. 만일 여자를 원하지 않는 한에서 여자가 되는 것이라면, 여자를 원하는 행위는 여성으로서 존재에 의문을 던지게 된다. 이러한 매트릭스 안에서, 동성애적 욕망은 젠더를 공포에 빠뜨린다.

이성애성은 금지를 통해 배양되고, 이러한 금지는 동성애적 애착을 자신의 대상으로 삼으면서 이 애착의 상실을 강제한다.[5] 프로이트적인 논리에 따르면, 한 소녀가 아버지에게서 다른 대체물로 사랑의 대상을 바꿀 때, 그녀는 먼저 어머니에 대한 사랑을 포기해야만 한다. 이때 이 포기는 사랑의 목표와 대상이 모두 폐제되는 방식으로 이루어진다. 그녀는 자신의 동성애적 사랑을 다른 여성적 인물로 옮겨가서는 안 되고, 동성애적 애착 그 자체의 가능성을 포기해야만 한다. 오직 이러한 조건에서만, 이성애적 목표가 성적 지향성(sexual orientation)으로 자리를 잡을 수 있다. 오직 이러한 동성애의 폐제라는 조건에서만 아버지와 그의 대체물이 욕망의 대상이 될 수 있고, 어머니는 불편한 동일화의 장소가 된다.

이러한 논리에서 '남자'가 되는 과정은 성적 욕망의 이성애화와 그 모호함을 위한 전제 조건으로서 여성성의 포기를 필요로 한다. 만일 남자가 여성적인 것을 포기하면서 이성애적이 되는 것이라면, 이러한 포기는 이 이성애적 경력이 부정하려고 하는 동일화가 아니라면 다른 어느 곳에 머무를 수 있겠는가? 여성적인 것에 대한 욕망이 바로 이

---

5) 짐작건대 성(sexuality)은 사물들, 동물들, 이러한 것들의 부분들, 다양한 종류의 나르시시즘적인 애착과는 동떨어진 채로 훈련되어야만 한다.

포기에 의해 표시되는 것이다. 그는 그가 전혀 되지 않을 여성을 원한다. 그는 절대 여성의 모습을 들키지 않을 것이다. 그러므로 그는 여성을 원한다. 그녀는 그의 포기(그가 동일화로서 그리고 그의 욕망의 대상으로 동시에 유지하는 포기)된 동일화이다. 그의 욕망에 있어서 가장 근심스러운 것들 중 하나는 그와 그녀 간의 차이를 가공하는 것이다. 그리고 그는 그 차이의 증거를 발견하고 잘 새겨 두려고 할 것이다. 실제로 원하는 것이 되는 것에 대한 두려움이 항상 그의 바람(wanting) 속에 유령처럼 출몰할 것이다. 그러므로 그의 바람은 항상 일종의 두려움이기도 하다. 포기되고 상실된 것이 포기된 동일화로서 보존되기 때문에 이 욕망은 절대로 완성될 수 없는 동일화를 극복하려고 시도할 것이다.

실제로 그는 그녀와 자신을 동일화하지 않을 것이다. 그리고 그는 다른 남자를 원하지 않을 것이다. 이러한 욕망의 거부, 그리고 금지의 힘 아래서 발생하는 욕망의 희생은 남성성과의 동일화로서 동성애성을 합체시킬 것(incorporate)이다. 그러나 애도할 수 없는 사랑이 이 남성성 주위를 계속 유령처럼 떠돌 것이다. 그리고 이런 과정이 정말 옳은 것인지를 보이기 전에, 나는 지금까지 써내려 온 이러한 종류의 글쓰기를 정신분석 이론을 가지고 시도하는 하나의 문화적 개입으로 제시하려고 한다. 이 개입이란 심리학에도 속하지 않고 정신분석학에도 속하지 않지만, 이러한 기획들 간의 관계를 밝히려는 지적인 시도 중 하나라고 할 수 있을 것이다.

지금까지 나는 정신분석학 텍스트에 분명히 나오지만 여러 가지 입장으로 다양하게 해석되는 몇몇 정신분석학적 논리에 대해 간략한 설명을 제시했다. 나는 경험적 자료에 입각한 주장을 펼칠 것도 아니고, 젠더나 성, 우울증에 대한 정신분석학이 취하는 경향에 대해 조사를 할 것도 아니다. 나는 다만 애도되지 않는 대상, 애도될 수 없는 대상에 대한 프로이트의 생각과 동성애적 애착의 상실을 슬퍼하는 데 매우 큰 어려움이 있는 문화 속에서 산다는 것의 어려움이라는 문제 사이에서 생산적이라고 여겨질 만한 어떤 접합을 시도하려 할 뿐이다.

에이즈(AIDS)의 광폭함이나 언뜻 보기에 끊임없이 죽어가는 사람들의 죽음을 슬퍼하기 위한 공적인 행사나 언어를 찾는 일 등을 감안할 때, 이러한 문제는 더욱 첨예해진다. 조금 더 일반적으로 말하자면, 이 문제는 동성애적 사랑과 상실에 대해 생각할 때 느껴지는 불확실성 속에서 더욱 명확히 드러난다. 이와 같은 사랑과 상실은 '진정한' 사랑, '진정한' 상실, 슬퍼할 만한 가치가 있고 실제로 슬퍼할 수 있고, 그래서 겪어 볼 만한 가치가 있는 사랑과 상실로 여겨질 수 있을까? 아니면 이것은 비현실의 유령과 사고불가능성, (여자의 경우) "나는 그녀를 결코 사랑한 적도 없고, 그녀를 잃어버린 적도 없다" 또는 (남자의 경우) "나는 그를 사랑한 적도 없고, 그를 잃어버린 적도 없다"와 같은 이중의 부정(double disavowal) 등이 출몰하는 상실과 사랑인가? 자연화된 이성애적 삶의 표면을 지탱하는 것은 이와 같은 "절대로–절대로"(never-never)[6]의 논리인가? 이는 게이의 성 (정체성) 형성을 포함해 성적 (정체성의) 형성과정이 진행되는 상실의 부정인가?

---

6) [옮긴이] 결코 동성을 사랑한 적도 없고 잃어버린 적도 없다는 두 번의 부정을 함의하는 것으로 보인다. 이는 또한 "애도되지 않고 애도될 수 없다는 것"을 함의한다.

대체로 이성애적인 사회에서 동성애의 금지가 사회규정체계 중 하나로 작동하고 있다는 생각을 받아들인다면, 동성애적 대상과 목표 (동일한 젠더의 바로 이 사람뿐만 아니라 동일한 젠더를 지닌 어떤 이)의 상실은 실제로 처음부터 폐제된 것처럼 보인다. 나는 이 상실이 실은 선제적인 상실이라는 점을 제안하기 위해, 즉 이 상실이 체험하지도 못한 가능성에 대한 애도라는 점을 제안하기 위해 '폐제'를 말하고 있다. 이러한 사랑이 애초부터 불가능한 것이라면, 그것은 아예 발생할 수 없다. 그리고 그것이 만일 발생했다면, 이는 단지 금지와 부인의 공식적인 표시 아래서만 발생할 수 있다.[7] 문화적으로 지배적인 일련의 금지에 의해 어떤 상실이 강제된다면, 문화적으로 지배적인 우울증 양식도 예상해 볼 수 있을 것이다. 즉 애도되지 않고 애도될 수 없는 동성애적 집중을 가리키는 것으로서 지배적인 우울증 양식을 예상해 볼 수 있을 것이다. 이러한 상실을 명명하고 애도할 수 있는 그런 공적인 인식이나 담론이 없는 곳에서 우울증은 동시대적 결과의 문화적 영역을 떠맡는다. 물론 남성적 동일성이 더 과장되고 더 방어적으로 되면 될수록 애도되지 않는 동성애적 집중은 더욱더 사나워질 것이라는 점은 그리 놀라운 일은 아니다. 이와 같은 의미에서 우리는 '남성성'과 '여성성' 모두 부분적으로 부정된 슬픔으로 구성된 동일화를 통해 형성되고

---

7) 폐제 개념은 프로이트의 개념 'Verwerfung'에 대응하는 라캉의 개념이 되었다. 폐제는 주체의 토대를 만들고 주체를 형성하는 부정의 행위로, 이미 형성된 주체의 행위로 이해되는 억압과 구분된다. "Foreclosure" in Laplance and Pontalis, *Vocabulaire de la psychanalyse*, pp.163~167[『정신분석사전』, 503~504쪽. 이 사전의 국역본은 'foreclosure'를 '폐기'로 번역하고 있다].

공고해지는 것으로 이해할 수 있을 것이다.

　이성애성이 동성애성의 근본적 타자성을 주장하면서 그 자신을 자연화한다는 생각을 받아들인다면, 이성애적 정체성은 사실 그것이 부정하는 [동성애적] 사랑의 우울증적 합체를 통해 취득되는 것이라고 할 수 있다. 자신의 이성애의 일관성을 주장하는 남자는 자신이 결코 남자를 사랑해 본 적이 없고 다른 남자를 잃은 적도 없다고 주장할 것이다. 그 사랑, 그 애착은 사랑한 적도 없고, 잃은 적도 없다는 이중의 부정에 예속된다. 그러므로 '절대로-절대로'의 이중 부정은 이른바 이성애적 주체의 토대를 만든다. 이는 애착에 대한 인정거부를 토대로 하는 정체성, 즉 슬픔의 거부에 토대를 둔 정체성이다.

　아마 이러한 시나리오를 기술하는 문화적으로 더욱 유익한 방법이 있을 것이다. 그 이유는 이 문제가 동성애적 애착을 인정하지 않고 그에 대해 슬퍼하는 것을 거부하는 어떤 한 개인만의 문제는 아니기 때문이다. 동성애의 금지가 문화적으로 지배적일 때, 동성애의 금지는 문화를 통해 반복되고 의례화되는 금지를 통해 촉발된다. 이로 인해 초래되는 것이 젠더 우울증의 문화인데, 이 문화에서 남성성과 여성성은 애도되지도 않았고 애도될 수도 없는 사랑의 흔적으로서 나타난다. 실제로 이 문화 안에서 이성애적 매트릭스 안에 자리한 남성성과 여성성은 그들이 수행하는 거부 행위를 통해 강화된다. 이른바 섹슈얼리티(sexuality)가 젠더(gender)를 '표현한다'는 개념과는 반대로 여기서 젠더 그 자체는 섹슈얼리티 안에 접합되지 않고 남아 있는 것에 의해 구성되는 것으로 이해된다.

　젠더 우울증을 이와 같이 이해한다면, 우리는 아마도 동성애적 욕망이 죄의식이 기원이 되는 특정한 현상을 이해할 수 있을 것이다. 「애도와 우울증」에서 프로이트는 우울증이 자기 책망의 경험에 의해 표시된다고 주장한다. "만일 어떤 우울증 환자가 내뱉는 온갖 자기비난의 말을 꾹 참고 끝까지 들어 보면, 참고 듣기 어려울 정도의 심한 자기비난의 말이 실제로는 자기 자신을 향한 것이 아니라는 것을 알 수 있을 것이다. 정말 조금만 달리 보면 그런 비난의 말이 실은 다른 사람, 그 환자가 현재 사랑하고 있거나 아니면 과거에 사랑했던 사람, 혹은 그가 꼭 사랑해야 한다고 생각했던 다른 사람을 향한 것임을 알게 된다. … 자기비난은 곧 사랑의 대상에 대한 비난인데, 그것이 환자 자신의 자아로 돌려진 것이라는 사실이다"라고 프로이트는 쓴다.[8] 이어서 프로이트는 타자를 상실할 때 해소되지 않고 남아 있던 타자와의 갈등이 정신 속에서 싸움을 계속하는 방식으로 재출현한다고 추측한다. 실제로 타자를 향한 분노가 상실을 초래한 죽음이나 떠남에 의해 더욱 악화된다. 그러나 이 분노는 내면으로 향하게 되고, 자기 책망의 내용이 된다.

「나르시시즘에 대하여」에서 프로이트는 죄의식의 경험과 동성애적 리비도가 자아에게로 돌아가는 과정을 연결한다.[9] 리비도가 동성애적인지 혹은 이성애적인지의 문제는 잠시 제쳐 둔 채 우리는 프로이트의 논의를 풀이하며 죄의식을 동성애적 애착의 자아로의 복귀로 간

---

8) Sigmund Freud, "Mourning and Melancholia," *Standard Edition*, vol. 14, p.169 [「슬픔과 우울증」, 『정신분석학의 근본 개념』, 250~251쪽]
9) Sigmund Freud, "On Narcissism: An Introduction," *Standard Edition*, vol. 14, pp.81~82 [「나르시시즘 서론」, 『정신분석학의 근본 개념』, 57~58쪽].

주해 볼 수 있을 것이다. 만일 상실이 갱신된 갈등의 장면이 될 수 있다면, 그리고 만일 이 상실로부터 유래하는 공격성이 접합되거나 외부화되지 못한다면, 이 공격성은 초자아의 형태로 자아 위로 되튈 것이다. 이러한 점이 궁극적으로 『자아와 이드』에서 프로이트로 하여금 우울증적 동일화를 초자아의 행위성(agency) 문제와 연결시키도록 했을 것이다. 그러나 「나르시시즘에 대하여」에서 이미 죄의식이 애도할 수 없는 동성애성으로부터 유도되는 과정에 대한 논의를 발견할 수 있다.

자아는 우울증을 겪으며 빈곤해진다고 한다. 그러나 자아는 정확히 자기책망의 작용을 거쳐 빈곤하게 되는 것처럼 보인다. 프로이트는 초자아가 자아를 판단하는 척도가 자아이상이라고 말하는데, 이 자아이상은 바로 동성애에 반해 반복적으로 정의된 사회적 엄정함(rectitude)의 이상이다. "이 이상은 사회적 측면을 갖고 있다. 이는 또한 가족, 계급 또는 민족의 공통적 이상이다. 자아이상은 한 개인의 나르시시즘적 리비도를 구속할 뿐만 아니라 상당한 양의 동성애적 리비도도 구속한다. 이런 식으로 동성애적 리비도는 다시 자아로 귀속된다. 그런데 이상 실현을 방출시키지 못한 결과로 동성애적 리비도를 방출시키며, 그렇게 방출된 리비도는 죄의식(공동체의 공포)[10]으로 전환된다"라고 프로이트는 쓰고 있다.(81)[11]

그러나 이와 같은 전환의 움직임이 아주 명확한 것은 아니다. 『문명 속의 불만』에서 결국 프로이트는 사회적 이상은 궁극적으로는 모

---

10) [옮긴이] 국역본은 '사회적 불안'으로 번역하고 있다.
11) [옮긴이] 『정신분석학의 근본 개념』, 84~85쪽.

방적이지 않은 내부화 과정을 거쳐서 죄의식으로 전환된다고 주장하게 된다. 「나르시시즘에 대하여」에 따르면 사람은 자신이 다루어졌던 것처럼 거칠게 자기 자신을 다루지 않지만 이상과 그 성취불가능성을 향한 공격성은 안으로 향하고 이 자기공격성향은 양심의 일차적 원인이 된다. "동일화를 수단으로 해서, [아이는] 공격 불가능한 권위를 자신의 내부로 가져다 놓는다"(86)[12].

이러한 의미에서 우울증을 겪을 때 초자아는 죽음본능이 모이는 장소가 될 수 있다. 그 자체로 초자아가 이러한 죽음본능 또는 그 본능의 효과와 반드시 동일한 것은 아니다. 이러한 방식으로 우울증은 초자아를 향해 죽음본능을 끌어당기는데, 이때 죽음본능은 유기적 균형을 향한 퇴행적 노력으로 이해되고, 초자아의 자기책망은 초자아가 이 퇴행적 노력을 초자아 자신의 의도에 맞게 이용하는 것으로 이해된다. 우울증은 슬픔의 거부이자 상실과의 합체이며, 애통해할 수 없는 죽음에 대한 무언극이다. 그러나 죽음과의 합체는 현상적으로든 분석적으로든 이 두 요소가 서로 분리될 수 있는 것인지 생각하게 만들 정도로 죽음본능에 의존하고 있다.

동성애의 금지는 슬픔을 선제적으로 예방하고 실질적으로 자신을 향해 동성애적 욕망을 되돌리는 우울증적 동일화를 촉진한다. 자신에게 등을 돌리는 행위는 정확히 자책과 죄의식의 행동이다. 의미심장하게도 동성애성은 포기되는 것이 아니라 보존된다. 비록 동성애에 대

---

12) 『문명 속의 불만』, 310쪽. 국역본은 다음과 같이 옮기고 있다. "공격할 수 없는 권위자를 자신과 동일시하며 그 권위자를 자기 자신 속에 받아들인다."

한 금지 속에 보존되는 것일지라도 동성애성은 보존된다.『문명 속의 불만』에서 프로이트는 양심에게 필요한 특정한 요건을 충족하기 위해 양심은 본능에게 지속적인 희생과 포기를 요구한다는 점을 분명히 밝히고 있다. 양심은 결코 포기에 의해서 완화되지 않고 오히려 역설적으로 강화된다("포기가 비관용을 키운다").[13] 포기는 본능을 없애지 못한다. 포기는 자신의 목표를 위해 본능을 배치한다. 금지와 반복된 포기로서 금지의 경험은 정확히 포기된 욕망으로부터 자양분을 공급받는다. 이 시나리오에서 포기는 자신이 비난하는 바로 그 동성애를 외부의 대상으로서가 아니라 자기 자신을 유지하는 가장 소중한 기원으로 요구하게 된다. 그러므로 동성애를 포기하는 행위는 역설적으로 동성애를 강화한다. 그러나 이 행위는 정확히 포기의 힘으로서 동성애를 강화하게 된다. 포기는 만족의 목표이자 만족의 전달체가 된다. 그리고 미군 내에서 남성성의 수호자들을 가장 두려움에 떨게 하는 요소는 바로 이 포기의 순환으로부터 동성애를 느슨하게 풀어놓는 것에 대한 두려움이 아닐까 추측해 볼 수 있다. 남성성이 만들어지는 이러한 포기의 공격적인 순환이 없다면 남성성은 대체 무엇일 수 있겠는가? 군에서 게이가 남성성을 풀어헤칠(undo) 수 있는 위협이 된다면 그 이유는 바로 남성성이 바로 포기된 동성애로 구성되었기 때문일 것이다.[14]

---

13) Freud, *Civilization and Its Discontents*(New York:Norton, 1977), pp.81~92 ; *Das Unbehagen in der Kultur*, pp.106~116[『문명 속의 불만』, 307~315쪽]을 보라. [옮긴이]『문명 속의 불만』, 310쪽("공격본능을 만족시키기를 단념하면, 좌절된 공격 본능을 초자아가 모두 떠맡아서 [자아에 대한] 초자아의 공격성이 높아진다.")

14) "Contagious Word: 'Homosexuality' and the Military," in my *Excitable Speech*(New York: Routledge, 1996)[『혐오발언: 너와 나를 격분시키는 말 그리고 수행성의 정치학』, 유민석 옮

『의미를 체현하는 육체』에서 내가 제시한 몇몇 제안들[15]은 정신 경제로서 우울증을 다루는 관점으로부터 규범적 권력 작용의 일부로서 우울증의 순환을 다루는 관점으로의 이동을 용이하게 해주었다. 만일 우울증이 명확히 담론의 대상으로 생산되지 않는 애착의 영역을 지정하는 것이라면, 우울증은 대상을 정립할 뿐만 아니라 그 정립을 통해 대상을 규제하고 규범화하는 언어의 작용을 손상시킨다. 우울증은 처음에는 봉쇄(containment)의 한 형식인 것처럼 보이지만, 즉 세계로부터 차단된 애착을 내부화하는 한 방법인 것처럼 보이지만, 이는 세계 자체를 폐제를 통해 우연히 조직된 것으로 간주할 수 있는 정신적 조건을 정립하기도 한다.[16]

지금까지 나는 강제적인 이성애의 생산을 통해 생성된 우울증에 대해 기술했다. 즉 나는 지금까지 젠더 자체의 작용 속에서 읽을 수 있는 이성애적 우울증에 대해 기술했는데, 이제 나는 젠더와 성적 동일화의 엄격한 형식이, 그것이 동성애적이든 이성애적이든 간에, 우울증의 형식을 만들어 낸다고 제안하고자 한다. 먼저 나는 내가『젠더 트러블』에서 가공했던 수행성의 관점에서 젠더 이론에 대해 재접근하려고 한다. 그런 후 나는 게이 우울증과 애도할 수 없는 상실의 정치적 결과라는 문제로 되돌아올 것이다.

『젠더 트러블』에서 나는 젠더가 수행적이라고 주장한 바 있다. 이

김, 알렉, 2016]를 보라.

15) 내 책 *Bodies That Matter*, pp.169~177를 보라(『의미를 체현하는 육체』, 316~330쪽).

16) 다음의 주장은 나의 책 *Bodies That Matter*, pp. 233~236에서 발췌한 것이다[『의미를 체현하는 육체』, 435~441쪽].

때 수행적이라 함은 어떤 젠더도 행위, 몸짓 또는 발화(speech)에 의해서 '표현'되지 않으며, 젠더의 수행이 젠더의 내적 본질이 있다는 환상을 소급해서 생산한다는 것을 의미한다. 다시 말해, 젠더를 수행한다는 것은 진정하고 영구적인 본질 효과나 기질 효과를 소급적으로 만들어 낸다. 따라서 어떤 표현적 모델을 가지고서는 젠더를 사고할 수 없다. 더욱이 [『젠더 트러블』에서] 나는 관습의 의례화된 반복을 통해 젠더가 생산되고, 이 의례가 부분적으로는 강제적인 이성애의 힘에 의해 사회적으로 강제되었다고 주장했다. 이와 같은 맥락에서 나는 어떻게 정신분석학과 젠더 수행성을 연결시킬 수 있는가의 문제와 어떻게 수행성을 우울증과 연결시킬 수 있는가의 문제를 보다 명확한 언어로 표현하기 위해 드래그(drag)의 문제로 돌아가고자 한다.[17]

수행을 강제적 사회의식으로 재고하기를 원하든 원하지 않든 간에 젠더가 수행되어진다고 말하거나 또는 젠더의 의미가 젠더의 수행으로부터 유도된다고 말하는 것은 충분하지 않다. 젠더로 수행되는 것 속에서 "나타나지" 않은 젠더의 작용들도 분명히 있을 것이고, 젠더의 정신적 작용을 곧이곧대로 젠더의 수행으로 환원하는 것 또한 실수일 것이다. 정신분석학은 무의식의 불투명성이 정신의 외부화에 제한을 가한다고 주장한다. 정신분석학은 또한 수행에서 배제되는 것을 참조할 때만, 즉 수행될 수 없거나 수행되지 않는 것을 참조할 때만, 비로소 외부화되거나 수행되는 것을 이해될 수 있다고 (내가 생각하기에는 올바르게) 주장한다.

---

17) [옮긴이] 『젠더 트러블』, 342~344쪽.

『젠더 트러블』에서 다룬 드래그 수행과 젠더 수행성 사이의 관계는 다음과 같이 전개된다. 남자가 여성으로서 드래그를 수행할 때, 이 드래그의 '모방'은 여성성을 모방하는 것으로 여겨진다. 그러나 그가 모방하는 '여성성'이 그 자체로 모방으로 이해되는 것은 아니다. 만일 젠더를 취득되는 것으로 간주하거나 또는 그 누구에 의해서도 체험되지 않는 이상과의 관련 속에서 가정되는 것으로 간주해야 한다면, 그때 여성성이란 모두가 항상 그저 '모방'할 수밖에 없는 이상이라고 할 수 있다. 그러므로 드래그는 젠더 그 자체가 모방임을 드러내며 젠더의 모방적 구조를 모방한다. 매력적으로 보일지는 몰라도 이와 같은 정식화는 어떻게 부정과 포기의 형식이 젠더 수행을 조직하게 되는지 설명하지 못한다. 어떻게 젠더 우울증이라는 현상이 젠더 수행성의 실천과 관련될 수 있는가?

우울증적 드래그 퀸의 도상적 모습을 고려할 때 더욱이 우리는 드래그라는 젠더의 모방적인 합체 속에 충족되지 않은 바람 같은 것이 [숨어]있지 않을까 의문을 던져 볼 수 있을 것이다.[18] 여기서 또한 우리는 드래그의 수행을 일으켰던 부정 이후 또는 수행이 행한 부정 이후, 수행이 어디에서 정신분석학적 의미의 '행동화'(acting out)를 행하는지 질문을 던질 수도 있을 것이다. 프로이트적 의미에서 우울증이 애

---

18) [옮긴이] 버틀러는 젠더가 원본 없는 모방, 패스티시(pastiche)에 가깝다고 주장하고 이러한 특징을 잘 드러내는 사례가 드래그라고 주장한다. "나는 드래그야말로 젠더의 표현적 양식과 진정한 젠더 정체성이라는 개념뿐 아니라 내부와 외부의 심리공간이라는 구분을 완전히 전복한다고 주장하고 싶다."

도되지 않은 상실의 효과라면,[19] 행동화로 이해되는 수행은 인정받지 못한 상실이라는 문제와 관련이 있을 것이다. 드래그의 수행에서 애도되지 않은 상실이 있다면, 아마도 그것은 수행된 동일화 속에서 거부되고 합체된 상실이자 젠더화된 이상화와 그것의 근본적 거주불가능성을 반복하는 상실이라고 할 수 있을 것이다. 그러므로 이 과정은 남성적인 것에 의한 여성적인 것의 영토화도 아니고 젠더의 본질적 유연성(plasticity)도 아니다. 이는 드래그의 수행이 그 수행이 슬퍼할 수 없는 상실을 우화화(寓話化)하거나 또는 대상을 그대로 떠나보내는 것을 거부하는 방식으로 그 대상을 환영적으로(phantasmatically) 수용하거나 취하는 우울증의 합체적(incorporative) 환상을 우화화하고 있다는 점을 시사한다. 부분적으로 젠더 그 자체가 해소되지 않은 슬픔을 '행동화'하는 것으로 이해될 수도 있을 것이다.

위의 분석은 여성성을 수행하는 '남자' 또는 남성성을 수행하는 '여자'(여성성이 보다 더 현란한 젠더로 제시된다는 점에서, 남성의 경우 항상 덜 실행한다)에게 있어, 남자의 경우 여성의 모습에 대한 애착(그리고 그에 대한 상실과 거절)이 있고 여자의 경우 남자의 모습에 대한 애착이 있다고 암시하기 때문에, 위험한 분석이 될 수 있다. 드래그가 젠더 교차적 동일화에 대해 협상하려는 노력이라 할지라도, 교차된 젠더적 동일성이 동성애를 사고하기 위한 유일한 패러다임이 아니고 단지 여러 패러다임 중 하나라는 사실을 강조할 필요가 있다. 드래그는 **젠더**를

---

19) "Freud and the Melancholia of Gender", *Gender Trouble: Feminism and the Subversion of Identity*, New York: Routledge, 1990[『젠더 트러블』, 196~211쪽].

안정시키는 일련의 우울증적이고 합체적인 환상을 우화화한다. 실제로 상당히 많은 수의 드래그 수행자가 이성애자일 뿐만 아니라, 동성애가 드래그라는 수행성에 의해 가장 잘 설명된다고 생각하는 것도 타당하지 않을 것이다. 그러나 이 분석이 나름 유용한 이유는 이것이 이성애화된 젠더가 동성애의 가능성을 포기하면서 자신을 형성해 가는 과정인 일상의 정신적·수행적 실천을 드래그가 드러내고 우화화하는 과정을 다루고 있기 때문이다. 이러한 실천은 이성애적 대상의 영역과 사랑할 수 없는 사람들의 영역을 동시에 생산해 내는 폐제이다. 그러므로 드래그는 **이성애적 우울증**을 우화화하는데, 이는 남성적인 것을 사랑의 가능성으로 애도하는 것을 거부하면서 남성적 젠더가 형성되는 우울증인 것이다. 여성적 젠더는 여성적인 것이 가능한 사랑의 대상에서 배제되지만(애도되지 않는 배제), 이 대상이 다시 더 강화된 여성적 동일화 속에 '보존되는' 합체적 판타지 속에서 형성된다(채택된다, 추정된다). 이러한 의미에서 '진정한' 레즈비언적 우울증은 엄격히 이성애 여성적이라고 할 수 있고, '진정한' 남성 게이 우울증은 엄격히 이성애 남성적이라고 할 수 있다.

그러나 드래그가 드러내는 것은 '정상적인'(normal) 젠더 표현(presentation)의 구성과정에서 수행되는 젠더가 일련의 부인된 애착들의 집합, '수행 불가능한' 영역을 구성하는 동일화들에 의해 구성된다는 점이다. 실제로 **성적으로** 수행 불가능한 것을 구성하는 것이 **젠더 동일화**로서 (그럴 필요는 없지만) 수행될 수 있다.[20] 동성애적 애착이 정상적인 이성애 안에 드러나지 않고 남아 있는 한, 그 애착들은 일단 나타난 후에 금지되는 욕망으로 구성되는 것이 아니라 아예 애초부터 금지되는 것이다. 이 욕망들이 검열의 먼 한쪽 끝에서 등장할 때, 그것들은 당연히 불가능성의 표시를 지니고 다니며 이른바 가능성 속에서의 불가능성으로서 수행한다. 이 욕망들은 그 자체로 터놓고 슬퍼할 수 없는 그런 애착들이다. 그러므로 이는 **슬픔**의 거부(관련된 선택을 강조하는 미체르리히[21]의 정식)라기보다는 동성애적 사랑의 상실을 인정하는 문화적 관습의 부재에 의해 수행되는 슬픔에 대한 선제적 예방이라고 할 수 있다. 이러한 문화적 관습의 부재는 이성애적 우울증이라는 문화를 생산하는데, 이러한 문화를 일상적인 이성애적 남성성과 여성성이 확인되는 과장된 동일화 과정으로 파악하는 것도 가능할 것이다. 이성애적 남성은 그가 '절대로' 사랑한 적도 없고 그에 대해 슬퍼한 적도 없는 남자가 **된다**(그는 이 남자의 지위를 모방하고, 인용하고, 전유하고,

---

20) 이를 통해 배제적 매트릭스가 어떤 이가 동일화하는 방식과 욕망하는 방식을 엄격하게 구분한다고 제안하려는 것은 아니다. 이성적이거나 동성애적인 교환에서 동일화와 욕망이 중첩되는 것은 충분히 가능하다. 더욱이 '남성성'과 '여성성'은 성애화된 동일화나 욕망에 대한 용어들을 모두 포함하지 않는다.

21) [옮긴이] 미체르리히 부부(Alexander Mitscherlich, Margarete Mitscherlich)는 2차 세계대전 패전 이후 독일인의 집단 심리를 분석하기 위한 논문 "Die Unfähigkeit zu trauern"(The Inability to Mourn)을 발간한다(*Die Unfähigkeit zu trauern: Grundlagen kollektiven Verhaltens*, Piper, 1967). 이 논문에서 이들은 독일인들이 전후 애도할 수 없었던 것은 유대계 유럽인에 대한 슬픔이 아니라 그들이 히틀러에 대해 지닌 애정이었다고 분석한다. 이 분석에 따르면, 제3제국의 독일인들은 총통(Führer)을 이상적인 정신적 지주(ideational anchor)로 삼아 자기충족적인 독일인의 표상과 동일시했다. 그러나 전후, 독일인들은 대학살에 대한 그들의 공모를 (무의식적으로) 억압했고, 이는 자신들의 도덕적 성찰을 방해하는 동시에 히틀러의 패배(독일의 패배)와 죽음으로 인한 우울증도 막는 방식으로 작동했다. 마가레트 미체르리히가 여성의 억압에 대한 글을 쓰기도 했고 버틀러가 명확한 인용출처를 밝히고 있지 않기 때문에 버틀러가 말하는 미체르리히 정식이 정확히 어떤 정식을 언급하는 것인지는 명확하지 않다. 그러나 버틀러가 언급한 '슬픔의 거부'가 미체르리히가 언급한 '애도의 불가능성'과 가장 유사하다는 점에서 버틀러가 이를 그녀 자신이 말하는 '슬픔의 거부'와 연결시키고 있는 것으로 추정해 볼 수 있다.

가정한다). 이 같은 의미에서 이성애적 여성은 그녀가 '절대로' 사랑한 적도 없고, 그녀에 대해 슬퍼한 적도 없는 여자가 된다. 바로 이러한 의미에서 젠더로서 가장 명확하게 수행되는 것은 지배적인 부정의 기호이자 징후이다.

그러나 게이적 우울증(melancholia)은 또한 정치적 표현으로 해석될 수 있는 분노를 포함하고 있다. 바로 이렇게 널리 펴져 있는 게이적 우울증(신문매체들이 '우울증'depression이라고 일반화한 것)의 문화적 위험에 반하여 에이즈(AIDS)로 사망한 사람들의 슬픔에 대한 끈질긴 공론화와 정치화가 쭉 있어 왔다. '네임즈 프로젝트 퀼트'(Names Project Quilt)[22]가 대표적인 예인데, 이는 끝이 없는 상실을 공적으로 인정하는 방법으로써 [에이즈로 죽은 이들의] 이름을 반복하고 의식화한다.[23]

슬픔이 말할 수 없는 것으로 남아 있는 한, 그 상실에 대한 분노는 공언되지 않고 남아 있음으로 인해 재배가(redouble)될 수 있다. 그리고 이 분노가 공개적으로 금지된 것이라면, 그러한 금지의 우울증적인 효과는 자살적 비례(suicidal proportions)를 성취한다. 그러므로 애도를 위한 집합적 제도의 출현은 생존을 위해서 필수적이며, 공동체를

---

22) [옮긴이] 1987년과 1996년 사이에 진행된 에이즈 사망자 추모 퀼트 전시회를 일컫는다. 가족이 거부하거나 장례식장이 거부해서 적절한 장례식을 치르지 못한 이들을 추모하기 위해 기획된 퀼트 전시 행사로, 꼭 그 사람을 알지 않더라도 그 사람을 아끼고 애도하는 이라면 누빔(quilting) 작품을 만들어 전시할 수 있었다. 클라이브 존스(Clive Jones)는 암살된 샌프란시스코 시의원 하비 밀크(Harvey Milk)를 추모하기 위한 행사(1985)에서 아이디어를 얻어 이 행사를 기획했다고 한다. https://www.aidsquilt.org/ 참조.

23) Douglas Crimp, "Mourning and Militancy", *October* 51 (Winter 1989), pp.97~107를 보라.

다시 모으고 친족들을 다시 통합하며 지속가능한 관계를 다시 짜는 데 있어 필수적이다. 퀴어네이션(Queer Nation)[24]의 '모의사 시위운동' (die-ins)의 경우에서처럼 집합적 제도들이 죽음의 공론화 및 극화와 관계되는 한에서, 그러한 집합적 제도들은 문화적으로 방해 받고 금지된 애도과정의 절박한 정신적 결과에 반해 삶을 긍정하고자 하는 응수로서 읽혀져야 할 것이다.

그러나 우울증은 재사고가 필요한 어떤 특정한 방식으로 동성애 안에서 작동할 수 있다. 게이와 레즈비언 정체성의 형성과정에서 이성애와의 구성적 관계를 부정하는 노력이 있을 수 있다. 표면적 반대물인 이성애에 대하여 그리고 이성애에 반해서 게이와 레즈비언의 정체성을 **특정**[종별화](specify)하기 위해 이와 같은 부정이 정치적으로 필연적인 것으로 이해될 때, 그 문화적 실천은 역설이게도 그 실천이 통합하고자 했던 바로 그 구성을 약화시키는 데 이르게 된다. 이러한 전략은 이성애에 그릇되고 획일적인 지위를 부여할 뿐 아니라 이성애적 주체화의 약점에 작업을 가하고 이성애주의가 전개되는 상호배제의 논리를 논박할 수 있는 정치적 기회를 살리지 못한다. 더욱이 [동성애와 이성애의] 상호관계의 완전한 부정은 어느 정도는 어떤 거부된 이성애성**으로**의 동일화라고 할 수 있는 이성애의 거부를 구성할 수도 있다. 그러나 이와 같은 경제에서 중요한 것은 소위 이미 만들어진 정체성을 인정하지 않는 것이다. 이러한 거부는 특정한 게이적 우울증의 영역을 무심코(absently) 지칭하는 거부이자, 인지될 수 없고 그래서 애도될

24) [옮긴이] 1990년 창립된 성소수자(LGBTQ) 행동단체.

수 없는 상실이다. 게이나 레즈비언적 정체성이 그 외관을 일관적으로 유지하기 위해서는 이성애가 거절되고 부인된 그 장소에 그대로 머물러야 한다. 역설적으로 어떤 특정한 게이 정체성의 매끈한 일관성을 주장하는 과정을 통해서 바로 [동성애의] 이성애적 **잔재**가 그대로 **유지**되어야만 한다. 여기서 동일화의 철저한 거부가 [오히려] 일정 수준에서 이미 어떤 동일화가 발생했다는 것을 시사한다는 점, 즉 이미 동일화가 행해졌고 또 거부되었음을 시사한다는 점이 명확해진다. 이러한 현상의 징후적 외양이 이른바 보여지는 육체에 입혀진 옷으로서 동일화의 과잉결정이다.

이는 임의적으로 폐쇄된 주체자리(subject positions)의 영역을 위협하는 남루한 유령의 영역을 생산·배제·거부하면서 일관된 정체성의 자리를 접합하는 데 드는 비용이라는 정치적 문제를 제기한다. 아마도 정체성의 **비일관성**을 초래할 위험을 무릅쓰는 한에서만 연결이 가능할 것인데, 이 정치적인 문제는 욕망에게는 오직 탈중심화된 주체(decentered sujbect)만 이용 가능할 뿐이라는 리오 베르사니(Leo Bersani)의 의견과 상호 연결(correlate)된다.[25] 어떤 주어진 주체의 자리의 입장에서 볼 때 구성적 동일화로 인정될 수 없는 것은 강등된 형태로 외부화될 위험뿐만 아니라 반복적으로 거부되며 부인의 정책(policy of repudiation)의 영향을 받게 될 위험에 처하게 된다.

내가 여기서 작성한 거부의 논리는 어느 정도는 과장된 이론이라

---

25) Leo Bersani, *The Freudian Body: Psychonalysis and Art*, New York: Columbia University Press, 1986, pp.64~66, 112~13.

고 할 수 있다. 드래그의 논리가 사례를 과장하기는 하지만 그럴 만한 이유가 있는 과장인 것이다. 동일화가 욕망에 반대하거나 또는 욕망이 거부에 의해 힘을 공급받아야 할 필연적인 이유는 없다. 이는 동성애나 이성애 모두에 적용될 것이고 또 자신을 이 두 요소의 복합적인 형태로 간주하는 양성애의 경우에도 적용될 것이다. 실제로 그러한 규칙의 압력 아래에서 우리는 더욱더 연약해진다. 그리고 규칙들을 행동화(acting-out)하는 데 사용되는 극적인 언어에 모호성과 상실이 더해질 때, 우리는 더욱더 유동적(mobile)으로 될 것이다.

부록 1 _ 계속 움직이게 하기(Keeping It Moving)

'우울증적 젠더/거부된 동일화'에 대한 논평

애덤 필립스(Adam Phillips)

문장의 끝과 다른 멈춤들은 시간이 다 되고 희망이 사라질 때에만 다가 온다. — 캐롤린 크리돈(Carolyn Creedon), 『미국 대표 시선』(*The Best American Poetry*)

프로이트가 제안하듯이 성격이 동일화(자신을 자신이 사랑했던 것에 견주는 자아ego)에 의해 구성되는 것이라면, 성격이란 캐리커처에 가까워진다. 즉 성격이란 모방의 모방에 가까워진다.[1] 플라톤이 금지하고자 했던 예술가들처럼 우리는 사본의 사본을 만든다. 그러나 플라톤의 예술가와는 달리 우리는 원본을 가지고 있지 않다. 사실 우리는 단지 존재하지 않는 사람에 대해 무한히 이어지는 유사성들을 가지고 있을 뿐이다. 프로이트의 성격 개념은 플라톤적인 예술 작품에 대한 패러디이다. 프로이트의 동일화를 통한 성격형성 이론은 실체적인 것으로서 성격을 조롱한다. 자아는 항상 어디론가 가기 위해 옷을 차려 입는다. 존재가 어떤 존재와 유사한 것(being like)인 한에서 진정한 자아(True selves)나 핵심적인 젠더 정체성이란 존재하지 않는다. 결국 정통성에 대한 나의 감각(sense)은 오로지 내가 속한 문화의 정통성의 감각에서 오는 것이다. 이 같은 맥락에서 나의 진정한 자아(True Self)란 내가 선

---

1) Freud, *The Ego and the Id*, vol. 19, pp. 12~59.

호하는 자아(또는 자아들)라고 말하는 것이 조금 더 정확할 것이다. 나는 나의 의식적이고 무의식적인 선호사항들의 수행자이다.

라캉의 거울 단계는 모방적 발전단계에 의해 행해진 파괴의 증거이다. 특히 보쉬-야콥슨(Mikkel Borch-Jacobsen)과 리오 베르사니(Leo Bersani)는 프로이트의 동일성 이론의 폭력과 동어반복, 유사함(being like)과 관련된 상호함의 및 공모성[2]을 밝혀냈다.[3] 생각을 일깨우는 주디스 버틀러의 글이 잘 보여 주고 있듯이, 이 비판적 동일화 개념은 현대 이론의 여러 논쟁적 주제들의 연결체이다. 이 개념은 우리가 무엇을 위해 타자를 사용하는지, 사람들은 어떤 의미에서 타자인지 등에 대해 생각하도록 자극한다. 실제로 이 개념으로 인해 우리는 프로이트를 움직였던 질문이자 대상관계와 관계적 정신분석학이 당연한 것으로 여기는 다음 질문과 대면하게 된다. 어떤 의미에서 우리는 '서로의 관계'(relationship with each other)라고 부르고 싶어 하는 것을 갖게 되는가?

프로이트가 대상은 단지 본능에 "납땜될" 뿐이라고 말할 때, 즉 그가 우리의 1차 몰두 대상은 욕망의 대상이 아니라 우리의 욕망이라고 말할 때, 그는 우리는 우리가 생각하는 방식대로 서로에게 애착을 갖

---

2) [옮긴이] 프로이트는 "정신분석학은 '동일시'를 타인과의 감정적 결합이 나타나는 초기 형태로 간주하고 있다"고 쓰고 있다(『집단심리학과 자아분석』, 『문명 속의 불만』, 115쪽). 이 부분에서는 타자와의 유사함, 모방적 잔여물의 소유가 자아 동일성의 근거가 된다는 것이 쟁점이 되고 있다. 욕망과 동일화의 관계에 대해서는 Bersani, "Sociability and Crusing", *Is the Rectum a Grave?*, Chicago: University of Chicago Press 참조.

3) Mikkel Borch-Jacobsen, *The Emotional Tie*, Stanford: Stanford University Press, 1993; Leo Bersani, *The Freudian Body*.

는 것은 아니라는 것을 암시한다.[4] 『꿈의 해석』에서 프로이트는 자아에 잠재하는 난잡한 유동성(mobility)을 감지한다. 특히 꿈은 실제의 삶이 유동적이거나 모험적이지 않더라도 정신적 삶은 놀라울 정도로 유동적이고 모험적일 수 있다는 점을 드러낸다. (실제로는 매우 적은 사람들만이 양성애자이지만, 정신적으로는 모든 사람이 양성애적이다.) 프로이트는 이 격차를 설명해야 할 뿐만 아니라(우리에겐 이른바 우리의 1차적 과정을 드러낼 만한 용기가 없다) 이론적으로 파우스트적인 자아의 근거를 마련할 방법과 이 자아의 충실성이 의심받을 때 이 충실성을 규정할 수 있는 방법을 찾아내야 했다. 자아의 충실성에는 분명 무언가 찔리는 구석이 있는 것처럼 보인다. 따라서 프로이트는 어느 정도 안심하며 애도의 문제로 돌아설 수 있었다. 애도의 문제는 자아는 자아가 사랑했거나 증오했던 타자들과의 관계에 근거를 두고 있다는 점을 드러낸다.[5] 애도는 우리에게 매우 커다란 위안감을 주는데, 그 이유는 애도가 우리에게 애도가 없었다면 갖지 못했을 무엇인가에 대한 확신을 부여해 주기 때문이다. 즉 애도는 타자에 대해 우리가 가진 애착에 확신을 부여한다. [이렇게] 애도로 인해 연장된 고통은 정신분석학이 질문을 던져 왔던 대상이 무엇인지 확인해 주는데, 그것은 바로 우리가 우리 자신이 사랑하고 증오하는 사람들에게 얼마나 고집스럽게 헌신하고 있는지 여부이다. 우리의 꿈이 증언하고 있지만 무한한 대체를 위한 우리의 능력은 미약하다. 이와 같은 의미에서 애도는 더욱 정

---

4) Freud, *Three Essays on the History of Sexuality, Standard Editioln*, 7: 125~243.
5) Freud, "Mourning and Melancholia."

신분석학의 발본적인 가능성을 위한 발판이라고 할 수 있다. 이른바 애도는 프로메테우스가 묶여 있던 바위와 같은 것이다.

프로이트의 이론에서 자아의 과대함을 구성하는 동시에 그 자아의 과대함에 제한을 가하는 것이 바로 오이디푸스 콤플렉스라고 말하는 것이 언뜻 보기에는 보다 더 정확한 말인 것처럼 보인다. 그러나 멜라니 클라인이 말하는 것처럼, 자아를 공고하게 만드는 것은 사실 오이디푸스 콤플렉스 과정에서 초래된 애도라고 할 수 있다. 1차적 대상에 대한 애도작업 없이 가족이라는 마법의 환(環)에서 벗어날 수 있는 방법은 없다. 부분적으로 클라인의 저작 덕분에 애도는 여러 정신분석학 판본들의 발전의 토대가 되었다. 실제로 애도는 정신분석학에서 거의 유사종교적인 지위를 차지하기에 이르렀다고 할 수 있다. 정신분석가들은 애도의 가치를 믿는다. 한때 에머슨[6]이 주장했던 것처럼, 만일 어떤 환자가 그의 애도가 "얕았다"(shallow)고 주장한다면 그 또는 그녀는 어떤 것 또는 다른 것들과 "접촉이 없는 것"으로 간주될 것이다. 애도 개념이 함의하고 있는 것처럼 마치 애도의 능력이 인간의 공동체를 구성하는 것처럼 보인다. 처벌 없는 세계를 상상할 수 없는 것처럼 우리는 더 이상 사별 없는 세계를 상상할 수 없다.

이러한 주장들을 고려할 때 나는 주디스 버틀러가 수행적인 것으로서 젠더라는 그녀의 유쾌한 개념에 중력[중심성]을 부여하기 위해

---

6) [옮긴이] 애덤 필립스는 여기서 랄프 왈도 에머슨(Ralph Waldo Emersom)의 에세이 「경험」(Experience)의 한 구절, "내가 슬픔을 통해 얻은 것이 있다면 그것은 슬픔의 깊이가 얼마나 얕은지 알게 되었다는 것이다"(The only thing grief has taught me is to know how shallow it is)를 인용하고 있는 것으로 보인다.

두 가지 의미에서 애도라는 개념을 사용하고 있다고 생각한다. 그녀의 논문에서 특히 주목할 만한 점은 그녀가 보통 슬픔에 대한 논의가 야기하는 더욱 강제적인 신성함에 빠지지 않으면서 이를 성취하는 데 성공했다는 점이다. 우리가 발명하고 수행할 수 있는 것보다 더 많은 젠더 정체성들이 있을 수는 절대로 없다. 우리는 진리(Truth), 정신건강 (Psychic Health) 또는 성숙(Maturity)의 이름으로 정체성의 레퍼토리에 제한을 가하려고 하는 사람들을 (이들 대부분은 정신분석학자들이다) 칭송해서는 안 된다.

모든 젠더의 판본들이 갈등적이고 따라서 문제가 된다는 것은 실천에서는 아닐지 몰라도 이론에서는 이미 상투구가 되었다. 우울증적 동일화 개념을 통해 버틀러가 제안하는 것은 "남성성과 여성성이 애도되지 않은 사랑(ungreived love)의 흔적 및 애도될 수 없는 사랑 (ungrievable love)의 흔적으로서 나타나는 젠더 우울증의 문화"[7]가 젠더 정체성이라는 오래된 문제의 새로운 판본이라는 것이다. 동성애적 애착은 본래 경험되지 않음에도 불구하고 왜 혐오스러운 것(부적절하게 이름 지어진 '부정적' 오이디푸스 콤플렉스)으로 묘사되어야 하는가? 타자들 안에서 목격되었을 때 왜 이 공공연하고 정념적인 사랑은 부정되어야 하고, 애도할 수 없는 것이 되어야 하고 거부되고 처벌받아야 하는가? 버틀러의 설득력 있는 설명을 보면, 문화적으로 널리 퍼져 있는 동성애에 대한 (상호정신적인interpsychically 동시에 정신내적인 intrapsychically) 적대감이 실은 질투(envy)에 근거하고 있다는 점만큼은

---

7) [옮긴이] 이 책 205쪽 참조. 이곳의 문맥에 맞게 해석을 변형했음.

분명한 것처럼 보인다. 전-에이즈 시대의 일부 이성애자들이 명백하게 동성애자들의 난잡함을 부러워했다면──우리는 왜 순항할 수 없는가(why can't WE CRUISE)?[8]── 오늘날의 이성애자들은 사람들이 동성의 사람들과 자유롭게 누리고 형성하는 친밀성에 대해 그냥 부러워할 가능성이 더 높다고 할 수 있다. 그러나 버틀러가 설명한 것처럼, 만일 '남성성'과 '여성성'이 부분적으로 부인된 슬픔으로 이루어진 동일화를 통해 형성되고 공고하게 되는 것이라면, 그러한 슬픔을 인정하고 제재하는 세계 속에서 산다는 것은 과연 어떤 것일까? 즉 이른바 의절되거나 포기된 젠더 정체성과 사별하는 전체과정을 허용하는 세계 속에서 산다는 것은 과연 어떤 것일까? 환자가 억압된 정체성의 상실을 애도하도록 격려하는 에토스(ethos)가 창출되기 위해서 이른바 정신분석학적 공동체 안에서는 어떤 일이 일어나야 하는 것일까?

애도의 이상화──애도를 유사 회복 치료법(spurious redemptive cure)으로 사용하는 것, 즉 우울증이나 불확실성 불안증의 치료 대용물(ersatz)로 사용하는 것──를 초래하지 않는 한에서 이러한 질문들은 내게 매우 흥미로운 문제들이다. 버틀러의 표현대로 자신을 이성애자로 확신하는 남성이 "사랑한 적도 없고, 잃은 적도 없다는 이중의 부정에 예속"되고, 이 부정에 의해 이성애 남성이 상대적으로 곤란을 덜 겪는다면, 동성애적 애착은 이 부정을 분석하거나 되돌리려고 하는 정신분석학적 기획에 통합되는 것인가? 버틀러 주장의 절대적 타당성은

---

8) [옮긴이] 'cruise'는 섹스 파트너를 찾기 위해 걷거나 운전해 가는 것을 의미한다. 동성애자들 사이의 암호(code word)처럼 쓰이다가 최근에는 인터넷 등에서 상대를 찾는 것을 의미하는 등 보다 포괄적인 의미로 사용되고 있다.

매우 커다란 임상적 곤란을 야기한다. 무엇이 환자의 문제를 구성하는지 누가 결정하는가? 어떤 기준으로 결정할 수 있는가? 어느 모로 보나 추정된 이성애성은 추정된 다른 입장만큼이나 문제점을 갖게 된다. (결국 모든 증상은 유죄 상태인 것이다.) 분명 버틀러의 논문은 우리에게 이 절박한 조치들을 초래하는 공포(terror)는 말할 것도 없고 모든 젠더 정체성의 [형성] 비용 및 박탈 비용에 대한 논점을 환기시킨다. 버틀러는 "동일화가 욕망에 반대하거나 또는 욕망이 거부에 의해 힘을 공급받아야 할 필연적인 이유(reason)는 없다"라고 쓴다. 그러나 당연히 일정한 정신분석학적 논리에 따른 필연적 이유 또한 존재한다. 프로이트의 시각에서 보자면 우리는 우리가 가질 수 없는 것이 된다. 그리고 우리는 우리가 버려야만 하는 것을 욕망(처벌)한다. 그런데 왜 이러한 선택을 하게 되는 것일까——우리는 왜 이 모두를 한꺼번에 하거나 다른 선택을 할 수 없는가? 왜 이 선택이여야 하는가?

이 문제들은 버틀러의 『젠더 트러블』에 의해 개방된 문제들이다. 본질적으로 수행적인 젠더 정체성의 본성, 젠더 정체성의 구성적 본성은 모든 레퍼토리의 제약들을 인위적이고 불필요하게 억압적인 것처럼 보이게 만든다. 그러나 모든 수행이 다른 곳의 금지로부터 지원을 받는 것과 마찬가지로 수행이 아무리 큰 강제력을 가지고 있다고 할지라도 고난 없는 정체성이란 없다. 수행 관념이 정체성을 가능성(때때로 의지를 지닌 가능성)의 영역으로 풀어놓을 때, 애도는 이 동일한 정체성들을 설명하기 위해 그들의 반복 및 폐기물(waste)과 함께 그들의 무의식적 역사를 참조한다. 즉 애도는 우리의 선택을 좌절시키는 파라미터들을 참조한다. 애도와 수행——그리고 우리의 애도의식(the sense of mourning)을 구성하는 수행들——은 서로에게 유용한 쌍둥이이다. 수행 관념이 없다면 애도는 진리(Truth)로서 문자 그대로의 의미를 지니게 될 것이다. 즉 애도는 우리 내면 깊은 곳의 행동(deepest action)을 의미하게 된다. 애도 관념이 없다면 수행은 '무의식이 없는 것처럼 위장하라' 또는 '네가 좋아하는 대상처럼 행동하라'와 같은 과도한 요구가 된다. 발레리는 "나는 진심으로 각자가 그 자신의 삶 이외의 다른 많은 삶을 살 수 없다면 아마 그는 그 자신의 삶도 살 수 없을 것이라고 생각합니다"라고 쓴 바 있다.[9] 발레리의 반어적 진심——그런데 발레리는 대체 그의 어떤 삶에 대해 말하고 있는 것일까?——은 버틀러의 경우처럼 우리가 정신적 필연성으로서 우리 자아의 판본들을 증식시킬 것을 촉구한다. 마치 우리가 그렇게 하지 않을 때의 상실을 견딜 수 없는 것처럼 말이다. 그러나 정신분석자는 그의 환자에게서 얼마나 많은 삶들을 인식할 수 있을까? 또는 정신분석자는 얼마나 많은 삶을 환자에게 요구할 수 있을까? 아주 쉽게 요구가 되어 버리는 이러한 여러 삶에 대한 인정에는 어떠한 제약들이 가해질까?

물론 분석과정에서 환자의 성적 정체성만 문제가 되는 것은 아니다. 분석자와 환자 모두 그들의 욕망을 유지하기 위해서 노력하고 그들의 욕망은 (상호정신적으로interpsychically 그리고 정신내적으로intra-psychically) 차이에 의존하고 있다. 항상 다른 것, 충분하게 (또는 분명하게) 다른 무엇인가가 있기 마련이다. 죽음욕동에 대한 존스의 억압된

---

9) S. Dunn, *Walking Light*(New York: Norton, 1993)에서 인용.

개념인, 아파니시스(Aphanisis)[10]의 유령이 이 과정에 출몰한다. 그러나 욕망이 차이에 의존하고 있음에도 불구하고, 우리는 그저 우리가 좋아하는 차이를 좋아할 뿐이다. 바람직한 차이이거나 또는 견딜 만한 차이들, 차이를 유지하는 욕망은 그 누구에게도 무한할 수 없다. 정신분석은 이 구성적 경계를 어디에 그을 수 있느냐의 문제인 것이다. 임상의(臨床醫)들은 징후라고 불리는 가능성들(다른 관점에서 오이디푸스 콤플렉스라고 불리는 가능성들)에 대한 제약들, 무의식적 제약들에 대해 너무 잘 알고 있을 뿐이다. 그러나 분석에서 가능한 것은 (또는 다른 곳에서 가능한 것은) 이론적 패러다임과 우리의 실천에 대해 말하기 위해 선택하는 언어의 영향을 받는다. 그렇지 않다고 자랑하고는 있지만——불가능한 직업으로서 정신분석학 —— 정신분석학은 그저 우리에 의해 점점 더 곤란해지고 있다.

임상적인 관점에서 보면, 『젠더 트러블』에 나타난 버틀러 초기의 의지주의(voluntarism)가 분석가들을 경계하도록 만들었다고도 할 수 있다. 그러나 「우울증적 젠더」에서 버틀러가 정신분석학자들에게 요구한 것보다 실제치료에서 분석자들의 상상력이 부족할 것이라고 생각할 만한 명백한 이유는 없다. 정신분석자가 자신의 직업에 대해 말할 때 사용하는 언어가 진정성(authenticity)을 나타내는 단어들(성실, 정직, 진리, 자아, 본능)로 가득 차 있을지라도 무의식을 믿는 정신분석가가 자신을 진정한 삶의 대변인으로 설정하기는 어렵다.

---

10) [옮긴이] 성욕의 소멸(aphanisis)을 지칭하는 어니스트 존스의 개념. 이 소멸은 남자에게는 거세의 형태로 여성에게는 이별의 형태로 나타난다.

분석적 상황의 연극성을 외면하는 방식으로 아주 쉽게 수행의 언어를 종잡을 수 없는 것이라고 칭하며 임상적으로 무시할 수도 있다. 버틀러가 이용하는 동일화는 수행(the performative) 개념을 분석적인 틀 안에 되돌려 놓는다. 더욱 놀라운 것은 그녀가 우리의 정체성 형성, 상실을 통한 우리 자신의 구성에 필수적인 연극성의 미묘한 차이를 드러내는 방법으로 애도를 사용할 수 있었다는 점이다. 작가들은 다행스럽게도 정신분석가들과 달리 임상치료의 최면 효과에 제한되지 않는 자유로운 생각을 고안해 낼 수 있기 때문에 정신분석학에 관심을 갖는다. 음악가나 운동선수들, 또는 분석가들처럼 좋은 수행자들은 그들이 하는 것에 대해 말하는 데 능숙하지 않다. 부분적으로 그 이유는 그들이 이미 자신의 일을 행하는 사람들이기 때문이다.

물론 어떤 삶을 사는 것처럼 [삶을] 행하는 것은 이런저런 방식으로 오로지 두 개의 성만이 있다는 것을 인정하는 것과 연루된다. 비록 이것이 그 자체로 그리고 자연스럽게 가능한 젠더 정체성의 레퍼토리에 대해 아무것도 말해 주는 바가 없더라도 말이다. 버틀러 주장의 논리, 그녀가 프로이트의 저작 속에서 찾아내는 지시적 비일관성은 분석적 실천의 가능성을 복구한다. 버틀러 논문의 명료함은 또한 다른 종류의 성찰도 자극한다. 두 개의 성만 존재한다는 것은 때때로 유감스럽게 느껴지기도 하는데, 그 이유는 특히 우리가 이 차이를 우리를 위한 많은 일을 하기 위한 패러다임으로 사용하기 때문이다. (성 사이의 차이는 물론 살아 있는 육체와 죽은 육체 사이의 차이보다 더 흥미롭고, 또 더 쉽게 접합 가능하다.) 존재한 적도 없고 따라서 애도된 적도 없는 제3의 성의 상실 속에는 일종의 지적인 우울증이 존재한다. 두 개 성이라는 마법 (또는 두 개의 성이라는 논리)을 깰 수 있는 비합리적인 이 제 3의 성, 아이가 그 자신 또는 그녀 자신에 대해 갖는 구성적 환상 또는 억압적 환상으로서 제3의 성의 상실에 대한 우울증. (원초적 장면 [Urzene]primal scene에 대한 이 마술적 해결책과 종합 및 회복의 환상들 사이에 연결 고리가 존재한다.) 프로이트가 1차 과정이라고 부른 것은 결국 상호배제의 삭제, 논리를 무시하는 논리인 것이다. 이 관용의 형태 (그리고 급진주의의 형태)는 2차 과정의 우리 자아가 항상 활용할 수 있는 것은 아닌 것처럼 보인다.

(대립물, 대안 또는 보완물로 묘사되는) 두 개의 성으로 시작하는 것은 우리를 하나의 논리 안에, 체험되고 언급된 경험과는 동떨어지고 (안/밖, 1차 과정/2차 과정, 사디즘/마조히즘과 같은) 다른 이항 쌍과 공모하는 이항체계 안에 가둔다. 그리고 정신분석학 언어의 이 이항체계는 오해를 불러일으킨다. [그러나] 우리는 모순이나 상호배제가 아닌 역설과 스펙트럼에 대해서 이야기해야 한다. 모든 아이는 당연히 배제나 차이 또는 분리를 넘어선 자리가 존재하는지 알고 싶어 한다. 떠남과 남겨짐이 사라진 세계, 변두리가 없는 사회, 따라서 모욕이 없는 사회를 목표로 하는 유토피아적 사회주의라는 다른 차원 속에서 채택된 사상.

젠더 또는 어떤 정체성에 대해 생각할 때, 배제의 관념을 필요로 하지 않는 그림이나 이야기를 찾는 것은 매우 어려운 것처럼 보인다. 그리고 버틀러의 이론적 묘사는 바로 이 곤란을 반영한다. 정신분석 이론에는 분명 대피(evacuation) 개념(그리고 대피 경험) 및 안과 밖 개념이 제시할 수 있는 정의 개념과 관련해 매우 매력적인 논의들이 있다. (비교적 최근의 정신분석 이론에서 발린트[11]는 물고기가 물 안에 있는 것인지 물이 물고기 안에 있는 것인지 질문한 바 있다.) 분명 차이의 언어 (정신분석학이 고취하는 정신내적intrapsychic · 상호정신적interpsychic 경계 및 한계를 설정하는 수단)는 정의상 동일성(sameness)의 언어보다 훨씬 더 광범위하다. (물론 동일same하다는 것이 똑같음identical을 의미하는 것만은 아니다.) 우리는 차이에 대해 이야기할 수 있다. (어떤 면에서 말하는 것은 차이에 대해 이야기하는 것이다.) 그러나 동일성은 우리를 침묵하게 만들고, 지루하게 만들고 반복적으로 만든다. 그리고 오로지 동일성의 관점에서 동성애에 대해 말하는 것은 실타래를 더욱 엉키게 만들 뿐이다. 차이와 유사하게 동일성은 자연적 사실이 아니라 (유인된) 환상이다. 정신분석학이 몰두하고 있는 경계들의 언어, 동일화 및 애도 개념을 가능하게 하는 경계들의 언어는 인격(person)이 무엇인지, 무엇이 인격이 될 수 있는지에 대한 특정한 가정들을 고취한다. 이 언어는 순수성 및 특징(property)의 언어 또는 메리 더글러스가 순수성과 위험이라고 칭한 것에 의해 그려지는 어떤 사람(person)에 대한 그림이다. 젠더에 대한 우리의 이야기를 그릴 때, 윤곽이나 외곽선보다

---

11) [옮긴이] 발린트(Michael Balint)는 프로이트의 1차적 자기애(primary narcissism) 개념에 반대하면서 아이와 엄마의 1차적 통일성(primary unity) 개념을 제시한다. 발린트는 1차적 사랑(primary love) 관계 속에서 아이와 엄마는 서로 잘 연결되어 상호 만족을 느낀다고 말한다. 이 단계에서는 아직 대상이 나타나지 않았지만 정확한 경계가 부재하는 상태로 개인이 존재하고, 개인과 세계 사이에는 조화가 형성된다. 발린트는 이런 상황을 물고기 아가미에 있는 물이나 폐 속의 공기, 즉 안과 밖이 이분법적으로 나누어지지 않는 상태에 비유한다(Michael Balint, *Regression in the analytic situation In Thrills and Regressions*, Hogarth Press, 1959).

는 농담(濃淡)이나 번짐에 대해 말하는 것이 더 유용할 것이다.[12] 수행에 대한 버틀러의 언어는 정의(定議)가 계속 분주하게 움직이도록 유지한다. 애도는 사물들의 속도를 느리게 한다.

---

12) Mary Douglas, *Purity and Danger,* London, Routledge, 1966.

부록 2 _ 애덤 필립스의 논평에 대한 답변

애덤 필립스의 반가운 논평은 젠더, 우울증, 그리고 수행성과 관련해 임상적인 관점과 사변적 관점 사이의 어떤 대화가 가능하다는 점을 확인해 보여 준다. 종종 그러하듯 여기서 어떤 입장이 명확히 제시되지는 않았다. 그 이유는 아마도 필립스 그 자신이 임상의이면서 동시에 사변적 사상가이기 때문일 것이다. 따라서 그는 프로이트에 의해 시작된 이중적 차원의 글쓰기를 더욱 심화시킨다. 실제로 언뜻 보기에는 엄격히 대립하는 것으로 보였던 것들——한편에는 임상적인 것 그리고 다른 한편에는 성에 대한 문화이론가가 있다——이 교환과정에서 깨지고 다시 구성된다. 그가 자신의 사고를 움직여 가는 방식만큼이나 그가 주장하는 내용들이 나로 하여금 그 대립적 틀과 사고에 대해 다시 한 번 생각하도록 자극했다. 그리고 다행히도 이 대립적 틀과 사고는 그 자체로 유지될 수는 없는 것처럼 보인다. 나는 먼저 우울증이 젠더 수행성 개념(notion)에 대항하는 것 또는 그것을 완화시키는 것으로 적합하게 이해되었는지의 문제에 초점을 맞추며 그의 논평에 답해 보려고 한다. 그리고 이어서 성적 차이가 눈에 보이는 것처럼 그렇게 안정적인 대립인가에 초점을 맞추어 보려고 한다.

필립스는 우울증적 합체(incorporation)가 『젠더 트러블』의 수용 과정에서 나타난 젠더 수행성과 관련된 입장의 의지주의를 완화시킨다고 말한다. 한편에는 거부되고 해결되지 않은 슬픔의 매듭이 있고 다른 한편에는 사르트르적인 입장에서 자기 자신을 끊임없이 갱신하는 자기의식적인 자아가 있는 것처럼 보인다. 그런데 만일 이 대립항들이 눈에 보이는 것처럼 그렇게 안정적인 것이 아니라면 어찌 되는가? 우울증의 우유부단함(irresolution)이 잃어버린 타자를 향한 공격성에 대한 견제와 한데 묶이는 상황을 고려해 보자. 즉 우울증의 자책과 동반해서 나타나는 타자의 이상화가 공격적 자아(the ego of aggression)에 반해 직접 표현되는 것이 금지된 타자를 향해 길을 터가는 상황을 고려해 보도록 하자. 이 금지는 어떤 이상화를 위해 작용한다. 하지만 이는 또한 순수하고 신성한 실천으로서 슬픔을 이상화하는 방향으로 작용한다. 공격적인 표현이 차단된 우울함(the melancholic)은 상실한 대상을 모방하고 합체하기 시작한다. 이 우울함은 타자와의 '싸움을 계속하며' 내화적 전략을 통해 그 상실을 거부한다. 그러나 이는 정신내적(intrapsychic) 자책의 형태를 통해 이루어진다. 그러나 이 과정이 단지 정신내적인 것만은 아니다. 그 이유는 증상의 표현이 바로 이상화 과정에서 배제된 것의 귀환이기 때문이다. 증상적 표현과의 관계 속에서 '행동화'(acting out)의 자리는 어디일까? 특히 질책이 정신내적 순환에서 벗어나 치환되고 외화된 형태로 나타날 때, '행동화'의 자리는 어디인가? 종종 팬터마임의 형태를 취하는 이 같은 종류의 행동화는 자책의 순환 속에 감금되는 것을 거부하는 어떤 공격성, 이 순환에서 벗어나 치환을 통해, 상실한 타자의 반향, 그 유적 위에 자신을 쌓아올리는 공격성을 위한 장소가 아닌가? 이런 의미에서 우울증의 결과로 수행되는 것은 부분적으로는 자발적 행위가 아니라 소유되지 못한 공격성에 의해 유인된 행동화(acting out)이다.

이러한 설명이 어떻게 젠더 우울증의 맥락 속에서 작동할 수 있을까? 내가 내 자신의 젠더에 대한 나의 사랑을 거부하면서 나의 젠더를 성취하는 것이라면, 그 거부는 내 젠더의 행동화(acting out)에 머물며 경쟁, 공격성, 이상화, 우울증 등으로 읽혀지기를 요구한다. 내가 절대로 여자를 사랑한 적이 없는 한에서 여자인 것이라면, 공격성과 부끄러움은 그 '절대로'(never), 그 '결코'(no way) 안에 감금된다. 이는 어떤 젠더이든 간에 나는 방어적인 '절대로'에 의해 사고 불가능해진 사랑의 복귀에 의해 근본적으로 위협을 받게 된다는 것을 시사한다. 따라서 내가 행하는 것, 내가 '선택'한 것은 그 안에 '수행'의 과정을 관통하며 근본적으로 선택되지 않은 요소를 갖는다. 젠더 수행성 개념이 우울증의 접합(articulation) 및 상실된 타자가 자아의 구성적 동일화에 내화되는 상실에 대한 팬터마임적 반응 속에서 출현하기 때문에 바로 이 부분에서 젠더 정체성 개념은 '행동화' 개념을 통한 정신분석학적 재사고를 요구한다.

필립스는 적절하게 정신분석학에 애도 그 자체의 이상화 및 완성된 정신적 의식(儀式)으로서 애도의 신성화가 나타날 수 있다고 경고한다. 이는 실천[치료]으로서 정신분석이 마치 그것이 알아내고자 하는 바로 그 고통에 의해 어려움을 겪는 것과 같은 처지에 처해 있음을 의미한다. 우리의 다양한 상실들이 종료될 수 없는 애도의 실천으로서 정신분석학의 조건이 되는 상황 속에서 슬픔의 해소는 사고될 수 없는 것이 된다. 그러나 공격성을 억제하는 수단에 반해 슬픔이 막고 있는 공격성을 배양하는 것 말고 무엇이 슬픔의 억제력을 깰 수 있을까? 애도 기간을 유지하고 연장시키는 요인 중 일부는 바로 상실된 것을 향한 공격성의 표현을 금지한다. 부분적으로 그 이유는 상실된 대상이 우리를 포기하고, 또 우리가 이 상실된 대상의 신성화 속에서 이 포기에 대해 분노할 가능성을 배제하기 때문이다. 정신분석학의 틀 안에서 모방적 행동화가 윤리적 결과를 초래하지 않으며 공격성을 극화하고 또 자기반성을 목적으로, 일련의 '행위'를 통해 부정의 논리를 접합하려 할 때 나타나는 모방적 행동화의 긍정적 결과는 무엇일까? 그러한 연극성은 정신분석학에 의해 수정되고 완화되는 것으로서 작동하는 것뿐만 아니라 정신분석적 개념으로 작동하고 있는 것은 아닐까? 이는 정신분석학을 맨 정신에 행하는 영원한 애도 작업에 이용하는 애도의 이상화(그 자체로 애도의 한 증상)에 대응하는 한 방법이라고 할 수는 없을까? '영원'의 효과는 어느 정도로 부인 그 자체의 효과라고 할 수 있을까? 즉 어느 정도로 우울증에 전형적인 자책적 구속을 위해 작용하는 공격성의 효과인 것일까?

필립스는 일련의 다른 질문들도 제시한다. 이 질문들은 첫눈에 느껴지는 것보다는 덜 대립적인 틀 안에서 작동하는 것처럼 보인다. 동일화가 욕망에 반대하거나 또는 욕망이 거부에 의해 힘을 공급받아야 할 필연적인 이유는 없지 않느냐고 질문할 때 그는 나의 질문을 적절하게 잘 풀이한다. 그는 정신분석학에는 그럴 만한 충분한 이유가 있고 또 점유된 자리 및 결정된 욕망은 정신적 갈등에 관여하게 된다고 주장한다. 이러한 주장은 자아 또는 성격이 형성되는 과정에서 그리고 일정한 방향으로 욕망을 처리하는 과정에서 항상 상실과 거절, 희생이 이루어져야 한다는 사실에서 추론된다. 그리고 이러한 그의 주장은 적절하게 보인다. 그러나 아마도 엄격하게 부인되고 폐제되는 것, 그리고 조금 덜 엄격하게 또는 조금 덜 영원하게 거절되는 것을 구분할 수 있도록 '거절'과 '배제'의 유형학을 발전시킬 수 있는 방법이 있을 것이다. 예를 들어 동성애가 이성애의 무의식적 부인에 뿌리를 두고 있다고 추정하고, 그러한 추정을 하는 과정에서 거부된 이성애를 체험된 동성애의 무의식적 '진리'로 결정하는 방식으로 동성애를 설명할 수 있는 방법이 분명히 있을 것이다.

　　그러나 부인과 관련된 그러한 과정이 체험된 동성애를 설명하는 데 꼭 필요한 것일까? 형성과정에서 부인된 이성애를 가정하지 않고 동성애의 무의식적 동기를 설명하는 그만큼 강력한 설명 방식은 없는 것일까? 정신내적으로나 상호심리적으로 이성애에 엄격하게 반대하지 않지만 그들의 욕망의 방향에 의해 상대적으로 결정되는 동성애자들이란 과연 무엇이란 말인가? 아마도 욕망의 경제는 항상 일정한 종류의 거절과 상실을 통해 작동할 것이다. 그러나 이는 무모순의 논리에 구조화된 경제의 결과로 있는 것은 아니다. 이러한 종류의 탈모순적 정신의 유동성(postcontradictory pscyhic mobility)이 바로 정신분석학적으로 욕망된 것, 또는 프로이트가 정신의 양성성을 참조하면서 경계선을 그으려 했던 것이 아닐까? 이 유동성이 실은 엄격하게 설치된 부인의 논리가 결국 정신의 생존에 필요한 것은 아니라는 것을 알리는 신호는 아닐까?

필립스가 우리에게 올바르게 안내해 주고 있는 것처럼, 우리는 "배제나 차이 또는 분리를 넘어선 자리"란 존재하지 않고 "떠남과 남겨짐이 사라진 세계"도 존재하지 않는다는 점을 인정해야 한다. 그러나 이를 인정하는 것이 '성'이 안정적인 범주라는 입장 또는 동성애적 사랑의 대상이 부인과 금지의 힘을 통해 사라져야 한다는 입장을 수용하는 것과 같은 것일까? 우리는 이처럼 보다 일반적이고 불가피한 분리와 상실을 우리 모두를 젠더 우울증을 겪는 사람으로 만드는 동성애적 사랑의 부인 옆에 어느 정도로 나란히 놓을 수 있을까? 성적 차이의 '소여성'(givenenss)은 분명히 거부될 수 없을 것이다. 그리고 나는 발견하거나 추구해야 할 '제3의 성'은 있을 수 없다는 데 동의한다. 그러나 성적 차이는 왜 우리의 정신적 삶에서 상실의 1차적 보증인이 될 수 있을까? 모든 분리와 상실은, 우리가 세계 속에서 성별화된 존재로 등장하게 되는 구조인, 다른 성의 상실 구조라는 원인으로 설명될 수 있을까?

성이 주어진 것인 동시에 성취되는 것 ─ (항상) 여전히 성취되어야 할 것으로 주어진 것 ─이라는 개념과 성이 부분적으로 리비도적 목표들의 이성애화를 통해 성취된다는 개념을 보다 진지하게 고려한다면 아마도 이러한 가정은 곤란을 겪게 될 것이다. 이는 『성욕에 관한 세 편의 에세이』의 첫 장에서 프로이트가 주장한 내용과 같은 것처럼 보인다. 욕망과 상실에 대한 이성애적 틀은 분리와 상실의 문제를 얼마나 더 다른 것보다 중요한 성적 차이의 문제로 다루고 있는 것일까?

필립스의 언어에는 잘 표현되어 있지 않지만 그가 옹호하는 틀(framework)을 다루고 있는 다음의 문제틀(problematic)에 대해 생각해 보자. 누군가 여자를 욕망한다면 그 사람은 남성적 기질의 입장에서 욕망하고 있다고 말할 수 있을까? 아니면 이성애를 욕망을 조건 짓는 분리성(separateness)이나 타자성(alterity)을 이해하는 방법으로 보유하기 위해서, 그런 기질이 욕망하는 자리 때문에 발생한다고 회고적으로 말하고 있는 것인가? 만일 그러한 주장이 옳다면 다른 여성을 사랑하는 모든 여성은 남성적 기질의 입장에서 여성을 사랑하는 것이고, 그런 한에서 그녀는 '이성애적인' 것이 될 것이다. 그러나 이상하게도 만일 다른 여성이 그에 대한 응답으로 그녀를 사랑한다면, 이 경제는 남성 동성애자의 경제가 된다(!). 이 이론적 틀은 동성애를 실제로는 매우 드문 (그리고 이성애를 추구하는 경우에 잘 나타나는) 동일성(sameness)의 추구로 환원하면서 동성애 속에 지속적으로 나타나는 타자성(alterity)의 양식을 오해하고 있는 것이 아닐까?

남성적 기질에 의지하는 이러한 설명은 이론적으로 '남성성'을 구성하는 과정의 한 심급이거나 또는 성적 차이의 개념으로 환원될 수 없는 풍성한 애착과 상실의 정신적 세계를 인정하는 다른 용어의 가능성을 완전히 덮어 버리는—또는 폐제하는— 남성적 '성'을 이론적으로 구성하는 과정의 한 심급이 아닌가? 남성적인 것과 여성적인 것에 대한 우리의 개념들은 어느 정도로 이 개념들이 야기하는 상실된 애착을 통해 형성되는 것일까? 성적 차이가 이론으로서 신성화된, 우울증적 신성화의 성취물인 것인지 아니면 성적 차이가 어떤 인간관계 속에서도 주어지는 상실과 애착의 조건인 것인지의 문제를 궁극적으로 해결할 수 있을까? 몇몇 사례의 경우 이 두 경우가 모두 옳은 것처럼 보인다. 그러나 우리가 처음부터 항상 다른 성을 잃을 수밖에 없다고 가정해야 한다면 우리는 상실과 상실의 구성적 효과를 이해할 수 있는 필수적인 용어 하나를 잃어버리게 될 것이다. 그 이유는 우리는 역설적으로 종종 자신의 성이 되기 위해 자신의 성을 잃어버리는 우울증적 구속에 묶이기 때문이다.

6장 _ 정신적 시작(Psychic Inceptions)
우울증, 양가성, 분노

> 자아와 이상 사이의 갈등은 … 궁극적으로 현실적인 것과 정신적인 것, 외
> 부 세계와 내부 세계 사이의 갈등을 반영하게 된다. — 프로이트, 『자아와
> 이드』

「애도와 우울증」에서 우울증은 먼저 애도의 일탈적 형태로 나타나는
데, 이는 상실한 사람에 대한 애착을 끊는 것으로 이해된다. 이 과정에
서 대상을 상실한 이는 대상(어떤 타자 또는 이상)의 상실을 부정하고
슬픔의 역할을 부정하는데, 이는 상실된 이에 대한 애착을 깨는 것으
로 이해된다. 상실한 대상은 마치 마술을 부린 것처럼 대상을 상실한
사람의 정신적 삶 속에 보유된다. 우울증에서 사회적 세계는 사라지는
것처럼 보인다. 그리고 그 결과 양가성 속에서 구조화된 내면세계가
출현한다. [그러나] 사회적 삶의 관점에서[1] 볼 때, 특히 정신적 삶의 사
회적 규제라는 관점에서 볼 때, 우울증을 읽을 수 있는 방법이 바로 눈

---

1) Eric Santner, *Stranded Objects: Mourning, Memory, and Film in Postwar Germany*
(Ithaca: Cornell University Press, 1990)와 Alexander/Margarate Mitscherlish, *The Inability
to Mourn: Principles of Collective Behavior*, trans. Beverley R. Placzek (New York:
Grove Press, 1975)를 볼 것. 우울증을 성적 차이의 생산의 맥락 속에서 위치시키는 페미니즘
적 설명은 Juliana Schiesari, *The Gendering of Melancholia: Feminism, Psychoanalysis,
and the Symbolics of Loss in Renaissance Literature*(Ithaca: Cornell University Press,
1992)를 볼 것.

에 띄지 않는다. 우울증에 대한 설명은 정신적 영역과 사회적 영역이 어떻게 서로의 관계 속에서 생산되는지 설명하는 것이다. 우울증은 보통 어떻게 사회적인 것의 경계가 설정되고 유지되는지에 대해 잠재적 통찰을 제시한다. 그런데 이 통찰은 정신적 삶을 희생해서 얻는 것이자 정신적 삶을 우울증적 양가성의 형태 속으로 구속시키면서 얻어내는 것이다.

따라서 정신적인 것에 대한 담론에서 우울증은 우리를 토대가 되는 비유(trope)로서 '돌림'(turn)이라는 비유(figure)로 되돌려 보낸다. 헤겔에게 자신에게 등을 돌리는 것은 불행한 의식을 표시하는 금욕적이고 회의적인 반성양식을 의미한다. 니체에게 자신에게 등을 돌리는 행위는 자신이 말한 것 또는 행한 것을 철회하는 것, 또는 자신이 행한 것을 마주하고 부끄러움을 느끼며 후퇴(recoil)하는 것을 의미한다. 알튀세르에게 법의 목소리를 향해 행인이 돌아서는 것은 반성적인(자기의식이 법에 의해 매개되는 주체가 되어 가는 순간) 동시에 자기-종속적이다.

프로이트가 제시한 우울증의 내러티브에 의하면, 사랑이 사랑의 대상을 찾는 데 실패하고 대신 스스로를 사랑의 대상뿐만 아니라 공격과 증오의 대상으로 받아들일 때 자아(ego)는 "자신에게 등을 돌린다." 그런데 자신을 자기 자신의 대상으로 삼는 이 '자아'(self)는 무엇인가? 자신을 '받아들이는' 이와 자신이 '받아들여지는' 이는 같은 사람인가? 이 자아(ego)가 우울증에 앞서 존재하는 것인지 불분명하기 때문에 반성의 유혹은 논리적으로 좌초하는 것처럼 보인다. 상실에 대한 우울증적 반응을 표시하는 '돌아섬'은 대상으로서 자아의 재이중화(redoubling)를 개시한다. 자신에게 등을 돌리는 것만으로도 자아는 지각대상으로서의 지위를 획득하게 된다. 더욱이 우울증에서 자아를 향해 재전용(redirect)되는 것으로 이해되는 대상에 대한 애착은 재전용 과정에서 커다란 전화(轉化)를 겪게 된다. 대상에서 자아로 움직여 갈 때 애착이 사랑에서 증오로 이동할 뿐만 아니라, 자아 그 자체가 **정신적 대상**으로서 생산된다. 때때로 '내면적'인 것으로 비유되는 이 정신적 공간의 접합은 사실 이 우울증적 돌아섬에 의존하고 있다.

대상에서 자아로의 돌아섬은 자아를 생산하고, 이때 자아는 상실된 대상을 대체하게 된다. 이 생산은 비유적인 생성이며, 상실된 대상을 대체해야 한다는 정신적 강제로부터 발생한다. 따라서 우울증에서 자아는 단순히 대상을 대체하는 것이 아니다. 이 대체 행위는 이 대체의 상실에 대한 필연적 반응이나 상실에 대한 '방어'로서 자아를 **설립**(institute)하게 된다. 자아가 "자아가 포기한 대상-집중의 침전물"인 한에서, 자아는 상실의 역사의 응고물이자 오랜 시간에 걸친 대체관계의 침전물이고, 비유적 기능을 자아의 존재론적 효과로 해소하는 것이다.

더욱이 자아의 대상 대체는 잘 작동하지 않는다. 자아는 상실한 대상에 대한 빈약한 대체물이고, 만족할 만한 수준으로 대체하는 데 실패하게 되면 (즉, 대체물**로서** 자아의 지위를 극복하는 데 실패하게 되면) 우울증을 구별 짓는 양가성으로 이어지게 된다. 대상에서 자아로의 돌아섬은 절대로 성취될 수 없다. (「나르시시즘에 대하여」의 도입부에 제시된 것처럼) 이 돌아섬은 대상의 모델 위에 자아를 형상화(figuring)하는 것과 관련된다. 이는 또한 자아가 고통스런 상실의 경험을 보상할 수 있을 것이라는 무의식적 믿음과 관련된다. 자아가 그러한 보상을 제공하지 못하는 한, 자아는 자신의 미약한 토대 안의 단층선을 드러내게 된다.

우리는 자아가 대상에게 등을 돌리고 자아를 향해 돌아선다는 것을 받아들일 수 있을까? 또는 자아가 마치 차의 방향을 바꾸듯 대상으로부터 **자기 자신에게로** 정념(passion)의 방향을 돌릴 수 있다는 것을 우리는 받아들일 수 있을까? 동일한 자아가 대상에게서 자신에게로 투자의 대상을 바꿀 수 있을까? 또는 자아는 그러한 돌아섬의 대상이 되면서 근본적으로 수정되는 것인가? '투자'와 '애착'의 지위는 무엇일까? 이들은 욕망이 향하는 대상의 종류에 상관없이 똑같은 상태로 머무르며 자유롭게 떠다니는 욕망을 지시하는가? 돌아섬은 이 돌아섬이 시작되는 자아를 생산할 뿐만 아니라 자아가 재전용(redirect)하는 애착을 구조화하는가?

이러한 돌아섬이나 재전유가 가능하기는 한 것일까? 돌아섬이 보상하고자 하는 상실은 극복되지 않고 대상은 복구되지 않는다. 오히려 상실이 자아가 출현하기 위한 불투명한 조건이 된다. 애초부터 구성적이고 인정 가능한 것으로 자아에 출몰하는 상실. 프로이트는 애도 과정에서 대상이 상실되거나 죽은 것으로 '선언'되지만 우울증에서 그러한 선언은 가능하지 않다고 말한다.[2] 우울증은 바로 인정할 수 없는 상실의 효과인 것이다. 말과 선언 이전의 상실, 이는 우울증이 가능하기 위한 제한 조건이다. 즉 이는 말을 가능하게 하는 말의 취소 또는 말의 철회이다. 이와 같은 의미에서 우울증은 애도를 가능하게 하는데, 이는 프로이트가 『자아와 이드』에서 수용한 견해이다.

---

2) Freud, "Mourning and Melancholia," p.256.

그러한 상실을 선언하지 못하는 무능력은 자아에 의한 상실의 '철회' 또는 자아에 의한 상실의 '흡수'를 의미한다. 분명히 자아는 마치 우울증에 앞서 존재하는 피난처처럼 말 그대로 어떤 대상을 자신 안에 받아들이는 것이 아니다. '내면세계'와 그 다양한 '부분들'의 지형학적 안정성을 추정하는 심리학적 담론들은 우울증이 바로 정신적인 것(the psyche)을 내면화하는 것이라는 논점, 다시 말해, 우울증이 그러한 지형학적 비유를 통해 정신적인 것을 언급하게 하는 것을 가능하게 한다는 중요한 논점을 파악하지 못한다. 대상에서 자아로의 돌아섬은 이들 사이의 구분을 가능하게 만들고, 분리 또는 상실과 같은 이들 사이의 분할을 나타내는 움직임이자 자아를 형성하는 움직임이다. 이와 같은 의미에서, 대상에서 자아로의 돌아섬은 성공적으로 대상을 자아로 대체하는 데 실패하지만, 이 둘 사이의 분할을 표시하고 영속화하는 데 성공한다. 따라서 돌아섬은 자아와 대상, 돌아섬이 가정하는 내부와 외부 세계 사이의 분할을 생산한다.

이처럼 미리 구성된 자아가 대상에서 자기 자신으로 돌아설 수 있다면, 그 자아는 미리 구성된 외부 현실에서 내부의 현실로 돌아서야만 할 것처럼 보인다. 그러나 이러한 설명은 이 설명이 의존하고 있는 내면과 외면 사이의 분할을 설명하지 못한다. 실제로 그러한 분할이 우울증의 맥락을 벗어나서 이해될 수 있는지 분명하지 않다. 이어지는 논의에서 나는 우울증이 어떻게 정신적인 것을 구조화하는 지형학적 허구들의 집합뿐만 아니라 내부 세계의 생산에도 관여하게 되는지 정리해 보고자 한다. 만일 우울증적 돌아섬이 내부 세계와 외부 세계의 구분이 설정되는 메커니즘이라면, 우울증은 정신적인 것과 사회적인 것 사이에 가변적 경계를 출범시킨다고 해야 할 것이다. 즉 나는 우울증이 지배적인 사회 조절 규범과 관련해 정신적 영역을 분배하고 조절하는 경계를 출범시킨다는 점을 보이고 싶다.

사랑, 욕망 또는 리비도적 애착이 자기 자신을 대상으로 받아들인다는 것, 그리고 돌아섬의 형상(figure)을 통해 이 과정을 수행한다는 것은 다시 한 번 주체형성의 비유적(tropological) 출발을 암시한다. 프로이트의 에세이는 대상의 사랑이 먼저 나타나고 그 후 대상의 상실 위에서 우울증이 출현한다고 가정한다. 그러나 자세히 둘러보면, 프로이트의 에세이는 우울증이 없다면 자아도 있을 수 없다는 점을 분명히 밝히고 있다. 즉 자아의 상실은 구성적이라는 점을 프로이트의 에세이는 명확히 밝히고 있다. 이 관계를 설명하는 내러티브 문법은 처음부터 필연적으로 혼란스럽다.

우울증은 적합한 설명적 도식을 통해 열거될 수 있는 정신 과정을 명명하지 않는다. 우울증은 우리가 제시하고 싶어하는 정신적 과정에 대한 설명을 혼란스럽게 만든다. 우울증이 그 어떤 노력이라도 혼란스럽게 만드는 이유는 내부성(internality)[3]의 비유를 통해 정신적인 것(the psychic)을 지칭하는 우리의 능력이 실은 그 자체로 우울증적 조건의 효과라는 점을 명확하게 드러내기 때문이다. 우울증은 정신적 삶을 공간화하는 일련의 비유들, 투쟁과 박해의 경기장뿐만 아니라 보존과 대피의 주소 또한 생산한다. 이러한 비유들(tropes)은 우울증을 '설

---

3) [옮긴이] 이 책에서는 interior와 internal을 구분하기 위해 전자는 '내면'으로 후자는 '내부'로 번역하고 있다. 이 책의 서론 참조.

명'하지 않는다. 이 비유는 우울증의 우화적인 담론 효과를 구성한다.[4] 프로이트는 양심의 가공에 대한 니체의 설명을 떠올리게 하는 방식으로, 행위성(agency)으로서 양심 및 우울증에 의해 생산되고 유지되는 '제도'라는 관점을 제시한다.

프로이트가 이 에세이에서 애도와 우울증을 구분하기는 했지만, 그는 우울증이 애도에 대한 논의 속으로 희미하게 사라져 가는 초상화를 제시한다. 예를 들어, 그는 애도가 "사랑하는 사람의 상실, 혹은 사람하는 사람의 자리에 대신 들어선 어떤 추상적인 것, 즉 조국, 자유, 어떤 이상(理想) 등의 상실에 대한 반응-"(243)[5]일 것이라고 말하면서 그의 묘사를 시작한다. 처음에 애도는 두 가지 형태를 띠는 것처럼 보인다. 이 중 한 형식에서는 누군가가 상실된다. 현실의 누군가를 잃어버리는 것이다. 다른 형식의 경우, 현실에서 상실한 사람이 잃어버린 것은 이상적인 것이다.[6] 즉 이상적인 것의 상실이 나타난다.[7] 에세

---

4) 멜라니 클라인의 개입은 우울증과 편집증 및 조울 상태의 관계에 대해서는 예리하지만 이 문제에 대해서는 분석을 충분히 멀리 끌고 가지 못한다. 그녀의 이론은 그러한 비유 (trope)가 바로 그것들이 설명하고자 하는 우울증의 효과인지 아닌지 묻지 않은 채로 의도 (intentionality)라는 비유에 의존하는 경향이 있다. "A Contribution to the Psychogenesis of Manic-Depressive States" (1935) in *The Selected Melanie Klein*, ed. Juliet Mitchell (London: Penguin, 1986). 멜라니 클라인과 공격성의 일차적 지위에 대한 뛰어난 논문으로는 Jacqueline Rose의 "Negativity in the Work of Melanie Klein," in *Why War? - Psychoanalysis, Politics, and the Return to Melanie Klein* (Oxford: Basil Blackwell, 1993), pp.137~190를 참조.

5) [옮긴이] 『정신분석학의 근본 개념』, 244쪽.

6) [옮긴이] 프로이트는 이를 설명하기 위해 약혼을 한 상태에서 떠나 버린 사람을 예로 든다.

7) [옮긴이] "우울증이란 이름을 붙일 수 있는 여러 사례들 가운데 사랑하는 대상의 상실에 대한 반응으로 생기는 우울증이 있을 수 있다. 또 다른 우울증의 원인이 있다면 그것은 좀더 이상적인 대상의 상실일 수도 있다. 대상이 실제로 죽은 것이 아니라 다만 이제는 더 이상 사랑의 대상이 될 수 없는 경우가 그렇다. … 또 다른 경우 … 상실한 것이 무엇인지 분명히 알 수 없

이가 논의를 전개해 나감에 따라, 이상의 상실 또는 "좀더 이상적인 대상의 상실"이 우울증과 연관성이 있다는 점이 나타나기 시작한다. 그러나 애도 안에서 상실은 이미 잃어버린 이를 대체하는 것으로서 하나의 추상 또는 이상이다. 몇 단락 뒤에 프로이트는 "우울증은 사랑하는 대상의 상실에 대한 반응"이고 "[애도와는] 다른 우울증의 원인이 있다면 그것은 좀더 이상적인 대상의 상실일 수 있다"고 적고 있다. 어떤 이가 이상의 상실을 애도하고 그 이상이 잃어버린 사람이나 사랑을 잃어버린 사람을 대체할 수 있다면, 우울증이 "더 이상적인 종류의 상실"로 대체될 수 있다는 주장은 이치에 맞지 않는다. 그런데 프로이트가 애도를 참조하면서 이상이 사람을 대체할 수 있다고 말하고 또 우울증을 참조하면서 우울증 환자는 "잃어버린 사람이 누구인지는 알고 있지만 그의 **어떤 것**을 상실했는지 모른다"고 주장할 때, 이 둘 사이에서 새로운 종류의 구분이 출현한다.[8] 우울증에서는 사람이 대표하는(represent) 이상이 무엇인지 알 수 없는 것처럼 보인다. 애도에서는 사람, 또는 사람을 대체하거나 또는 짐작건대 사람을 상실하도록 하는 이상이 무엇인지 알 수 없다.

프로이트는 우울증이 "의식으로부터 철수한 대상상실"과 관련되며, 애도가 "조국과 자유"와 같은 대체이상 또는 대체추상과 관련되는 한에서 이는 또한 분명히 대상의 상실, 즉 대체 이상과 사람을 포함하는 이중의 상실을 통해 구성된다고 말한다. 우울증에서 이상이 폐쇄되

는 경우도 있을 수 있다"(『정신분석학의 근본 개념』, 246쪽).
8) [옮긴이] "Mourning and Melancholia", p. 245; 『정신분석학의 근본 개념』, 247쪽.

고 또 상실한 사람 '속'에서 무엇을 상실했는지 알 수 없다면, 애도에서는 이상의 상실 '속'에서 상실한 사람이 누군지 모를 위험을 감수하게 된다.

에세이 뒷부분에서 프로이트는 우울증이 발생하는 정신적 체계가 무엇인지 그리고 우울증이 "의식으로부터 철수한 대상상실"과 관계한다는 것이 무엇을 의미하는지에 대해 구체적으로 설명한다. "리비도가 대상의 무의식적 사물표상[Dingvorstellung]을 포기했다"(256).[9] 대상의 "사물표상"은 대상 그 자체가 아니라 집중된(Cathected) 흔적이자, 대상과의 관계 속에서 볼 때, 이미 하나의 대체물이자 파생물이다. 애도[과정]에서, 대상의 흔적들 그리고 셀 수 없이 많은 대상의 "연결고리들"은 시간이 흐르면서 하나씩 극복된다. 우울증의 경우 양가성의 현존은 대상과의 관계 속에서 이와 같은 리비도 애착이 점진적으로 분리되는 것을 불가능하게 만든다. 오히려 "우울증에서는 대상을 둘러싸고 수많은 개별적인 갈등들이 일어나고, 그 속에서 대상에게서 리비도를 분리하고자 하는 미움과 그런 공격에 대항하여 리비도의 현위치를 고수하고자 하는 사랑이 대립하게 되는 것이다."[10] 리비도가

---

9) 여기서 프로이트는 그의 논문 「무의식에 대하여」(The Unconscious)에서 사용된 용어 '언어표상'(Sachvorstellung/word-presentation)을 '사물표상'(Dingvorstellung/thing-presentation)으로 대체한다(*Standard Edition*, vol. 14, p.201). 표준판(Standard Edition)에서 스트라치(James Strachey)는 『꿈의 해석』에서 사물표상이 농담을 논하는 과정에서 등장한다는 점에 주목한다[『정신분석학의 근본 개념』, 262쪽 참조. "리비도가 대상의 무의식적 (사물)표상을 포기했다"]. 이 구분은 언어표상과 사물표상 사이의 구분이다. 스트라치는 사물표상이 "사물의 기억-이미지(memory-images)에 대한 집중(cathexis)으로 이루어진 것은 아닐지라도 적어도 그것들로부터 유래되는 먼 기억의 흔적들에 대한 집중"으로 이루어진 것이라고 할 수 있다고 설명한다(*Ibid.*).

10) [옮긴이] 『정신분석학의 근본 개념』, 263쪽.

전투를 벌이는 이 이상한 장소는 "사물에 대한 기억 흔적"의 영역이라고 프로이트는 주장한다.

양가성은 특정한 자아가 만드는 모든 사랑 애착에 나타나는 특징적인 성격 중 하나이거나 또는 "대상 상실의 위험을 포함한 여러 경험에서 비롯된 것일 수 있다(256)."[11] 그러나 이 언급은 **양가성이 상실의 결과일 수 있음을** 암시한다. 즉 이는 대상의 상실이 대상을 보내는 과정에서 그 대상을 향한 양가성을 촉진시킬 수도 있음을 암시한다.[12] 만일 그렇다면, 상실에 대한 양가적 반응으로 정의되는 우울증은 상실과 동연하고 따라서 애도는 우울증에 포섭된다. 따라서 우울증이 "의식으로부터 철수한 대상상실"로부터 나타난다는 프로이트의 진술은 양가성과의 관계 속에서 구체화된다. "애증병존[양가성]에 따른 갈등과 관계가 있는 모든 것들은 우울증의 특징적인 결과가 출현하기 전까지는 계속 의식에서 물러난 상태로 있게 된다."[13] 이 양가성은 철수한 채(entzogen)로 머물다가 우울증 속에서 구체적 형태를 취하게 된다. 이 형태 속에서 정신적인 것의 다른 측면들이 부여되는데, 이 측면들은 양가성의 관계 속에서 서로 대립한다. 자아에 대해 비판적 입장을 취하는 초자아의 형성에 대한 설명으로 프로이트는 "자아의 한 부분과

---

11) [옮긴이] 『정신분석학의 근본 개념』, 263쪽.
12) 이미 일찍이 "사랑 대상(love-object/liebeobjekt)의 상실은 사랑 관계에서 애증병존의 감정이 분명하게 제 모습을 드러낼 수 있는 절호의 기회"라고 언급할 때 프로이트는 이를 인정한 바 있다(250~251[『정신분석학의 근본 개념』, 254쪽]). 논문의 끝 무렵에서 프로이트는 "우울증과 슬픔 작용 사이에 [존재하는] 본질적으로 유사한 점"에 대해 언급한다. "[우울증에서] 애증병존의 모든 갈등은 대상을 비난하고, 경시하고 심지어는 대상을 제거함으로써 대상에 대한 리비도의 집착을 느슨하게 한다."(257[『정신분석학의 근본 개념』, 264쪽])
13) [옮긴이] 『정신분석학의 근본 개념』, 263쪽.

비판 기관 사이의 갈등"으로서 이 같은 양가성의 정신적 접합을 제안한다. 따라서 양가성이 초자아/자아의 정신적 지형학에 앞서 나타난다. 이 우울증적인 접합이 바로 그 지형학의 가능성의 조건으로서 제시된다. 이른바 우울증을 구별해 내는 양가성이 ——의식으로부터 철수하는 기간을 거친 후—— 자아와 초자아로 접합되는 것이라면 우울증을 설명하기 위해 이와 같은 [자아/초자아의] 지형학에 의존하는 것은 아무런 의미도 지니지 않게 될 것이다. 부분적으로 우울증을 설명하는 내적 지형학이 바로 우울증의 효과인 것이다. 발터 벤야민은 우울증은 공간화를 수행하고, 시간을 거스르거나 멈추게 하려는 우울증적인 노력은 그 서명 효과로 '풍경'(landscape)을 생산하게 된다고 말한다.[14] 우울증이 초래하는 프로이트적인 지형화를 이처럼 공간화된 정신의 풍경으로서 읽는 것도 이로운 독법이 될 수 있을 것이다.

　의식으로부터 철수한 양가성은 "우울증의 특징적인 결과가 출현하기 전까지" 철수한 채로 머무른다(257; "bis nicht der für die Melancholie charakteristische Ausgang eingetreten ist")[15]. 우울증이 취하는 이 특징적인 출구, 또는 우울증이 취하는 출발점은 무엇인가? 이에 프로이트는 다음과 같이 쓴다. "우울증의 특징적인 결과라는 것은, 우리가 알고 있듯이, 위협받는 리비도의 리비도 집중이 그것이 처음 출발하였던 자아 속의 제자리로 돌아가기 위해, 오로지 그 목적을 위해 대상을 포기한다는 것이다." 조금 더 정교하게 해석해 본

---

14) Benjamin, *The Origin of the German Tragic Drama,* pp.92~97.
15) [옮긴이] 『정신분석학의 근본 개념』, 211쪽.

다면 우울증은 리비도 집중을 자아로 대체하려는 시도를 포함한다는 점이 명확해질 것이다. 이러한 시도는 리비도 집중이 그 기원으로 복귀하는 과정을 내포한다. 위협을 받은 집중은 포기되지만 이내 다시 자아의 자리, 애착이 위협을 받자 떠났던 바로 그 자리("von der sie ausgegangen war")로 되돌려진다("aber nur, um sich auf die Stelle des Ichs… zurückzuziehen").

우울증에서 집중은 반성적으로 자기 자신과 관계를 맺게 되는데(um sich auf die Stelle des Ichs… zurückzuziehen), 특히 자신이 출발했던 장소 또는 나갔던 장소로 다시 끌려가거나 되돌려지게 된다. 이 자아의 '장소'는 자아 그 자체와 같은 것은 아니지만, 리비도가 복귀하는 우울증적 장소뿐만 아니라 리비도를 향해 떠나는 출발점(Ausgangspunkt)을 대표하는 것처럼 보인다. 리비도가 자신의 출발점인 자아의 자리로 돌아가는 과정에서, 우울증의 리비도적 한계지정(circumscription)이 발생한다.

이 복귀는 일종의 철수, 돌이킴 또는 후퇴로 묘사된다.[16] 하지만 이어지는 다음 문장에서는 복귀가 도피로 묘사되기도 한다. "Die Liebe hat sich so durch ihre Flucht ins Ich der Aufhebung entzogen"([독어판] 210). 악명 높게도 이 문장은 "그렇게 자아로 도피(zurückzuziehen)를 해야 사랑이 (소멸하지 않고 살아남을 수 있다)"(257)[17]로 해석되기는 하지만, "소멸하지 않고 살아남는다"(escape

---

16) Sigmund Freud, "Trauer und Melancholie," *Psychologie des Unbewussten, Studienausgabe*(Frankfurt a. M.: S Fischer, 1982), 193~212.
17) [옮긴이] 『정신분석학의 근본 개념』, 263쪽. 국역본은 "사랑이 계속될 수 있다"로 해석한다.

extinction)는 해석이 정확한 해석이라고는 할 수 없다. 예를 들어 설명하자면, 'entzogen'이라는 단어는 앞에서 [취소가 아닌] '철수' (withdrawn)로 해석되었으며 지양(Aufhebung)이란 단어도 헤겔적 담론 안에서 매우 모호한 의미들을 지니고 있다. 이 단어는 취소의 의미를 지니고 있지만 소멸을 의미하는 것은 아니며, 유예, 보존, 극복의 의미도 지니고 있다. 사랑은 자아로의 도피를 통해서 또는 자아 속에서 자기 자신의 극복을 철회하거나 제거하고, 또는 전화(轉化)를 철회하고 자아를 정신적인 것으로 만든다. 여기서 이는 다른 곳으로부터 지시된 "소멸하지 않고 살아남은 사랑"의 문제가 아니다. 사랑 그 자체는 대상의 파괴를 철회하거나 제거하고, 대상의 파괴를 자기 자신의 파괴로 받아들인다. 대상과 단절하거나 애도를 통해 대상을 전화시키는 대신, ──능동적인 부정의 전화운동으로서 ── 이 지양 (Aufhebung)은 자아 속으로 들어간다. 사랑의 자아로의 '도피'는 지양을 내면에 저장하고, 자아를 외부 현실로부터 철수시키고, 또 양가성이 변경된 접합을 찾을 수 있는 내부의 지형학을 설립하려는 사랑의 노력이다. 따라서 양가성의 철회는 정신적 전화의 가능성, 정신적 지형학의 우화화(寓話化)를 산출한다.

다음 줄에서 이 도피와 철수는 퇴행으로 불리는데, 이는 의식적인 우울증의 재현을 가능하게 만든다. "리비도가 그렇게 퇴행을 하고 난 뒤에는 그 과정이 의식적인 것이 될 수 있다. 그러는 가운데 그 과정은 자아의 한 부분과 비판 기관 사이의 갈등으로 의식에 나타나게 되는 것이다(und repräsentiert sich dem Bewusstsein als ein Konflikt zwischen einem Teil des Ichs and der kritischen Instanz, 강조는 인용자)."[18]

리비도의 퇴행 또는 (양가성의 의식으로의 후퇴뿐만 아니라) 리비도의 의식으로의 철수는 곧 리비도 접합의 실패를 의미한다고 말할 수도 있지만, 사실은 그 반대 경우가 더 맞는 것처럼 보인다. 이와 같은 철수가 나타나는 한에서 우울증은 의식적인 형태를 취하게 된다. 리비도의 철수 또는 퇴행은 자아의 부분들 사이의 갈등으로 의식에 나타나게[재현] 된다. 자아는 그러한 철수와 퇴행이 발생한다는 조건 아래에서만 부분들로 나타나게 된다. 우울증이 양가성의 철수나 퇴행을 구성한다면 그리고 그 양가성이 자아의 대립적인 부분들로 재현되면서 의식적인 것이 된다면, 그리고 그러한 철수가 나타나는 한에서 이러한 재현이 가능해지는 것이라면, 그로부터 자아와 초자아의 비유적 구분의 이러한 예시(豫示, prefiguration)가 우울증에 의존하고 있다는 점이 도출된다. 우울증은 정신적 삶의 재현 가능성을 생산한다. 철수된 **지양**──대체된 대상에 대한 애착을 통한 상실의 극복을 의미할 수도 있는 **지양**──은 재현 안에서 그리고 재현으로서 재출현하는 지양이자, 대상의 취소 및 보존, (프로이트의 용어로 표현하면) 정신적 삶의 정신분석학적 재현이 되는 일련의 '단어-흔적들'(word-traces)이다.

우울증은 어느 정도로 정신적 지형학들을 우화화(寓話化, fabu-late)하면서 다른 방식으로는 재현될 수 없는 양가성을 재현하는 것일까? 재현은 그 자체로 우울증에 연루되어 있다. 다시 말해, 재현은 대상에 무한한 거리를 둔 채 재-현(re-present)하고자 하는 노력이다. 조금 더 구체적으로 말하자면, 우울증은 정신적 지형학의 접합가능성의

---

18) [옮긴이] 『정신분석학의 근본 개념』, 263쪽. 독일어 원문의 'and'는 'und'의 오기이다.

조건, 즉 초자아에 대한 자아의 구성적 관계 속에서 자아를 접합할 가능성의 조건, 따라서 자아 자체의 조건을 제시한다. 자아가 자아로 철회되는 리비도의 출발점이라고 말할 수 있을지라도, 이제 자아는 그러한 철회가 나타나는 한에서만 의식의 대상, 즉 출발점으로서든 또는 복귀지점으로서든 재현될 수 있는 것으로서 나타날 수 있는 것처럼 보인다. 실제로, "자아로 철수되는"이라는 구절은 그것이 묘사하고자 하는 우울증적 과정의 회귀적 산물이다. 따라서 엄격히 말하자면 이 구절은 사전에 구성된 정신적 과정을 묘사하는 것이 아니라, 우울증적 철수에 의해 규정되는 재현으로서 뒤늦게 나타난다.

이 마지막 논점은 프로이트의 이 에세이와 다른 에세이들에 지배적으로 나타나는 정신적 지형학의 지위에 대해 질문을 제기한다. 이와 같은 지형학을 정신분석학 텍스트들이 제시하는 증상 중 하나로 읽지 말고 정신분석학의 설명 장치로 이해해야 한다고 예상하는 이가 있을 수도 있겠지만 프로이트는 자아와 초자아의 구분의 기원을 찾기 위해 양가성에까지 거슬러 올라가야 한다고 제안하는데, [그에 따르면] 양가성은 의식에서 철수된 후 "비판적 행위성(agency)"이 자아로부터 분열되는 정신적 지형학으로서 재출현한다. 이와 유사하게 프로이트는 초자아의 자기책망에 대한 논의에서 양심이 "자아의 주요한 기관(institutions) 중 하나"라고 강력하게 언급한다.

분명 사회적으로 구성된 권력의 영역이라는 은유 위에서 작업하면서 프로이트는 양심을 "자아(Ichinstitutionen)의 가장 주요한 기관 중"(247) 하나로 언급하는데, 이는 양심이 더 커다란 정체(polity)와 그 정체의 조직들 속에서 시작·생산·유지된다는 점을 시사할 뿐만 아니라, 사회적 내용과 구조들을 이러한 정신적 현상들에서 기인하는 것으로 파악하는 은유적 언어들을 통해서 자아와 자아의 다양한 부분들에 접근하는 것이 가능하다는 점도 시사한다. 프로이트가 명백하게 우울증과 애도의 "심인적 특성"(243)을 주장하면서 에세이를 시작하기는 하지만 그는 또한 우울증의 작용에 대한 지형학적 묘사를 지배할 뿐만 아니라 이러한 심리적 상태에 대한 심인적 설명을 제시하는 그 자신의 주장을 암암리에 무효로 만드는 사회적 은유도 제시한다. 프로이트는 "자아의 한 부분이 … 다른 부분과 대립하면서 그것을 비판적으로 판단하고, 또 다른 부분을 마치 대상인 것처럼 취하게 [된다]"고 묘사한다.[19] 비판적 행위성(agency)은 자아로부터 '분리'(split off, abgespalten)된다고 일컬어지는데, 이는 이전 단계에서는 이 비판적 기능이 아직 분리되지 않았음을 시사한다. 자아가 여러 부분으로 분리되는 과정은 우울증이 개시되고, 대상집중에서 자아집중으로 후퇴가 일어나고, 양가성과 내적 적대를 접합하면서, 분열과 부분이라는 관점에서 정신적인 것의 표상이 출현하는, 낯선 우화화 장면의 일부인 것처럼 보인다. 이 지형학은 그것이 설명하고자 하는 것의 증상이 아니던가? 이 방법이 아니라면 우리가 어떻게 정신적인 것의 내부화와 그 표현으로서 분할과 대면의 장면을 설명할 수 있을까? 이러한 정신적 삶의 지형학적 설명에는 어떤 함축적인 사회적 텍스트가 내포되어 있는가? 즉 이 설명은 적대(판단의 위협)를 지형학적 모델의 구조적 필연성으로서 배치하는 사회적 텍스트, 우울증 및 애착의 철회로 인해 나

---

19) [옮긴이] 『정신분석학의 근본 개념』, 250쪽.

타나는 어떤 사회적 텍스트를 내포하고 있는가?

　우울증은 애초에 외부적이었던 대상이 상실되거나 또는 어떤 이상이 상실되는 과정을 묘사하고, 대상이나 이상에 대한 애착을 끊지 않으려고 하는 거부가 대상의 자아 속으로의 철수 및 자아에 의한 대상의 대체로 이어지고, 또 비판적 행위성이 자아로부터 분리되고 자아를 비판의 대상으로 삼는 내면세계의 분할설정으로 이어지는 과정을 묘사한다. 매우 잘 알려진 구절에서 프로이트는 비판적 행위성이 자아를 비난한다는 혐의를 제기하는 것은 마치 자아가 대상이나 이상을 비난한다는 혐의를 제기하는 것과 같은 것이라고 분명히 말한다. 따라서 자아는 대상에 대한 사랑과 분노를 함께 흡수한다. 우울증은 일종의 내부화 과정처럼 보이는데, 자신이 거주하고 있는 세계를 실질적으로 자기 자신으로 대체하는 정신상태를 이와 같은 내부화의 효과로 독해하는 것도 가능할 것이다. 그리고 만일 그러하다면 우울증의 효과가 사회적 세계의 상실이라고 할 수 있을 것이다. 즉 정신적 부분들과 적대들이 사회적 행위자들 사이에 존재하는 외적 관계를 대체하는 것처럼 보인다. "이런 식으로 대상 상실은 자아 상실로 전환되고, 자아와 사랑하는 사람 사이의 갈등은 자아의 비판적 활동과 동일시에 의해 변형된 자아 사이의 분열로 바뀌게 된다"(249).[20]

　대상은 상실되고, 자아는 대상을 자신에게로 철수시킨다고 말해진다. 따라서 철수된 '대상'은 이미 마술적인데, 이는 대상을 대표하는 일종의 흔적이지만 결국 사라져 버린 대상 그 자체는 아니다. 이 잔

---

20) 『정신분석학의 근본 개념』, 252쪽.

여물을 안으로 '들이는' 자아는 상실한 부분들-대상들을 위한 대피소로 이해되기도 하지만 사실은 그렇지 않다. 자아는 '동일시에 의해 변경된다'. 다시 말해, 자아는 대상을 흡수하고 자기 자신의 집중[카텍시스]을 자신에게로 끌어당기면서 변경된다. 그러나 그러한 동일화로 인해 치러야 할 '대가'는 자아가 비판적인 행위성과 비판과 판단의 대상으로서 자아로 분열하는 것이다. 따라서 간단히 말해, 대상에 대한 관계가 정신적인(mental) 사건이나 독자적인 재현으로서뿐만 아니라 자아의 지형학을 구성하는 자책의 장면, 정신적 삶의 표상을 구조화하는 내적인 분할과 판단의 환상으로서 자아 '속'에 재출현하게 된다. 이제 자아가 대상을 대표한다. 그리고 비판적 행위성은 자아 자체와 분리된 정신적 행위성으로 사물화되면서 자아의 절연된 분노를 대표하기에 이른다. 그 분노 그리고 분노가 함의하는 애착은 자아를 "공격한다." 그런데 대체 어디에서 공격하는 것일까?

그러나 '수다스러움'(communicativeness)을 포함해 사회적으로 식별 가능한 우울증 환자의 특징들을 둘러보면 우울증이 반사회적 심리 현상이 아님을 알 수 있다. 실제로, 우울증은 정신적인 것이 사회적 세계를 가리는 한에서, 그리고 애착이 대상에서 자아로 옮겨갈 때 생성되는데, 이때 포기되는 사회적 영역이 정신적 영역을 오염시키지 않을 수는 없다. 상실된 대상이 마치 다루기 힘든 개를 위한 은신처를 마련해 주는 것과 같이 단순하게 안으로 들여지는 것이 아니라고 설명할 때 프로이트는 바로 위와 같은 생각을 제시한다. (과정이라기보다는 일종의 환상fantasy으로 구상되는[21]) 이러한 내부화 행위는 대상을 전화한다(아마 어떤 사람들은 이러한 전화를 지칭하기 위해 **지양aufhebung**이라는 단어를 사용할 수도 있을 것이다). 타자는 자아 속으로 취해지고 자아로 전화된다. 그러나 자아는 비방을 받으며 '흔히 양심이라고 불리는 …' 비판적 '행위성'을 생산하고 강화한다. 일종의 자아의 반성적 형태가 생산되는데, 이 형식에서 자아는 자신을 분열시켜 자신을 판단하는데 사용할 내적 관점을 제시한다. 자아가 그 자신의 대상이 되는 이러한 반성적 관계는 사실 상실된 타자에 대한 철수된(entzogen) 관계 또는 전화된(aufgehoben) 관계였다는 점이 밝혀지게 된다. 이와 같은 의미에서 반성성은 우울증의 사전작용에 의존하고 있는 것처럼 보인다. 자아는 또한 이 과정을 통해 **목소리[발언권](voice)**를 갖게 되는 것처럼 형상화된다. 그리고 자기책망이 자기 자신에게뿐만 아니라 타자의 현존을 통해 목소리([발언권])를 갖는 것은 우울증에서 꼭 필요한 과정인 것처럼 보인다. 자아의 자기책망은 흔히 말해지는 것처럼 단순히 상실된 자아가 한때 자아를 향했던 비난을 모사하는 것이 아니다. 오히려 이 자아의 자기책망은 지금 자아에 등을 돌린 타자를 비난하는 책망이다.

이와 같은 방식으로 누군가가 "자신에게 등을 돌리는" 행위의 의미가 무엇인지 자세하게 알아보기 전에 우울증이 가공하는 반성성의 정신적 형태가 그 안에 위장된 사회성으로서 타자의 흔적을 지니고 있다는 점과 타자 앞에서 이루어지는 몰염치한 자기책망의 목소리로서 우울증의 수행이 우울증과 우울증으로 인해 상실되거나 철회된 사회

---

21) Roy Schaefer, *A New Language for Psychanalysis,* New Haven: Yale University Press, 1976, p.177. 우울증 안에서 작동하는 환상(fantasy)에 대해서는 Nicolas Abraham and Maria Torok, *The Shell and the Kernel: Renewals of Psychoanalysis,* tr. and ed. Nicholas T. Rand, Chicago: University of Chicago Press, 1944.

성과 재합류하는 우회로로 작용할 수 있다는 점에 주목할 필요가 있다. 우울증에서 어떤 타자나 이상의 상실은 의식에게만 상실인 것이 아니라 그러한 상실이 가능해지는 사회적 세계도 상실된다. 우울증 환자들은 단순히 의식으로부터 상실된 대상을 철수시키는 것이 아니라 사회세계의 구성을 정신적인 것 안으로 철수시키는 것이다. 따라서 자아는 '정체'(polity)가 되고 양심은 자아의 '주요한 기관'이 된다. 그 이유는 바로 정신적 삶이 세계가 요구하는 상실을 무효로 만들려고 노력하는 과정에서 사회적 세계를 자기 자신에게로 철수시키기 때문이다. 우울증 안에서 정신적인 것은 상실도 존재하지 않고 부정도 존재하지 않는 장소(topos)가 된다. 우울증은 상실은 인정하지 않으려 하고, 상실한 대상을 정신적 효과로서 '보존'한다.

프로이트는 우울증 환자들이 부끄러움 없이 자기 자신을 내보인다는 점을 강조하면서 우울증 환자들의 사회적 행동에 대해 언급한다. "우울증 환자들은 정상적인 상황에서 회한의 고통을 겪으며 자기비판을 하는 사람과 똑같이 행동하지 않는다는 사실이다. 수치심을 느끼는 것 … 이것을 우울증 환자에게서는 찾을 수가 없다. 아니 적어도 … 그런 수치심이 두드러지게 나타나지 않는다. 어쩌면 우울증 환자에게서는 그것과는 정반대의 특징, 즉 자기폭로를 통해 만족을 얻기 위해 집요하게 떠들어 대는 속성이 있는지도 모른다."(247)[22] 우울증 환자들은 그 또는 그녀가 철수한 사회성에 대해 간접적이고 굴절된 관계를 유지한다. 어떤 이는 할 수만 있다면 다른 이유는 아닐지라도 떠났다

---

22) [옮긴이] 『정신분석학의 근본 개념』, 249쪽.

는 이유를 들어 잃어버린 타자를 비난할 수도 있었을 것이다. 어떻게도 이룰 수 없는 형태(가정법 과거)를 지닌 소원을 수행하면서 우울증 환자들은 상상의 과거를 현재로 재기입하며 시간을 되돌리려 할 뿐만 아니라 모든 위치를 차지하고 수신인의 상실을 배제하려고 한다. 우울증 환자는 할 수만 있었다면 무엇인가 말을 했을 수도 있을 것이다. 그러나 그 또는 그녀는 그렇게 하지 않았다. 그리고 그들은 목소리의 유지 능력을 믿는다. 이미 자기 자신으로부터 분리된 사람 그러나 자신의 반신(返信)력을 자기몰수에 의존하고 있는 사람으로서 우울증 환자는 헛되이 그 또는 그녀가 말할 수도 있었던 것, 자기 자신에게만 부칠 수 있었던 것에 대해 지금 말한다. 따라서 우울증 환자는 정신적 대체를 통해 상실을 해결하려고 시도하고 또 그 과정에서 점차로 더 상실을 악화시키면서, 잃어버린 대상의 더 신선한 흔적을 찾을 수 있는 방향과는 정반대의 방향으로 파들어 간다. 호출의 실패이자 호출하는 목소리를 통한 타자 유지의 실패라 할 수 있는 우울증은 부정적 나르시시즘의 보상적 형태로 출현한다. 나는 내 자신의 내적 양가성의 형태로 나 자신을 매도하고 타자를 회복시킨다. 나는 타자에게 말하거나 타자에 대해 말하는 것을 거부한다. 그러나 나는 나 자신에 대해 매우 많은 것을 말하며 내가 타자에게 말하지 않는 것 그리고 타자에 대해 말하지 않는 것의 굴절된 흔적을 남긴다. 표현을 더 강하게 금지하면 할수록, 양심의 표현은 더욱 강화된다.

우울증을 표시하는 이 무의식적 상실의 문제, 거절된 상실의 문제는 어떻게 우리를 정신적인 것과 사회적인 것 사이의 관계 속으로 되돌려 보내는 것일까? 애도에서 무의식적인 상실이란 없다고 프로이트는 말한다. 우울증에서 "대상상실이 의식에서부터 철수된다"고 프로이트는 주장한다. 대상은 상실되는 것일 뿐만 아니라 그 상실 자체가 상실되고 유예된 정신적 삶의 시간 속에 보존된다. 달리 말하자면, 우울증에 따르면 "나는 아무것도 잃은 것이 없다."

이 같은 상실의 형언불가능성 및 재현불가능성은 곧바로 양심을 강화하는 것으로 해석된다. 외부에서 부가되는 금지의 강도에 따라 양심이 흥하고 쇠한다고 예상할 수도 있지만, 금지의 강도는 이미 발생한 상실을 인정하기를 거부하는 방향으로 공격성을 집결시키는 것과 더 많이 관련되어 있는 것처럼 보인다. 즉 이미 사라진 시간을 상실하는 것에 대한 거부와 더 많이 관련되어 있는 것처럼 보인다. 이상하게도 정신적인 것의 도덕주의는 그 자신의 좌절된 슬픔과 불가해한 분노의 지표인 것처럼 보인다. 따라서 만일 우울증과 사회적 삶 사이의 관계가 재정립되어야 한다면, 양심의 자기책망을 판단 또는 금지라는 사회적 행위성들에 의해 가해지는 책망의 모방적 내재화로 간주하는 것으로는 이 관계를 측정할 수 없다. 오히려 무엇을 슬퍼하고 무엇을 슬퍼하지 않아야 할지 조절하는 사회적 권력의 형태들이 출현한다. 슬픔의 사회적 폐제에서 우리는 무엇이 내적인 양심의 공격을 부채질하는지 알 수 있을 것이다.

비록 사회적 권력(social power)이 무엇에 대해 슬퍼할 수 있는지 조절한다고 할지라도, 그 조절이 항상 목표한 것만큼 효율적으로 이루어지는 것은 아니다. 상실은 완전히 부정될 수 없다. 그러나 이는 또한 직접 확인할 수 있는 방식으로 나타나지도 않는 것처럼 보인다. 우울증 환자의 '순종성'(pliant)은 변함없이 오도된다. 그러나 이 오도 속에 초기적인 정치적 텍스트가 머무른다. 슬픔의 금지는 수신인을 향한 발화의 상실로서 나타난다. 상실의 고통의 '책임'은 그 고통을 겪는 사람의 것이고, 이 고통의 지점에서 상실은 시정될 자격이 있는 과오나 부상으로 이해된다. 사람은 자신에게 가해진 해를 시정하려고 하지만, 그 해는 그 누구도 아닌 자신에게서 온 것이다.

사회적 규제(social regulations)의 폭력은 그 폭력의 일방적인 행위 속에서는 찾을 수 없고, 정신적인 것이 자신의 무가치함을 깨닫고 스스로를 비판하는 우회적 경로 속에서 찾을 수 있다. 의심할 여지없이 이는 해소되지 않은 슬픔의 이상하고 불투명한 증상이다. 상실된 타자의 자아로의 철수, 상실 인정의 거부는 왜 자아의 박탈에서 정점에 이르는 것일까? 상실은 심리적으로 대상을 지키기 위해 자아를 무화시키는 방식으로 재배치되는 것일까? 우울증과 애도를 구분하는 요소로 일컬어지는 자존감의 감소는 자아에게서 자존감을 빼앗으려고 하는 비판적 행위성의 커다란 노력에 의해 발생하는 것처럼 보인다. 그러나 이 비판적 행위성이 작동하기 이전에는 자존감의 높고 낮음이란 있을 수 없다고 주장하는 이들 또는 자아가 자아와 초자아로 분리되기 전에는 자아에 속한 '존경'이란 있을 수 없다고 주장하는 이들이 있을 수 있다. 비판적 행위성의 작동 이전에 어떤 이상을 기준으로 자아를 측정하기란 어려울 것이다. 즉 자아의 도덕적 상태를 승인하거나 거부하는 비판적 행위성을 전제하는 판단을 수행하기란 어려울 것이다. 이와 같은 의미에서, 자존감이란 잠재적으로 자존감이 파괴되어지는 바로 그 비판적 행위성[의 과정]에 의해 생산되는 것처럼 보인다.

자아를 궁핍한 것으로 지칭할 때, 그리고 자아가 곤궁해졌다고 지칭할 때, 그리고 또 "대상상실은 … 자아상실로 전환[된다]"(249)[23]이라고 말할 때, 프로이트는 자아 속에 상실이 재배치되는 상황을 언급한다. 이 자아 속의 상실은 분명히 그 자신에 대한 어떤 이상의 상실이다. 그리고 그의 저작에서 프로이트는 양심의 판단은 초자아가 '자아-이상'을 기준으로 자아를 측정하는 것과 같은 방식으로 작동한다고 명시한다. 이 이상 속에서 자아는 곤궁한 것으로 밝혀진다. 그리고 자아가 겪는 '상실'은 자아 그 자체와 자아가 판단되는 이상 사이의 공약가능성의 상실이다. 이 이상은 어떻게 발생하는 것일까? 이는 자아에 의해 임의적으로 제조되는 것일까? 또는 이러한 이상은 사회적 규제와 정상성의 흔적을 보유하고 있는 것일까? 프로이트는 자아가 단지 죽음에 대한 반응이 아니라 "멸시와 실망"(250)과 같은 다른 상실의 질서에 대한 반응이라고 말한다. 그리고 애도와 우울증 모두 '조국'이나 '자유'와 같은 어떤 이상의 상실에 대한 반응이라는 개념을 도입할 때, 프로이트는 예를 통해 이러한 이상들의 성격이 사회적인 것이라는 점을 확실히 했다.

자아가 자신을 판단하는 기준인 이상은 분명히 자아가 불충분하다고(wanting) 판명할 기준이 되는 이상이다. 우울증 환자는 불편하게 그 또는 그녀 자신을 그러한 사회적 이상과 비교한다. 사회적 이상들이 한때는 외적이었던 대상들이나 이상들에 대한 정신적인 승인이라면, 겉보기에는 이 이상들 또한 공격 대상이라고 할 수 있다. 우리는 이른바 자아가 이상에 의해 비방을 받는 상황이 실은 자아가 할 수만 있

---

23) [옮긴이] 『정신분석학의 근본 개념』, 252쪽.

다면 이상을 비방했을 수도 있었던 사전 상황이 전도된 것은 아닌지 물을 필요가 있다. 양심의 정신적 폭력은 일정한 종류의 상실을 슬퍼할 수 없게 만들었던 사회적 형식의 굴절된 기소가 아닌가?

따라서 공표될 수 없는 세계 속의 상실은 분노하고, 양가성을 생성하고, 이름 없이 분산하며 자기책망의 공적인 의례(儀禮)를 재촉하는 자아 '속'의 상실이 된다. 애도에 대하여 프로이트는 애도가 "자아에게 이제 대상이 죽었다고 **선언**하면서 자아에게는 계속 살아가는 것이 좋다고 부추김으로써 자아로 하여금 대상을 포기하도록 강요"(257, 강조는 버틀러)[24]한다고 쓴다. 이로부터 다음과 같은 논점이 뒤따른다. 우울증은 그러한 선언을 거부하고, 발화를 거부하며, "그 대상이 이제 더 이상 존재하지 않는다는 현실의 판정"(the verdict of reality)(255)[25]을 유예한다. 그러나 우리는 우울증 환자들이 또한 "수다스럽다"(communicative)는 점을 알고 있다. 이는 그 또는 그녀의 발언이 평결적이지도 않고 선언적(주장적)이지도 않지만, 변함없이 간접적이고 우회적이라는 점을 시사한다. 그렇지만 우울증 환자들에 의해 선언될 수 없는 것은 우울증적 발화를 규정하는 것이다. 형언가능한 영역을 조직하는 형언불가능성.

"우울증의 경우는 당사자를 그렇게 전적으로 사로잡는 것이 무엇인지 **도무지 알 수 없**기 때문에 그 우울증 환자의 억제가 우리에게는 당

---

24) [옮긴이] 『정신분석학의 근본 개념』, 264쪽.

25) [옮긴이] 『정신분석학의 근본 개념』 261쪽("현실은 그 대상이 이제 더 이상 존재하지 않는다고 판정한다").

혹스럽게 여겨진다는 점이다"(247).[26] 직접 말해질 수 없는 것은 또한 시아에서도 봉쇄되는 것, 즉 우울증을 조직했던 시각 영역에서 부재하는 것이다. 우울증은 시야에 나타나지 않는다. 이는 시각에 의해 수용될 수 없는 것이자 공개된 곳으로 나오기를 거부하는 것, 보이지도 않고 선언될 수도 없는 것에 의한 흡수이다. 이 상실이 사적이고 회복될 수 없는 것처럼 보일지라도, 이는 "자기 폭로를 통해 만족을 얻기 위해 집요하게 떠들어 대는 속성"(247)[27]을 추구한다. 자아의 무가치함이 고집스럽게 말해진다. 평결적이지도 않고 선언적이지도 않은 우울증적 발화는 상실에 대해 말할 수 없는 채로 남아 있다. 우울증이 선언하는 것, 다시 말해 그 자신의 무가치함은 자아를 발견하는 순간 상실을 식별해 내고, 그로 인해 계속 상실을 식별해 내는 데 실패한다. 자기책망은 포기를 대신하고, 그 거부의 증표가 된다.

이 같은 상황에서 양심의 고조는 공언되지 못한 상실의 지위를 증언한다. 자아는 슬퍼하지 못한 상실을 조건으로 도덕화된다. 그러나 과연 어떤 조건이 상실을 슬퍼하거나 슬퍼하지 못하도록 만드는 것일까?

자아는 대상을 내부로 불러들일 뿐만 아니라 대상과 함께 대상에 대한 공격성도 함께 불러들인다. 이 대상이 내부로 들어오면 올수록 이른바 자기비하도 더욱 강해지고, 그로 인해 자아는 더욱 곤궁해진다. 환각적인 자기비하는 "모든 살아 있는 것을 생명에 귀속시키려는 본능적 욕구마저도 억누르는 지경에 이르게 된다."(246)[28] 자아에 등

---

26) [옮긴이] 『정신분석학의 근본 개념』, 247쪽.
27) [옮긴이] 『정신분석학의 근본 개념』, 249쪽.
28) [옮긴이] 『정신분석학의 근본 개념』, 248쪽.

을 돌린 공격성은 삶의 욕망과 경쟁하고 또 그것을 억누를 힘을 지니고 있다. 이 지점에 이르러 프로이트의 이론은 자기 자신에 대한 공격성은 외형적으로는 어떤 타자를 향한 공격성에서 유래하는 것이라고 제시한다. 그러나 이 정식화에서 쾌락 원칙에 대항하는 욕동(drive), 즉 훗날 죽음욕동이라고 부른 것에 대한 성찰의 시작을 식별해 내는 것이 가능하다.

우울증에서 자아는 지금 대상을 표시하고 있는 상실이나 포기의 행위를 축소(contract)시킨다. 이때 포기란 거부되는 포기이자 거부될 때 합체되는 포기이다. 이와 같은 의미에서 상실을 거부하는 것은 곧 상실이 되는 것이다. 만일 자아가 타자의 상실을 받아들일 수 없다면, 타자가 대표하는 상실은 자아를 특징짓는 상실이 된다. 자아는 빈곤해지고 곤궁해진다. 세계 속에서 겪는 상실은 자아 속에서 특징적인 결여(이른바 필연적인 내면화 작업을 통해 수입되는 균열)가 된다.

이와 같은 방식으로 우울증은 직접 나르시시즘에 반하는 방식으로 작동한다. 프로이트는 우울증에서 "포기된 대상의 그림자가 자아에 드리[운다]"고 말하는데(249)[29], 이는 성경구절의 "죽음의 그림자", 즉 죽음이 그 현존을 삶에 드리우는 방식을 연상시킨다. 나르시시즘에 대한 라캉의 에세이에서 이 정식이 전도된다는 점은 중요하다. [즉 라캉에 따르면,] 자아가 대상에 그림자를 드리운다.[30] 대상에 자리를 내어

---

29) [옮긴이] 『정신분석학의 근본 개념』, 252쪽.

30) "인간의 육체의 이미지는 그가 대상 속에서 지각하는 모든 통일성(unity)의 원리이다. ⋯ 그의 세계의 모든 대상들은 항상 그 자신의 자아의 방황하는 그림자 주변에 구조화된다[l'ombre errante deson propre moi]"(Jacques Lacan, *The Seminar of Jacques Lacan, Book II*, trans. Sylvana Tomaselli, New York: W. W. Norton, 1991, p.166; *Le Seminaire, livre II*,

준 것처럼 보이는 순간에도 나르시시즘은 계속 사랑을 통제한다. 대상의 자리에서, 내 부재 속에서 내가 발견하는 것은 여전히 나 자신인 것이다. 우울증에서 이 정식은 전도된다. 타자가 대표하는 상실 대신에 나는 나 자신이 상실이라는 것을 발견한다. 즉 곤궁하고 부족한 나 자신을 발견한다. 우울증적인 사랑에서 타자는 나의 풍요로움을 축소시킨다. 우울증에서 나는 타자의 부재를 축소시킨다.

우울증과 나르시시즘 사이에 나타나는 이러한 대립은 이중욕동(dual drive) 이론을 향해 몸짓한다. 프로이트는 우울증이 부분적으로는 나르시시즘적인 혼란으로 이해되어야 한다는 점을 분명히 한다. 우울증의 몇몇 특징은 나르시시즘에서 유래하는 것이다. 그러나 몇몇 특징들은 애도에서 유래하는 것이다. 이러한 주장을 제기하면서 프로이트는 애도를 나르시시즘의 한계로 설정하는 것처럼 보인다. 아마도 그는 애도를 우울증의 반대 방향으로 설정하는 것인지도 모른다. 우울증에서 자아를 침식하는 것은 원래부터 외부적이었던 어떤 상실로 이해된다. 그러나 『자아와 이드』에서 프로이트는 우울증의 작동이 죽음욕동을 위해 작용한다는 점을 깨닫기 시작한다. 그는 묻는다. "그렇다면 우울증에서 초자아가 죽음본능을 위한 일종의 집합소가 될 수 있는 까닭은 무엇일까?"[31] 우울증의 자아침식 효과, "모든 살아 있는 것을 생명에 귀속시키려는 본능적 욕구"마저도 억누르는 효과들은 어떻게 삶

Paris: Seuil, 1978, p.198).

31) Sigmund Freud, *The Ego and the Id, The Standard Edition,* 19: 54. ("Wie kommt es nun, dass bei der Melancholie das der Ich zu einer Art Sammelstätte der Todestriebe werden kann?")[『정신분석학의 근본 개념』, 400쪽].

을 억누르려는 요구를 위해 봉사할 수 있을까? 프로이트는 더 나아가 양심의 "무자비한 폭력"은 "이제 초자아 속에서 지배적인 세력은, 말하자면, 죽음본능(todestrieb)이라는 순수한 문화"³²⁾라는 점을 드러내 보인다고 말한다(53). 『자아와 이드』의 수정된 이론에 따르면, 우울증에서 죽음본능과 우울증을 통해 고조된 양심을 분리하는 것은 불가능하다. 어떤 경우에서든, 자아는 자아이상 속에 규약된 기준에 맞추지 못할 위험에 맞서 자신의 생명을 건 모험을 해야 한다. 자아가 자신을 향해 취하는 공격성은 부분적으로 자아가 자신의 통제 아래 둘 수 있는 타자를 향한 공격성에 비례한다.

이와 같은 우울증 설명에서, 반성성은, 니체에게서 그랬던 것처럼, 전치(transpose)된 공격성(aggressivity)으로서 나타난다. 이미 보았듯 이 프로이트의 「애도와 우울증」에 따르면, 공격성(aggression)은 1차적으로 타자와의 관계이고 단지 2차적으로만 자기 자신의 관계일 뿐이다. 그는 자살하는 사람은 먼저 다른 사람을 살해하고자 하는 충동을 느껴야 한다고 언급한 후, 자기학대가 자기학대와 증오를 충족시킬 것이라는 견해를 제시한다. 이 두 충동 모두는 "주체 자신의 자아[self]에게로 환원된 것"(eine Wendung gegen die eigene Person erfahren haben)³³⁾으로서 체험된다(251). 공격성을 포함한 양가성은 집중된 에너지(cathexis)를 분열시키는데, 이때 이 에너지는 "여러 부분들"로 배분된다. 성애적 집중은 동일화로 퇴행하고, 다른 집중은 사디즘으로

---

32) [옮긴이] 『정신분석학의 근본 개념』, 399쪽.
33) [옮긴이] 『정신분석학의 근본 개념』, 255쪽. '주체 자신의 자아에 등을 돌린'으로 이해하는 것이 버틀러 논의 맥락에 더 적합할 것으로 보인다.

퇴행한다. 자아의 내부 부분으로 설정된 후, 사디즘적인 부분은 동일화하는 부분을 공격의 대상으로 삼고, 이내 정신적으로 폭력적인 초자아의 드라마가 펼쳐진다. 프로이트는 상실의 장면에서 양가성을 가정하는 것처럼 보인다. 즉 타자가 죽거나 사라지기를 바라는 마음(때때로 살고자 하는 자아의 욕망에 의해서 선동되는 소망, 따라서 사라지거나 죽은 것에 대한 애착을 끊으려고 하는 욕망에 의해서 선동되는 소망). 프로이트는 이 양가성을 사디즘의 한 예이자 타자를 자기 자신으로서 보존하고자 하는 소망으로 해석한다. [따라서] 자기학대는 자신의 자아의 등을 진 사디즘이라고 할 수 있는데, 이는 타자를 정복하는 동시에 지키고자 하는 이중의 욕동을 규약화(encode)하고 은폐한다. 자기처벌이 사디즘의 '우회 경로'라는 점에 프로이트는 주목한다. 우리는 아마도 사디즘이 동일화의 우회적 경로라는 점을 덧붙일 수 있을 것이다.

여기에서 프로이트는 사디즘이 마조히즘에 선행한다는 확신을 가지고 있는 것처럼 보인다. (그는 후기에 죽음욕동을 강조하는데 이는 사디즘의 선차성을 역전시킨다.) 공격성의 반성적 접합은 외견상 항상 지시된 접합으로부터 유도된다. 우리는 프로이트가 "어느 신경증 환자든 다른 사람을 살해하고자 하는 충동을 자신에게로 돌려 스스로 자살해야겠다는 생각을 품지는 않는다[auf sich zurückzuziehen]"라고 썼다는 것에 대해 알고 있다(252).[34] 자아는 타자를 대상으로 삼는 대신에 자기 자신을 대상으로 삼는다. 자아는 그것이 이미 타자를 대상으로 취했다는 조건 아래에서, 그리고 타자가 모델이 된다는 조건 아래

---

34) [옮긴이] 『정신분석학의 근본 개념』, 256쪽.

에서, 즉 자아가 자신의 경계(boundary)를 자신의 대상으로 가정하는 모델이 된다는 조건 아래에서, 먼저 자신을 대상으로 삼는다. 이는 일종의 모방(mimesis)으로 모방적 활동이 타자의 모델 위에서 자아를 대상으로 생산한다고 기술한 보쉬-야콥슨의 생각과 크게 다르지 않다.[35] 우울증 속의 모방은 타자를 '자아 속으로' 합체하는 과정으로서 이 활동을 수행한다. 이는 타자를 보존하려는 노력이자 동시에 타자를 향한 공격성을 위장하려는 노력이다.

자아를 1차적이거나 미리 주어진 것으로 간주하는 프로이트적인 이론은 분명히 공격성의 내부화나 타자의 거절을 조건으로 자아가 대상이 되는 방식을 설명할 수 없다. 우울증은 미약한 자아의 토대를 설립하고, **봉쇄**(containment)의 도구로서 자아의 지위를 지시한다. 이러한 묘사에서 명백히 드러나는 프로이트의 사회적 은유법(metaphorics)을 고려할 때, 공격성을 봉쇄하는 것으로서 자아의 의미는 분명해진다. 호미 바바가 주목하는 한 구절은[36] 쟁점이 될 만한 정치적인 비유를 제기한다. "이런 [우울증적] 반응들이 나타나는 것은 어떤 과정을 거쳐 우울증이라는 비참한 상태로 바뀐 그들의 반항적인 심리 상태가 행동으로 그대로 표출되었기 때문이다"(248).[37]

바바는 우울증이 수동성의 형태가 아니라 반복과 환유를 통해 발

---

35) 1차 모방에 대해서는 Mikkel Borch-Jacobsen, *The Emotional Tie: Psychoanalsys, Mimesis, and Affect*, Stanford: Stanford University Press, 1993.
36) Homi K. Bhabha, "Postcolonial Authority and Postmodern Guilt," in Lawrence Grossberg et al., eds. *Cultural Studies: A Reader*(New York: Routledge, 1992), pp.65~66.
37) [옮긴이] 『정신분석학의 근본 개념』, 251쪽.

생하는 반란의 형태라고 주장한다. 우울증 환자는 자신이 타자에게 가하는 비판을 자기 자신을 향해 전도시킨다. 바바는 이러한 타자의 '합체'(incorporation)는 또한 '정복(Master)의 탈합체(disincorporation)'라는 점에 주목한다. "법(Law)은 이상적인 권위의 힘에 의해 상실로서 안치된다"는 점을 강조하면서 그는 우울증이 권위를 합체시키면서 정확하게 그 권위의 이상성(ideality)과 경쟁한다고 주장한다.[38] 권위의 이상성은 다른 곳에서 합체가 가능하며, 그 어떤 절대적인 의미에서도 더 이상 법의 어떤 형상에 얽매이지 않는다.

　우울증은 평정되고 분쇄된 반란이다. 그러나 이는 정적인 사건은 아니다. 이는 굴절을 통해 발생하는 '작업'(work)의 일종으로서 계속된다. 봉기적인 분노를 사전에 예방하는 국가(state)의 힘이 정신적인 것의 작용 안에 형상화되어 있다. 우울증 환자의 '비판적 수행성'은 사회적인 도구인 동시에 정신적인 도구이다. 이 초자아적인 양심은 단순히 시민들에 대한 국가의 군사적 권력과 유사한 것만은 아니다. 국가는 그 자신의 이상적 권위를 위장하고 치환하는 방식으로 시민들 사이에 우울증을 배양한다. 이는 양심이 단순한 국가의 예시(instantiation)라고 말하려는 것이 아니다. 그와는 반대로 양심은 국가의 권위의 소실점이자 국가의 정신적 이상화이다. 그리고 그러한 의미에서 양심은 외부 대상으로서 국가의 소멸이다. 주체의 형성과정은 양심의 이상성으로서 국가의 영토화 권력을 비가시적으로 (그리고 효과적으로) 만드는 과정이다. 더욱이 '법' 이상의 합체(incorporation)는 주어진 국가와

---

38) Bhabha, "Postcolonial Authority and Postmodern Guilt," p.66.

국가권력의 이상성 사이에 형성되는 우연적 관계를 강조한다. 이 이상성은 항상 다른 곳에서 합체될 수 있고 그 어떤 주어진 이상성의 합체와도 공약 불가능한 것으로 남아 있다. 그러나 이 이상성이 그 어떤 이상성의 합체로도 환원될 수 없다는 것은 이 이상성이 모든 [구체적] 체현을 넘어 본체적 영역(noumenal sphere)에 머물고 있음을 의미하는 것은 아니다. 합체는 오히려 재접합의 장소라 할 수 있는데 이는 '훈습'(薰習, working through)[39]을 위한 조건이자 잠재적으로 '떨쳐 버리기' [반항/반역](auflehnung) 위한 조건이다.

우울증에서 반란(revolt)은 애도를 위해 그리고 또한, 필연적으로, 삶을 위해 공격성을 집결시키는 과정을 통해 증류될 수 있다. 정신적 테러의 도구로서 양심은 말 그대로 어떤 이의 생명에 위협을 가할 수도 있는 비난의 힘을 행사한다. 프로이트는 양심이 "사실상 자아를 죽음으로 내모는 데 ── 만약 자아가 제때에 조병(躁病)으로의 변신을 통해 그 폭군을 비껴가지 않는다면 ── 성공하는 경우가 비일비재하다"는 점에 주목한다.[40] 조병은 양심의 작용 속에 안치된 채로 상실된 대상에 대한 애착을 떨쳐 버리는 데 힘을 쏟는 것처럼 보인다. 그러나 조병에서는 "자아가 극복한 것, 그리고 자아가 쟁취한 것이 자아에게 은폐되어 있을 뿐이다."[41] 조병에서 폭군은 비껴갈 수 있지만 떨쳐 버리

---

39) [옮긴이] 'Durcharbeitung'의 번역어로 영어로는 'working through', 한국어로는 보통 '훈습', '철저작업'이라고 번역한다. 『정신분석사전』, 458쪽 참조. '철저작업'보다는 '극복 과정'으로 번역하는 것이 적합하다고 주장하는 이도 있다.

40) Freud, *The Ego and the Id*, p.253.

41) Freud, "Mourning and Melancholia," p.254[『정신분석학의 근본 개념』, 259~60쪽].

거나 극복할 수 없다. 조병은 자아에 의한 폭군의 일시적인 유예나 정복을 표시한다. 그러나 폭군은 정신에 대해 구조적으로 안락하게 자리를 잡은 채로 남아 있다. 프로이트는 그 어떤 조병이 제시할 수 있는 것보다 더 철저한 해결책[42]을 제시하는데, 그것은 우울증이 애도가 되기 위해서는 그리고 상실된 대상에 대한 애착이 절단되기 위해서는 [현실에 더 이상 대상이 존재하지 않는다는] "현실의 판결[평결]"이 수용되어야만 한다는 것이다.[43] "잃어버린 대상에 한때 리비도를 집중시켰다는 것을 입증해 주는 기억이나 기대 상황 각각에 대해 현실은 그 대상이 더 이상 존재하지 않는다는 판정을 내려 준다. 그러면 대상과 운명을 같이 할 것이냐를 놓고 고민하던 자아는 살아 있다는 사실에서 끌어낼 수 있는 나르시시즘적인 만족 속에 이제는 사라지고 없는 대상에 대한 집착을 끊게 된다"(255).[44]

　우울증 환자에게 [대상에 대한] 애착을 끊는 것은 대상의 두번째 상실을 구성한다. 대상이 정신적 이상(ideal, 理想)이 될 때, 대상이 그 외부성을 상실하는 것이라면, 자아가 양심에 등을 돌리고 자신을 탈중심화함에 따라 대상은 이제 그 이상성을 상실하게 된다. 양심의 판단과 현실의 평결이 교환되고, 이 평결은 우울증 환자를 딜레마에 빠지게 한다. 상실된 대상을 따라 죽음으로 향할 것인가 아니면 살기 위

---

42) [옮긴이] 프로이트는 조병이 우울증에 대한 치료의 역할을 한다고 설명한다. "조병의 경우는 자아가 대상의 상실(혹은 상실에 대한 슬픔이나 대상 그 자체)을 극복한 것이 틀림없으며, 따라서 우울증의 고통 속에 자아에서 끌어내 '묶어 두고 있던'(억누르고 있던) 리비도 반대 집중 전부를 다른 것을 위해 이용할 수 있게 되었다"(『정신분석학의 근본 개념』, 260쪽).

43) [옮긴이] 『정신분석학의 근본 개념』, 261쪽 참조.

44) [옮긴이] 『정신분석학의 근본 개념』, 261쪽.

한 기회를 잡을 것인가. 나중에 프로이트는 상실의 '공표'와 대상의 탈성화(de-santification, 脫聖化)가 없다면 대상에 대한 애착을 끊어 내는 것 또한 불가능하다고 말한다. "슬픔이 자아에게 이제 대상이 죽었다고 선언하면서 자아에게는 계속 살아가는 것이 좋다고 부추김으로써 자아로 하여금 대상을 포기하도록 강요하는 것처럼, 우울증에서 애증병존[양가성]의 모든 갈등은 대상을 비난하고, 경시하고, 심지어는 대상을 제거함으로써 대상에 대한 리비도의 집착을 느슨하게 한다 [entwertet, herabsetzt, gleichsam auch erschlägt]"(257).[45] 비판적 수행성을 "제거하는 것"은 내면화된 양심의 장면을 전도시키고 치환하며, 정신적 생존을 위한 길을 닦는다. 우울증이 "모든 살아 있는 것을 생명에 귀속시키려는 본능적 욕구마저도 억누르려는 지경에 … 이른 [이와 같은 열등 의식…의 망상]"[46]을 내포한다면, 우울증과의 단절은 양심을 구성하는 이미 "등을 돌린" 공격성에 대한 돌아섬을 내포한다. 생존은 정확히 우울증의 반대편에 서 있다고 할 수는 없지만 우울증이 유예시킨 것이라고 할 수 있다. 생존은 상실된 타자를 향해 분노를 분출하고, 삶을 위해 망자의 신성함을 더럽힐 것을 요구하고 또 망자에 합류하지 않기 위해 망자에 대해 분노할 것을 요구한다.

우울증적 구속에서 벗어나기 위해 이러한 분노가 요구된다고 하더라도, 양가성으로부터 최종적인 유예는 있을 수 없다. 그리고 애도가 우울증으로부터 최종적으로 분리되는 것 또한 있을 수 없다. 애도

---

45) [옮긴이] 『정신분석학의 근본 개념』, 264쪽.
46) [옮긴이] 『정신분석학의 근본 개념』, 247~248쪽.

와 우울증이 구분될 수 있다는 프로이트의 견해는 같은 이름을 지닌 자신의 에세이에서 반박된다. 그뿐만 아니라 『자아와 이드』에서는 더욱 분명하게 반박된다. 양가성은 「애도와 우울증」에서 먼저 상실에 대해 가능한 반응으로 식별되지만, 이 에세이의 후반부에 들어서면, 양가성은 살려고 하는 욕망(desire)과 죽으려는 욕망 사이에서 상실이 발생시키는 투쟁으로 변모한다. 양가성 그 자체는, 헤겔의 용어를 빌려서 말하자면, 삶과 죽음의 투쟁은, 상실에 의해 야기되고, 상실에 의해 선동된다. 만일 양가성이 우울증과 애도를 구분하는 것이라면, 그리고 애도가 '훈습'(薰習) 과정의 일부로서 양가성을 초래한다면, 우울증에 관여하지 않는 애도작업이란 존재하지 않는다. 앞 장에서도 이미 언급하였듯이, 프로이트는 『자아와 이드』에서 자아는 자아가 상실한 애착으로 구성되고, 우울증적 노선을 따라 상실이 내부화되지 않는다면 자아도 존재할 수 없다고 언급한다.[47] 그러나 그의 이론이 이러한 연구방향을 지시하고 있지만, 프로이트는 이러한 연구방향의 전도를 추구하지는 않았다. 자아가 사라져 버린 타자에 대한 공격을 내포[봉쇄](contain)한다면, 그로부터 이 공격성의 재외부화가 자아를 '탈내포[탈봉쇄]'(un-contain)한다는 점을 도출할 수 있다. 살고자 하는 욕망은 자아의 욕망이 아니라, 욕망의 출현과정에서 자아를 되돌리고자(undo) 하는 욕망이다. 그렇다면 자아의 '정복'은 죽음욕동의 효과로

---

47) [옮긴이] "어떤 사람이 성적 대상을 포기해야 하는 상황이 발생하면 그의 자아의 변화가 뒤따르는 일이 자주 일어나는데, 이것은 우울증에서 보듯이 자아 내에 그 대상을 설치하는 것이라고 말할 수 있다. … 자아의 성격은 포기한 대상 리비도 집중의 침전물이고 따라서 그것은 대상 선택의 역사를 포함하고 있다"(『정신분석학의 근본 개념』, 368~369쪽 참조).

식별될 수 있을 것이다. 그리고 삶은, 니체적인 의미에서, 이 정복을 분열시키고, 자아의 정체(停滯) 및 방어적 지위와 경쟁하는 체험된 생성 양식(lived mode of becoming)이 된다.

그러나 애도의 이야기는 삶이 죽음에 승리를 거두는 이야기로 환원될 수 없다. 애도작업의 동역학은 훨씬 더 복잡하다. 1917년, 프로이트는 아직 쾌락원칙과 현실원칙을 구분하지 않았지만 우울증이 자아를 죽음으로 몰고 갈 힘이 있다는 점에 주목한다. 1923년 무렵, 프로이트는 우울증에서 양심이 기능할 때, 양심은 죽음욕동을 위한 '집합소'가 된다고 분명하게 주장한다.[48] 애도에서, 생명의 주장은 죽음의 유혹에 승리하지 못한다. 그와는 반대로 '죽음욕동'이 대상과 단절하기 위해 집결되고 살기 위해 대상을 '제거'한다. 더욱이 대상이 양심의 이상성으로서 거주하고, 자아가 그 지형학적 장면 안에 자리하는 한, 양심과 자아는 모두 삶에 가해지는 살해 요구에 의해 필연적으로 되돌려진다(undone). 따라서 역설적이게도 '죽음욕동'은 삶에 필요한 것이 된다. 애도에서 애착과의 단절은 삶을 출범시킨다. 그러나 이 '단절'은 최종적인 것도 아니고 완전한 것도 아니다. 사람들은 보통 다른 대상에 투자하기 위해 한 대상에서 다량의 리비도를 거두어들이지는 않는다. 정신적인 것과 사회적인 것 사이의 구분, [즉] 자아의 위치성을 정립하는 한에서 우울증은 또한 타자성과의 인식론적 조우가 가능하도록 기능한다. 슬픔의 결말은 (자아의 양심에 대한 집중Cathexis으로부터 자

---

48) [옮긴이] "우울증에서 초자아가 죽음본능을 위한 일종의 집합소가 [된다]"(『정신분석학의 근본 개념』, 400쪽).

아를 '탈구속시킨다'unbinding는 의미에서) 자아를 되돌린다(undo). 그러나 이는 슬픔을 파괴하지 않는다. (항상 일시적으로만 나타나는 조증적 반응을 제외한다면 아마도) 우울증이 입증하는 상실의 구성적 역사성과의 단절이란 존재하지 않을 것이다. 상실의 역사성은 동일화에서 찾을 수 있다. 따라서 애착이 취하게 될 바로 그 형태 속에서 상실의 역사성을 찾을 수 있는 것이다. 이러한 관점에서 '리비도'와 '애착'은 자유롭게 부유하는 에너지로 여겨질 수는 없지만 완전히 회복될 수 없는 어떤 역사성을 지니고 있는 것으로 여겨질 수는 있다.

「애도와 우울증」에서 프로이트가 다른 애착을 만들기 위해서는 한 애착 관계와 반드시 단절해야 한다고 생각했었다면, 『자아와 이드』에서 그는 상실된 타자가 내부화된다는 조건 아래에서만 애도가 완성되고 새로운 애착이 시작될 수 있다고 분명히 밝힌다. 물론 여기서 충분히 탐색되지 않은 점에 대해서도 언급할 필요가 있다. 내부화(internalization)가 반드시 잔혹하게 폭력적인 양심의 형태를 띨 필요는 없다. 그리고 일정한 종류의 내부화가 생존에 필요하지만 이 내부화가 항상 합체(incorporation)는 아니다.[49] 실제로 데리다는 후기 프로이트에 대해 논하며 "애도는 타자의 확정적 합체"이고 원칙적으로 애도에 끝은 있을 수 없다고 주장한다.[50]

---

49) 제시카 벤저민(Jessica Benjamin)은 『사랑의 굴레』(*Bonds of Love*, New York: Pantheon, 1988)에서 유사한 주장을 한 바 있다. 그리고 카자 실버먼(Kaja Silverman)은 『가시적 세계의 문턱』(*The Threshold of Visible World*)에서 '이성애적 동일화'를 입증한 바 있다. 각 이론가는 내부화(internalization)의 설명에서 매우 다른 정신분석학적 견해에 기초하여 합체 및 초자아적 기능의 중심성을 주장한다.

실제로 어떤 사람이 어떤 타자에 대한 애착에 대해 분노할 수 있지만(이는 애착의 조건을 변경할 뿐이다), (유서, 즉 최후의 노트를 남기며, 최후진술적 유대를 확인하는 자살적 분노를 제외하고는) 어떤 분노도 타자성에 대한 분노를 끊어 버리지 못한다. 생존은 자율적 자아가 대항하는 세계에 맞서 자율성을 행사하기 때문에 발생하는 것이 아니다. 그와는 반대로 어떤 자아도 생명을 불어넣는 그 같은 세계를 참조하지 않고서는 출현할 수 없다. 생존이란 자기 자신의 출현을 출범시키는 상실의 흔적을 공언하는 문제이다. 우울증의 의미에 대해 생각해 보자면, 상실에 대한 슬픔을 명백히 '거부'하는 것은 상실 없이도 이미 그 무엇일 수 있는 주체, 다시 말해, 자발적으로 그 또는 그녀의 의지를 확장하고 취소하는 이를 [주술처럼] 불러들인다. 슬퍼하는 주체는 언어적·사회적 삶에 의해 규정되는 자율성의 상실 속에 함의되어 있다. 주체는 자기 자신을 자율적으로 생산할 수 없다. 처음부터 이 자아는 자기 자신 이외의 것이다. 우울증이 보여 주는 바는 타자를 자기 자신에 흡수할 때에만 비로소 무엇인가가 될 수 있다는 것이다. 생존을 가능하게 하고, 사회적 실존을 호명하는 사회적 조건들은 결코 그 조건 안에서 그 또는 그녀 자신에 대해 깨닫기 시작하는 이, 즉 언어 속에서 '존재 할' 가능성을 갖게 되는 이의 자율성을 반영하지 않는다. 실로 자율성 개념을 몰수당하면서 생존은 가능해지는 것이다. '자아'는 사회적인 것의 우울증적인 폐제로부터 해방된다. 자아는 타자의 '흔적'이

---

50) Jacques Derrida, remarks, Humanities Research Institute, University of California, Irvine, April 5, 1995.

라는 조건 속에서 생성된다. 그리고 타자는 이 생성의 순간에 이미 저만치 떨어져 있다. 자아의 자율성을 인정하는 것은 그 흔적을 망각하는 것이다. 그리고 이 흔적을 받아들이는 것은 완성될 수 없는 애도과정에 착수하는 것이다. 그 이유는 자아를 용해시키지 않고 최후의 단절은 발생할 수 없기 때문이다.

라캉이 제시한 바에 따르면, '허구적 노선을 따라' 자아를 생산하는 타자의 흔적이 지닌 힘에 대해 우울증이 제시하는 이러한 통찰력은 어떤 특정한 타자들의 집합, 다시 말해, 아이와 엄마 또는 다른 이항적 쌍들로 한정되는 것이 아니다. 실제로, 이 '타자'는 이상일 수도 있고, 조국, 자유 개념일 수 있는데, 이러한 관념들의 상실은 내면화된 양심의 이상성에 의해 보상된다. 어떤 타자 또는 이상은 형언불가능해지면서 상실된다. 다시 말해, 이들은 금지나 폐제를 통해 상실된다. 형언불가능 또는 선언 불가능. 하지만 불평이나 고양된 양심의 판단이 아닌 방향으로의 출현. 양가성의 정신적 지형학 속에 포함된 채로, 이 빛바랜 사회적 텍스트는 주체형성 과정에서 다른 종류의 계보학을 요구하는데, 이는 형언 불가능하게 부재하는 것이 어떻게 잔존하는 이의 정신적 목소리를 담을 수 있는지 고려한다. 상실의 폭력이 죽음을 위협하는 정신적 행위성의 폭력 속에서 이중화되고 굴절된다. 사회적인 것이 정신적인 것 속으로 '되돌려지고', 양심의 목소리 안에 그 흔적을 남긴다. 따라서 양심은 사회적 규제를 예시하지 못한다. 오히려 양심은 사회적 규제의 위장인 것이다. 이러한 상황에서 삶을 요구하는 것은 의지의 행위가 아니라, 자아와 경계의 자아의 '자율성'을 초월하는 것으로서 그러한 행위를 가능하게 하는 사회성과 언어적 삶에 굴복하면서 의당한 정신과 경쟁하는 것이다. 자신의 존재 안에 존속한다는 것은 처음부터 완전히 자기 자신이 아닌 사회적 조건에 양도됨을 의미한다. 이러한 조건들은 어떤 행위성(agency)의 행위(action)에 앞서 발화하는 '어떤 이'를 위한 언어적 삶을 설립[제도화](institute)한다. 그리고 이 조건들은 발화자 및 발화의 조건으로 환원되지 않은 채로 남아 있다. 이와 같은 의미에서 호명은 실패하면서 작동한다. 다시 말해 호명은 그러한 주체를 철저히 시간 속에서 결정하는 데 실패하는 한에서 호명의 주체를 호명의 행위주체[대리인](agent)로서 설립[제도화]한다.

호명의 출범적 장면은 구성되는 데 실패하는 것이 오히려 자신을 구성하는 가능성의 조건이 되는 장면이다. 사회적 담론은 그 자신의 조건을 부과하며 주체를 형성하고 규제한다. 그러나 그 조건들이 단순하게 받아들여지거나 내부화되는 것은 아니다. 이 조건들은 이 조건들이 위장되고 '되돌려지는'(turn) 운동을 통해서만 정신적인 것이 된다. 명백한 규제[양식]가 부재하는 가운데, 주체는 한 주체로서 등장하는데, 그에게 권력이 목소리가 되고, 목소리가 정신적인 것의 조절 도구가 된다. 은유성(metaphoricity)에 그 가능성을 지탱하고 있는 정신의 풍경 안에서 권력의 발화행위는——죄의 선언, 무가치함에 대한 판단, 현실의 평결—— 지형학적으로 정신적 도구 및 제도가 된다. 규제 권력은 내부 공간의 비유의 우울증적인 생산——재원들의 철수에 뒤따르는 생산, 언어의 철수와 돌림——을 통해서만 '내부적'인 것이 된다. 자신의 현존을 철수시키면서, 권력은 상실된 대상, '더욱 이상적인 종류의 상실'이 된다. 우울증적 합체의 자격을 갖추고 있는 권력은 더 이상 권력의 주체에 일방적으로 작용하지 않는다. 역설적으로 주체는 바로 이 권력의 철수, 발화하는 장소로의 정신의 위장 및 우화화를 통해 생산된다. 사회적 권력은 사라지고 상실된 대상이 된다. 또는 사회적 권력이 소멸을 만들며 강제적인 상실의 집합을 가져온다. 따라서 사회적 권력은 자기 자신에게 보낸(자기 자신에게 등을 돌린) 정신적 판단의 목소리로서 권력을 재생산하는 우울증을 가져오고, 또 예속 위에 반성성의 틀을 만든다.

사회적인 것을 다루는 몇몇 정신분석 이론가들은 사회적 호명은 항상 통제하기 어려운 정신적 과잉을 생산한다고 주장한다. 독특한 영역으로서 정신적인 것의 생산은 이 생산의 사회적 계기를 말소하지 못한다. 자아의 목소리가 처음부터 다른 곳에서 빌려 온 것이라는 점, 즉 사회적 '순종'을 정신적 자기판단으로 재개조한 것이라는 점을 고려할 때, 자아의 설립[제도화]은 그 사회적 잔여를 완전히 극복할 수 없다.

어떤 이에게 부과된 권력은 그의 출현에 생명을 불어넣는 권력이다. 그리고 이 양가성에서 벗어날 수 있는 방법은 없는 것처럼 보인다. 실제로 양가성이 없다면 그 어떤 '이'도 있을 수 없는 것처럼 보인다. 그리고 이는 곧 자아(self)가 되기 위해 필요한 허구적 이중화가 엄격한 정체성의 가능성을 배제한다는 것을 의미한다. 결국, 사회성의 평결로써 상실, 출현의 장면에서 그 돌아섬의 흔적을 남기는 평결이 없다면 양가성 또한 있을 수 없다.

옮긴이 후기

1. 『권력의 정신적 삶』

이 책은 미국의 저명한 페미니스트이자 퀴어 이론가로 알려진 주디스 버틀러(Judith Butler)의 저작, 『권력의 정신적 삶: 예속화의 이론들』 (*The Psychic life of Power: Theories in Subjection*, 1997)의 번역서이다. 이 책 『권력의 정신적 삶』은 『젠더 트러블』(*Gender Trouble*, 1990), 『의미를 체현하는 육체』(*Bodies That Matter*, 1993), 『혐오 발언』(*Excitable Speech*, 1997), 『젠더 허물기』(*Undoing Gender*, 2004) 등에서 꾸준히 다루어 온 주제인 주체 일반의 형성 메커니즘과 성적 주체성의 문제를 다루고 있다. 그의 다른 저서가 그렇듯이 이 책 역시 다양한 철학자(헤겔, 니체, 프로이트, 푸코, 알튀세르, 라캉 등)의 이론을 비판적으로 수용·해석하며 자기 논리를 펼치는 방식으로 서술되어 있다.

　　그중에서도 푸코의 논리가 이 저작에서 수행하는 역할에 주목할 필요가 있는데, 특히 『성의 역사』 1권, 2권과 『감시와 처벌』 등에서 다루어진 욕망과 권력의 상호규정성(굴복과 예속의 과정에서 주체가 생산되는 구체적인 메커니즘[1])은 이 책을 정초하는 중요한 이론적 기제로 작동한다. 하지만 이 책이 푸코의 방법을 그대로 수용한 것은 아니다. 이 책에서 버틀러는 규범, 담론, 권력에 복종하는 과정에서의 주체 형성을 논의하면서도, 프로이트의 정신분석학을 통해 푸코를 독해하는 방식으로 정신분석학과 푸코의 권력이론의 접합을 시도한다. 또는 거꾸로 푸코의 권력이론으로 정신분석학을 재해석하며 성적 주체성의 문제를 다루는 것으로 해석하기도 한다.

물론 이 책의 어디에서도 정신적인 것 내지는 정신에 대한 버틀러의 직접적인 개념 정의나 언급을 찾을 수는 없다. 하지만 니체와 프로이트를 넘어 헤겔과 니체를 가로지르는 그의 논리 속에는 권력구조 안에서 정신이 형성되는 과정에 대한 설명이 중요한 이론 기제로 작동하고 있다. 요컨대 이 책의 주요한 과제 중 하나는 정신적인 것 안에 어떻게 권력의 효과로서 예속화와 그 예속화의 조건으로서의 자아/주체가 접합되는지 구체적으로 설명하는 것이다. 이를 위해 버틀러는 프로이트의 애도(Trauer/Mounrning) 개념을 적극적으로 활용한다. 이러한 맥락에서 우리는 이 책의 또 다른 핵심 주제를 '권력과 정신의 관계'라고 요약할 수 있을 것이다. 특히 권력을 정신의 잠재력으로 분석하고 금지와 불복종이 어떻게 권력구조의 기능에 투자되는지 설명하는 버틀러의 논의에서 푸코나 알튀세르가 명확히 다루어지지 않은 예속의 양가성[2])에 대한 설명을 발견할 수 있다.

---

1) 이 책 12~13쪽.

난해하고 복잡하다고 알려진 버틀러의 글쓰기 방식은 저자의 의도와 문제제기를 따라가는 데에 걸림돌로 작용하기도 하고, 애덤 필립스가 지적하듯이, "임상적 곤란"[3]의 약점을 나타내기도 한다. 하지만 기존의 이론들을 가닥가닥 헤쳐 나가는 그의 섬세한 분석 속에서 새로운 정치적 실천과 저항을 모색할 수 있는 단서를 찾을 수 있고, 그럴 때마다 버틀러의 현실 분석에 대한 통찰력에 찬사를 보내게 된다. 복잡하게 얽히고 중첩적이며 양가적인 그의 이론은 종종 어떤 현실적 대안도 제시할 수 없는 공허한 작업으로 오해되거나 비판받기도 하지만, 복잡한 사회관계들 속에서 미세하게 작동하는 미시 권력과 억압, 정신의 관계를 사고하기 위해서는 불가피한 선택이라는 생각이 든다. 이와 같은 의미에서 의도적으로 난독효과를 생산한다고 할 수 있는 그의 글쓰기는 이론적 단순화가 생산하는 환원적 권력효과나 수행효과를 방지하면서 이론과 현실을 접합하려는 실천적 시도라고 해야 할 것이다.

2. 개인과 주체

현대 철학에서 주체 개념은 매우 격렬한 논쟁을 불러 일으켜 왔다. 그것은 자율성, 행위성(agency), 책임성 등을 설명하는 필수 조건으로 논

---

2) 알튀세르적인 입장에서의 버틀러의 비판에 대한 반비판은 강경덕, 「알튀세르와 버틀러, 발리바르—주체화 양식의 논점과 일반화」, 『철학연구』 53집, 2016, 159~206과 Pierre Macherey, "Judith Butler and the Althusserian Theory of Subjection", *Decalages*, 2014, Vol.2, No.1 참조.
3) 이 책 226쪽.

의되기도 하고, 그와는 달리 남성중심적이고 제국주의적이며 지배적 개념으로서 해체되어야 할 것으로 비판받기도 하였다. 버틀러는 주체에 대한 이러한 논쟁 중 어느 하나에 착안하기보다는 이러한 논쟁들이 어떻게 양가성을 드러내는지 보이는 데 주목한다. 그리하여 그는 다음과 같은 질문을 제기한다. 행위성의 도구이자 조건인 주체가 어떻게 동시에 종속의 효과이자 행위주체성을 탈취한 것으로 이해될 수 있는가? 종속이 행위주체성이 가능하기 위한 조건이라면 행위주체성은 어떻게 종속의 힘에 반하여 사고될 수 있는가?

이 같은 질문들을 효과적으로 다루기 위해 버틀러는 '개인'과 '주체'를 구분한다.[4] 그에 따르면 주체와 개인은 종종 혼용되지만 엄밀한 의미에서 주체 개념은 개인과 동일한 것일 수 없으며, 언어학적인 범주로서 자리를 지칭하거나 형성체 안의 어떤 구조를 지칭하는 개념으로 이해되어야 한다. 버틀러에게서 주체란 언어적 수행성의 결과, 개인이 이해가능성, 인식가능성을 획득하고 재생산하기 위해 필요한 언어적 계기이다. 따라서 주체가 된다는 것은 예속의 과정이나 주체화의 과정을 겪음으로써만 가능한 것이며, 개인들은 주체의 자리를 점유함으로써 언어 속에 확립되는 속에서만 이해가능성을 확립할 수 있는 것으로 이해된다.

이처럼 개인과 주체를 분리하는 버틀러의 논의에서 특히 주목해야 할 부분은 다음의 두 가지 이론적 가정이다. 하나는 주체의 제삼자적 이해이다. 그의 논의에 따르면 주체는 자신의 발생에 대해 기술하

---

4) 이 책 26~27쪽.

는 행위 속에서 자신의 관점을 삭제할 때에만 자신의 발생에 대해 말할 수 있다. 다른 하나는 주체가 구성되는 과정에 대한 서사(敍事)는 그 구성이 이미 발생했다는 전제 아래에서만 논의가 가능하다는 점이다.[5] 이러한 접근법은 오로지 근본적 타자성의 관점에서만 주체의 동일성 및 주체형성을 이해할 수 있다는 것을 함의한다. 요컨대 버틀러는 주체가 자신에 대해 말하기 위해서는 자신을 상실해야 하며, 주체는 타자에 종속되면서 (그리고 종속에 대항하는 행위 속에서 종속을 반복하면서) 비로소 주체가 된다는 것을 시사한다. 타자와의 관계 속에서 주체를 파악하는 버틀러의 입장은 주체를 타자에 대한 근본적인 책임과 접합할 이론적 가능성을 내포한다는 점에서 일종의 타자의 윤리학이라고도 할 수 있을 것이다.

3. 정신의 소환과 예속

버틀러는 행위성의 핵심에 자리하고 있는 것을 반복된 양가성으로 이해한다. 그의 논의에 따르면 주체는 주체가 되기 위해 권력을 필요로 하며 권력이 없으면 주체의 저항적 행위 또한 발생할 수 없다. 따라서 권력의 효과인 주체는 권력을 마음대로 휘두를 수 없으며, 권력이 있는 곳에서 일어나는 저항은 복종의 효과로서만 나타난다. 권력은 복종과 불복종을 통해 재접합되고, 반복적으로 접합되지만 새롭게 다시 접합된다는 의미에서 '재'-접합된다. 이러한 논의 안에서 버틀러는 다음

---

5) 이 책 27쪽.

과 같은 점을 고려해야 한다고 말한다. 하나는 주체의 형성이 정신의 규제적 형성과 어떻게 관련되는가의 문제이다. 이는 권력의 담론을 정신분석학의 담론과 어떻게 재결합시킬 수 있는가라는 문제를 포함한다. 다른 하나는 이와 같은 주체 개념을 어떻게 탈해방적 시기의 정치적 행위성의 개념으로 작동하게 만들 수 있을까이다.

버틀러에게서 '예속'(subjection)이란 종속(subordination)되는 과정뿐만 아니라 주체가 되는 과정을 포함하는 의미를 지닌다. 버틀러가 권력에 대한 근본적인 굴복에 의한 주체 형성의 과정을 설명하는 데에 푸코의 담론적 생산성, 알튀세르의 호명이론은 유용한 이론 근거를 제시한다. 그러나 버틀러는 푸코가 양가성을 거론했음에도 불구하고 굴복 속에서 어떻게 주체가 형성되는가에 대한 설명은 정교하게 하지 못하였다고 지적한다. 푸코의 이론에는 정신의 영역이 명확히 설명되지 않은 채로 남아 있으며 종속과 생산이라는 이중적인 가치로서 권력에 대한 탐구도 충분히 이루어지지 않았다는 것이다.

이러한 맥락에서 버틀러는 푸코주의와 정신분석학의 주류학파 혹은 정통에 속한 이론가들이 권력과 정신에 대한 연구를 소홀히 해왔다고 비판하면서, 권력과 정신의 상호규정적 이중성을 이론화하고자 한다. 물론 주체화의 과정에 대한 버틀러의 설명에서 푸코의 권력 개념은 여전히 중요한 이론 기제로 작용한다. 하지만 버틀러는 푸코가 권력을 설명하면서도 정신의 전복적 힘은 간과한 지점이 있다고 비판적으로 인식한다. 주체를 권력의 효과로 구성하는 것은 현실에 대한 객관적 묘사이자 유효한 이론적 전략일 수 있다. 그러나 주체를 단지 권력의 효과로만 간주할 경우 권력구조에 대한 저항이나 전복을 적합하게 설명할 수 없다. 특히 효과로서 나타나는 내면성으로서 정신이 어떻게 저항할 수 있는지, 정신의 속성은 무엇인지 파악하는 것은 주체와 권력의 관계를 이해하는 데 핵심적인 요소라고 할 수 있다. 따라서 버틀러는 푸코의 주제인 권력과 주체의 관계에 정신을 매개변수로 삽입하여 종속과 생산의 이중성·동시성을 더욱 정교화하고, 푸코가 적합하게 다루지 못한 부분의 보완을 시도한다. 이 같은 맥락에서 정신분석학을 통해 푸코를 재독해하는 버틀러의 연구는 욕망과 법(제약)의 불가분리성에 초점을 맞춘다.[6] 요컨대 버틀러는 프로이트의 리비도적인 욕망과, 법, 금기 논의를 활용하며 무의식이 권력의 외부에 있는 것이 아니라 권력이 무의식을 소유한다고 주장한다. 욕망을 생산하고 유지하는 법이 아니고서는 욕망 자체도 존재할 수 없는 것이다.

> 모욕적인 이름에 의해 호명될 때, 나는 사회적인 존재가 된다. 그리고 내가 나의 존재에 대한 불가피한 애착을 가지고 있기 때문에, 그리고 존재를 부여하는 용어를 나르시시즘이 통제하고 있기 때문에, 그리고 나를 모욕하는 언어가 나를 사회적으로 구성하기 때문에, 나는 그 언어를 포용하기에 이른다.(이 책, 154쪽)

4. 우울과 애도의 주체 그리고 주체화 이론 비판

이 책의 구성은 긴 철학적 여정이라고 부를 수 있을 정도로 다소 복잡

---

6) 이 책 153쪽.

하게 이뤄져 있다. 이 책에서 버틀러는 헤겔과 프로이트, 헤겔과 푸코, 니체와 프로이트, 푸코와 프로이트, 프로이트와 라캉, 알튀세르와 프로이트 등의 이론을 가로지르고 교차하면서 이 이론들에 대한 비판적 독해를 시도하고, 5장과 6장에 이르러서는 논의의 종합을 시도한다. 특히 우울과 애도를 주체화를 구성하는 핵심동학으로 이론화할 가능성에 대해 자문한다. 따라서 여러 철학자의 선행연구나 개념, 이론 등에 의지하면서 그것을 비평적으로 다루는 버틀러의 글쓰기 전략은 이 책에서도 여전히 유효하게 작동하고 있다고 말할 수 있다. 이는 굳이 버틀러의 이론에 관심이 많지 않은 독자라도 이 책을 다양한 주체·주체화 이론에 대한 비평서로 읽을 수 있다는 점에서 장점이라고 할 수 있다. 실제로 버틀러는 각 이론가의 이론적 특이성과 잠재력, 아포리아를 섬세하게 포착하고 이를 자신의 논의를 전개하는 데 적절하게 활용한다.

1장에서 버틀러는 주체가 예속의 과정에서 어떻게 형성되는가를 설명하기 위해 헤겔의 『정신현상학』에 주목한다. 버틀러는 헤겔의 주인과 노예의 변증법에서 노예에게 외재적인 것으로 보이던 주인이 노예의 자기책망으로 재등장하는 과정에서 출현하는 의식의 불행이 어떤 효과적인 측면을 갖는지에 주목하면서 구조주의적 방식으로 주인과 노예의 변증법을 재해석·재구성한다. 주인과 노예의 관계에서 주인은 노예의 자율성을 침해하는 위협적인 존재이지만, 노예가 자신을 인정받을 수 있는 필수조건이기도 하다. 노예의 노동은 욕망의 형식이자 노예가 스스로를 드러내고 인정받는 수단이기 때문이다. 버틀러는 여기에서 한 발 더 나가 『문명 속의 불만』에 등장하는 프로이트의 법분석에 주목하여 헤겔에 대한 새로운 해석을 시도하기도 한다. 프로이트를 통한 헤겔 읽기에서 버틀러는 헤겔이 기술한 자기책망의 형식이 어떻게 정신분석학적인 신경증과 동성애 공포증을 예견하는지에 관심을 보인다.

2장에서 버틀러는 폭력이 도덕성뿐만 아니라 주체의 토대가 된다는 니체의 주장에 의지하며 '주체는 이미 폭력 없이는 등장할 수 없는 선험적 폭력의 효과 그 자체임'을 밝히고 나아가 자신의 핵심 주장인 효과로서의 주체와 행위성의 행사자로서 주체의 패러독스적 이중성을 논증한다. 버틀러는 또한 양심의 가책에 대한 니체의 주장과 『문명 속의 불만』에서 제기된 프로이트 주장의 선택적 유사성을 포착하면서, 프로이트의 신경증 분석에서 정신이 금지적 행위자에 리비도적으로 귀착되는 과정에 주목한다. 억압과 금지를 설명하는 프로이트의 이론에서 리비도와 육체는 효과적으로 혹은 최종적으로 억압될 수 없는데, 그 이유는 금지하는 행동 그 자체가 이미 주체의 욕망의 대상이기 때문이다. 달리 말하자면, 리비도가 억압될 때 금지 그 자체가 리비도적인 투자의 대상이 된다. 버틀러는 프로이트의 이론에서 찾을 수 있는 이와 같은 '금지와 쾌락의 공모'를 니체의 주장인 '폭력의 효과로서 주체'를 보완하고 정교화하는 데 사용한다. 폭력의 효과로 주체는 무엇을 얻는가에 대한 답을 프로이트의 이론에서 찾고자 한 것이다.

위에서 이미 강조했듯이 프로이트의 논리는 버틀러가 푸코의 철학을 전유하는 과정에서도 중요한 역할을 한다. 저항의 가능성은 주체 설명에서 매우 중요한 것인데, 푸코의 이론만으로는 권력에 대한 정신적 저항이 온전히 설명할 수 없다는 것이 버틀러의 입장이다. 따라서 버틀러는 3장에서 푸코가 권력의 작용을 설명하며 과잉적이고 저항적인 정신을 간과했다고 비판하며, 정신의 과잉에 저항적 행위를 위한 잠재력이 존재한다는 통찰을 제시한다.

버틀러에 따르면, 정신분석학 이론을 참조하지 않고서는 종속과 주체화의 과정을 온전히 설명할 수 없는데, 그 이유는 정신이 없으면 저항의 가능성도 존재할 수 없기 때문이다. 푸코가 『감시와 처벌』에서 정신과 동일한 맥락으로 사용하는 영혼 개념이 담론적으로 조직화된 육체를 통해 권력의 구속 효과를 설명하고는 있지만, 버틀러가 보기에 정신은 푸코가 기술한 표준화의 기능을 담당하는 담론을 넘어서는 저항의 지점을 지니고 있다. 따라서 버틀러는 저항이 담론 그 자체로부터 파생될 수 있는가에 주목하면서 정신분석학적 시각을 통해 푸코의 이론들을 독해한다. 그리하여 욕망을 생산하고 지지하는 법이 없다면 어떤 욕망도 존재할 수 없음을 주장하고, 무의식은 권력 구조 외부에 존재하는 것이기보다는 권력 그 자체가 급진적 반복을 위한 조건을 제공하는 무의식을 소유하고 있음을 강조한다.

주체는 생산되는 과정 중에 있으며, 반복적으로 생산된다. 이때 반복의 가능성은 분열된 통일성이라 할 수 있는 주체를 공고히 하지 않고 오히려 정상화의 힘의 토대를 흔드는 효과를 증식시킨다. 그러나 이 반복적인 힘은 모욕적인 언어의 역설적인 수용의 징후들 속에서 마련된다. 예컨대 모욕적인 언어를 차지할 때, 즉 모욕적인 언어에 의해 점령될 때, 나는 나를 구성하는 권력을 내가 반대하는 권력으로 개조하며 모욕적 언어에 저항하고 반대할 수 있게 된다. 예속화에 반하는 어떤 동원(mobilization)도 결국 예속화를 자신의 자원으로 삼을 것이라는 점에서, 그리고 모욕적인 호명에 대한 애착은 필연적으로 소외된 나르시시즘을 거쳐 이 호명의 재의미화[7]가 가능해지는 조건이 될 것이라는 점에서 버틀러는 정신분석학을 위한 자리를 마련한다. 이와 같은 무의식은 권력의 바깥에 있는 무의식이 아니라 (외상적 및 생산적 반복 가능성 속에 깃들어 있는) 권력 그 자체의 무의식과 유사한 것이다.

버틀러의 권력에의 예속과 종속, 주체화에 대한 설명 방식은 섹스화, 젠더화된 정체성과의 연관성으로 이어진다. 이전 저작에서 전복적 전유와 호명 이론을 통해 동성애, 드래그(drag)의 수행성을 논의했던 버틀러는 이 책에서도 동성애적 우울증을 중요한 논제로 소환한다. 이 책의 5장과 6장의 핵심논제이자 이 책 전체의 핵심주장이라고 할 수 있는 '우울증적 젠더 주체'는『애도와 우울증』,『자아와 이드』,『문명 속의 불만』등의 프로이트 논의를 활용하며, 젠더 정체성이 구성되는 과정에 대한 구체적인 메커니즘을 제시한다. 특히 버틀러는 이를 통해 애도와 우울증을 젠더 주체화의 기본 동학으로 이론화할 수 있는 가능성을 탐색한다.

버틀러에게서 우울증은 정신적인 것에 대한 담론의 토대인 비유(trope)로서의 '돌림'(turn)에 우리를 되돌려 보내는 기제이다. 프로이트가 제시한 우울증의 서사에 의하면 사랑이 사랑의 대상을 찾는데 실패하고 대신 사랑의 대상뿐만 아니라 공격과 증오의 대상으로 받아들

---

7) 언어가 지닌 근본적 불안정성, 즉 데리다가 말하는 의미의 차연도 이와 같은 재의미화의 토대가 된다.

일 때, 자아는 "자신에게 등을 돌린다". 이 지점에서 버틀러는 상실에 대한 우울증적 반응을 표시하는 '돌아섬'은 대상으로서 자아의 재이중화를 개시하며, 자신에게서 등을 돌리는 것만으로도 자아는 영원한 대상으로서의 지위를 획득한다는 점에 주목한다.

우울증에서 자아를 향해 재전용되는 것으로 이해되는 대상에 대한 애착은 재전용 과정에서 커다란 전화를 겪게 되고, 대상에서 자아로 움직여 갈 때 애착이 사랑에서 증오로 이동할 뿐만 아니라, 자아 그 자체가 정신적 대상으로서 생산된다. 내면적인 것으로 비유되기 일쑤인 이 정신적 공간의 접합은 우울증적 돌아섬에 의존하고 있다. 따라서 우울증에서 자아는 단순히 대상을 대체하는 것이 아니다. 이 대체 행위는 이 대체의 상실에 대한 필연적 반응 또는 상실에 대한 방어로서 자아를 설치하게 된다. 따라서 버틀러는 자아가 우울증에 앞서 존재하면서 어떤 대상을 자기 자신 안에 받아들이는 것이 아님을 강조한다.

요컨대 버틀러에 의하면 우울증은 타자를 자기 자신에 흡수할 때에만 비로소 '무엇'이 될 수 있다. 자아의 생존은 자율성 개념을 몰수당하면서 가능해지며 사회적인 것의 우울증적인 폐제로부터 해방된다. 자아는 타자의 흔적이라는 조건 속에서 생성되며 타자는 이 생성의 순간에 이미 저만치 떨어져 있다. 사회적 담론은 자신의 조건을 부과하며 주체를 형성하고 규제한다. 그러나 그 조건들이 단순하게 받아들여지거나 내부화되는 것이 아니라, 오히려 조건들이 위장되고 되돌려지는 운동을 통해서 정신적인 것이 된다. 명백한 규제가 부재하는 가운데 주체는 한 주체로서 등장하는데 그에게 권력이 목소리가 되고 목소리가 정신적인 것의 조절 도구가 된다.

　이처럼 버틀러는 프로이트가 그의 저작에서 다루었지만 명시적으로 발전시키지 않은 것을 징후적 독해를 통해 이론적으로 전유하고 이를 다른 이론들과 접합하면서 새로운 관점에서 주체형성을 설명할 수 있는 이론적 방법을 모색한다. 이와 같은 버틀러의 시도는 여성과 남성의 이성애적 주체성뿐만 아니라 성소수자의 정체성도 아우를 수 있는 이론적 가능성을 지닌다. 다시 말해, 버틀러는 성소수자의 주체화 과정을 무시하는 않는 젠더 정체성의 어떤 일반화 모델을 애도와 우울의 관점에서 시도하는 것이다. 이는 매우 논쟁적일 수 있지만 어쨌든 버틀러가 제시하는 그 길이 우리의 성적 주체성을 이해하는 데 유력한 하나의 가설이 될 것임은 부정할 수 없을 것이다.

　이 책에는 많은 분들의 노고가 담겨 있다. 계약 등 이 책의 번역을 시작하기 위해 여러 가지 사전작업을 하고 직접 편집 작업을 맡아 꼼꼼하고 철저하게 이 책을 완성해 준 박순기 (전)그린비 편집장은 이 책의 제작과정에서 없어서는 안 될 주역이다. 편집자 조소영도 이 책을 아름답고 내실 있게 꾸며 주었다. 지금은 그린비에 없지만 이 책을 번역하는 데 여러 가지 일을 해주었던 김재훈도 큰 인사를 받아 마땅하다. 그리고 무엇보다 인쇄 및 홍보 등 이 책을 만들기 위해 힘써 주신 분들, 초고를 함께 읽으면서 다양한 조언과 격려를 아끼지 않은 (사)한국철학사상연구회의 〈여성과 철학〉 분과원들에게 감사드린다.

　마지막으로 이 책을 읽고 공부하실 독자들께 감사의 인사를 드린다. 책의 완성은 생산자가 아니라 독자들에 의해 이루어진다는 말이 있는 만큼 번역이 남겨 둔 많은 빈틈과 여백을 독자들께서 훌륭히 메워주시기를 공손히 부탁드린다.

옮긴이를 대표하여

김세서리아

찾아보기